新制度まるわかり！

家族法改正ガイドブック

共同親権・養育費の支払確保・親子交流
未成年養子縁組・財産分与

安達 敏男　吉川 樹士　著

日本加除出版株式会社

は し が き

　近時，家族法制の課題として，未成年の子を持つ父母の離婚に伴う子の養育の在り方について，父母の離婚を経験した子の置かれている状況，子育ての在り方やそれに関する国民意識の多様化，社会の各分野における女性の一層の参画といった社会情勢，あるいは子に関わる近時の立法の動向や児童の権利に関する条約の批准後の状況等を背景に，国内外から様々な指摘がされており，例えば，離婚後の親権制度の在り方（離婚後の共同親権制度の検討等）や，養育費の支払確保，安全・安心な親子交流に向けた取組の促進等についての検討の必要性が指摘されていました。また，これらに関連して，未成年者を養子とする養子縁組制度の在り方や父母の離婚時の財産分与制度の在り方等についても，一定の検討の必要性が指摘されていました。

　そこで，これらの事項に対処するため，法務大臣の諮問機関である法制審議会が令和3年2月に設置され，同年3月から家族法制に関する民法の改正審議を重ねてきたものであり，その検討結果が部会資料，中間試案，その補足説明，要綱案等によって公表されています。その後，令和6年3月8日，「民法等の一部を改正する法律案」が閣議決定されて国会に提出され，同年5月17日，参議院本会議で可決され，成立しました。このうち離婚後の親権に関する家族法制（共同親権制度の導入）の改正は，実に77年ぶりのことであり，多くの国民に大きな影響を与えることが必至であります。

　この「民法等の一部を改正する法律」（令和6年法律第33号）は，原則として公布の日である同年5月24日から起算して2年を超えない範囲内において政令で定める日から施行予定です。

　本書は，著者2名が分担執筆をし，主に前述の部会資料等を基に，本法制の概要を，適宜，図表を用いるなどして平易かつ簡潔に解説することを心がけたものです。

　また，本書の執筆に当たり，社会保険労務士で元行政書士である吉川康

はしがき

代氏（東京アライズ社会保険労務士事務所所属）に判例の収集，原稿の推敲等について種々御協力をいただいたことに謝意を表します。

本書が，本法制改正等の一般的理解の手引きとして，主に，弁護士，司法書士，行政書士のほか，一般市民の方々にもご利用いただければ幸いです。

最後に，本書の刊行に当たり，その企画・構成等につき，熱意をもって種々御協力をいただいた日本加除出版株式会社編集部の山口礼奈氏，岩尾奈津子氏，岩澤里絵氏に対し，厚く感謝の意を表する次第であります。

令和6年9月

著者　　　　　　　　　　　　弁護士　安達　敏男
　　　　　　　　　　　　　　弁護士　吉川　樹士
　　　　　　　　　（以上，東京アライズ法律事務所所属　東京弁護士会）

凡　例

1　本書の構成等

　本書は，「民法等の一部を改正する法律」についての改正条項部分について，原則として，家族法制部会の「家族法制の見直しに関する要綱案」（令和6年1月30日）の項目別にQ&A方式で解説を試みたものです。

　なお，掲記条文中の下線部分が改正部分です。

2　「民法等の一部を改正する法律」中の「削る」と「削除」の違い

　法律改正で不要な条文を廃止するときには，「削除」と「削る」の2つの方法があり，民法等の一部を改正する法律案新旧対照条文にも，この2つが出てきます。

　両者の違いは，「削除」の場合は，新法の条文においても，「第○条　削除」と記載し，当該条文が削除された事実を残したままにしますが，「削る」の場合は，改正の際に「第○条を削る」や「第○条第○項を削る」などとされ，その条文・条項自体が新法の条文から消え去ってしまい，削った条文の後に続く条文は，順に番号を繰り上げられるのが原則です。

　ただし，「第○条を削る」の場合，後の条文の番号が変わることになり，不都合が生じるので，削る条文の前後に，新たな条文を入れて，なるべく条文の番号が動かないよう配慮しているようです。

　なお，本書の解説の執筆に当たっては，便宜上「削る」とする部分も，「削除」という言葉を使用することがあることをお断りさせていただきます。

3　改正法・現行法の表記

改正民法　　→令和6年法律第33号による改正後の民法
現行民法　　→令和6年法律第33号による改正前の民法
改正民事執行法　→令和6年法律第33号による改正後の民事執行法
現行民事執行法　→令和6年法律第33号による改正前の民事執行法
改正人事訴訟法　→令和6年法律第33号による改正後の人事訴訟法
現行人事訴訟法　→令和6年法律第33号による改正前の人事訴訟法

凡　例

改正家事事件手続法
　→令和6年法律第33号による改正後の家事事件手続法
現行家事事件手続法
　→令和6年法律第33号による改正前の家事事件手続法
改正戸籍法　→令和6年法律第33号による改正後の戸籍法
現行戸籍法　→令和6年法律第33号による改正前の戸籍法

4　判例略記

最判平成26年7月17日民集68巻6号547頁
　→最高裁判所判決平成26年7月17日最高裁判所民事判例集68巻6号547頁
東京家審昭和43年5月7日家月20巻10号23頁
　→東京家庭裁判所昭和43年5月7日審判家庭裁判月報20巻10号23頁

［判例集略語］

| 民集 | 最高裁判所民事判例集 | 判タ | 判例タイムズ |
| 家月 | 家庭裁判月報 | 判時 | 判例時報 |

5　参考文献の略称等

中間試案
　→家族法制の見直しに関する中間試案
中間試案の補足説明
　→家族法制の見直しに関する中間試案の補足説明
要綱案　→家族法制の見直しに関する要綱案
要綱　→家族法制の見直しに関する要綱
部会資料　→家族法制部会資料
参考資料　→家族法制参考資料
部会〇回会議事録
　→法制審議会家族法制部会第〇回会議議事録（PDF版）
内田『民法Ⅳ』
　→内田貴『民法Ⅳ［補訂版］親族・相続』（東京大学出版会，2004）

目　次

第1　家族法制改正の概要

Q1　家族法制の主な改正点 ── *1*

1　家族法制の改正の経緯等 …………………………………… *2*
2　本件改正法（家族法制）の改正概要 ……………………… *4*
3　本件改正法（令和6年5月24日法律第33号）の附則 …… *7*
4　衆議院法務委員会における附帯決議 ……………………… *10*
5　参議院法務委員会における附帯決議 ……………………… *12*

第2　親子関係に関する基本的な規律

Q2　父母（親権者に限らない。）の責務等の明確化 ── *15*

1　父母（親権者に限らない。）の責務等の明確化等 ……… *17*
2　本件改正が社会に与える影響 ……………………………… *26*
3　本件改正規定の施行日 ……………………………………… *27*

Q3　親権の性質の明確化（改正民法818条）── *28*

1　親権の性質の明確化（改正民法818条1項）……………… *29*
2　現行民法833条（子に代わる親権の行使）の改正 ……… *30*
3　「親権」の用語の見直しの検討（見直しせず）………… *30*
4　本件改正が社会に与える影響 ……………………………… *31*
5　本件改正規定の施行日 ……………………………………… *31*
　コラム1　親権者の権利と義務 …………………………… *32*

v

目次

第3 親権及び監護等に関する規律

Q4 親権行使に関する規律の整備（改正民法824条の2）── 35

1 親権の共同行使の原則とその例外（単独行使）の基準の明確化等……………………………………………………………………………41
2 家事事件手続法及び人事訴訟法の規律の整備………………51
3 本件改正が社会に与える影響………………………………52
4 本件改正規定の施行日………………………………………52

Q5 父母の離婚後等の親権者の定めの見直し（共同親権制度の導入）── 54

1 父母の離婚後における共同親権の是非に関する検討の背景………59
2 本部会における検討の整理及び改正民法819条の内容………60
3 離婚の届出の受理の規定の見直し等…………………………72
4 戸籍法の改正…………………………………………………75
5 離婚後の共同親権制度の導入等に伴う家庭裁判所の業務負担の増大等とその対処について……………………………………76
6 本件改正が社会に与える影響…………………………………77
7 本件改正規定の施行日…………………………………………77
   コラム2 離婚後の共同親権制度の導入に関する賛否の紹介…………78
   コラム3 医学界からの離婚後共同親権の導入を懸念する要望書の提出について……………………………………………81
   コラム4 子の手続代理人制度の積極的な活用について……………83

Q6 離婚後の子の監護に関する事項の定め等 ── 87

1 離婚後の子の監護に関する事項の定めの検討の必要性…………90
2 「子の監護の分掌」についての明文化等（改正民法766条1項関

係）………………………………………………………………………… *92*
　3　子の監護をすべき者が指定された場合における権利義務の内
　　容（改正民法824条の3）………………………………………… *93*
　4　父母が別居する際にどちらの親が子と同居するかの問題………… *94*
　5　離婚後の父母双方を親権者と定める場合における監護者の定
　　めを必須とする規定の要否（不要）…………………………… *96*
　6　父母以外の第三者に監護者指定の申立権を認めることの可否
　　（否定）………………………………………………………………… *97*
　7　子の監護の分掌に関連する家事事件手続法の改正について
　　（改正家事事件手続法154条3項）………………………………… *98*
　8　本件改正が社会に与える影響………………………………………… *99*
　9　本件改正規定の施行日………………………………………………… *99*

第4　養育費等に関する規律の見直し

Q7　養育費の請求権の実効性向上（先取特権の付与） ── *101*

　1　養育費の請求権の実効性向上（一般先取特権の付与）…………… *105*
　2　子の監護費用に関する債権に一般先取特権を付与する制度の
　　新設………………………………………………………………………… *108*
　3　一般先取特権に基づく執行手続の概要……………………………… *113*
　4　一般先取特権者による債務者の給与債権に係る情報の取得
　　（改正民事執行法206条2項）……………………………………… *117*
　5　本件改正が社会に与える影響………………………………………… *118*
　6　本件改正規定の施行日………………………………………………… *118*
　コラム5　離婚給付等についての公正証書の記載例……………… *119*

Q8　法定養育費の新設（子の監護に要する費用の分担の定めがない場合の特例） ── 121

1　法定養育費を認める必要性と改正民法の内容 …………… 125
2　法定養育費の要件及び効果等について（改正民法766条の3）……… 127
3　改正民法766条の3の規定の婚姻の取消し，裁判上の離婚，父の認知への準用 …………… 135
4　法定養育費に対する一般先取特権の付与等（改正民法308条の2第3号）…………… 135
5　本件改正が社会に与える影響 …………… 137
6　本件改正規定の施行日 …………… 138

Q9　養育費等の請求の裁判手続における情報開示義務 ── 139

1　養育費等の請求の裁判手続における情報開示義務 …………… 143
2　家事事件手続における情報開示義務（改正家事事件手続法152条の2，184条の2，258条）…………… 144
3　人事訴訟法の規律の新設（改正人事訴訟法34条の3第1項・3項）…………… 149
4　本件改正が社会に与える影響 …………… 149
5　本件改正規定の施行日 …………… 149

Q10　養育費等の請求についての民事執行手続における負担軽減特例（執行手続のワンストップ化）── 150

1　民事執行手続における債権者の負担軽減の必要性 …………… 156
2　扶養義務等に係る債権に基づく財産開示手続等の申立ての特例（改正民事執行法167条の17）…………… 157
3　提供された情報の目的外利用・提供者に対する過料の制裁（改正民事執行法214条2項）…………… 162
4　その他の主な民事執行法の改正について …………… 163

5	本件改正が社会に与える影響 …………………………………… *164*
6	本件改正規定の施行日 ………………………………………………… *164*

 コラム6 現行民事執行法下の「財産開示手続」及び「第三者から
     の情報取得手続」についての概要 …………………………… *165*

 コラム7 改正民法・改正民事執行法による，一般先取特権に基づ
     く債権差押命令申立書・財産開示手続申立書・第三者から
     の情報取得手続申立書の各イメージ例 ……………………… *168*

第5　親子交流に関する規律の見直し

Q11　審判による父母以外の親族と子との交流に関する規律 ―― *183*

1　親子交流に関する裁判実務等について ………………………………… *186*
2　審判による父母以外の親族と子との交流に関する規律の新設
　（改正民法766条の2）………………………………………………………… *188*
3　民法第766条が準用されている他の場面（婚姻の取消し，裁判上
　の離婚，認知）への準用 ………………………………………………… *192*
4　家事事件手続法の改正（「父母以外の親族」の即時抗告権）………… *192*
5　本件改正が社会に与える影響 …………………………………………… *193*
6　本件改正規定の施行日 …………………………………………………… *193*

 コラム8 東京家庭裁判所における面会交流調停事件の新たな運営
     モデルの公表について ………………………………………… *193*

 コラム9 面会（親子）交流についての和解事項例 ………………… *196*

Q12　父母の婚姻（別居）中の親子交流等に関する規律の新設 ―― *198*

1　父母の婚姻（別居）中における親子交流に関する規律の新設
　（改正民法817条の13）……………………………………………………… *200*

目 次

 2 本部会で検討されたその他の事項（子の意思等を考慮することの明文化の要否（不要））…………………………………………………… *202*
 3 家事事件手続法の改正（「父母以外の親族」の即時抗告権）………… *203*
 4 本件改正が社会に与える影響………………………………………… *203*
 5 本件改正規定の施行日………………………………………………… *203*

Q13 裁判手続における親子交流の試行的実施に関する規律の新設 ——— *205*

 1 試行的面会交流に関する現在の裁判実務について ……………… *208*
 2 裁判手続における親子交流の試行的実施の定め（改正家事事件手続法153条の3関係）………………………………………………… *209*
 3 人事訴訟法の規律の新設（判決前の親子交流の試行的実施。改正人事訴訟法34条の4）……………………………………………… *215*
 4 本件改正が社会に与える影響………………………………………… *216*
 5 本件改正規定の施行日………………………………………………… *216*

第6 養子に関する規律の見直し

Q14 養子縁組がされた場合の親権者の明確化，未成年養子縁組及びその離縁の代諾に関する規律 ——— *219*

 1 養子縁組がされた場合の親権者の明確化…………………………… *224*
 2 未成年養子縁組の代諾に関する規律………………………………… *226*
 3 養子の父母が離婚している場合における離縁の代諾（離縁後の親権者の定め）に関する規律（改正民法811条3項・4項）………… *230*
 4 家事事件手続法の改正について（養子縁組の承諾をするについての同意に代わる許可の審判に関する管轄等の規律の整備）………… *231*
 5 本件改正が社会に与える影響………………………………………… *233*
 6 本件改正規定の施行日………………………………………………… *233*

x

第7 財産分与に関する規律の見直し

Q15 離婚後等の財産分与の期間制限及び財産分与における考慮要素の明確化等 ——— 235

1 財産分与における考慮要素の明確化等について ……… 237
2 財産分与における考慮要素について ……… 240
3 財産分与の期間制限に関する規律の見直し（請求期間の伸長：5年）……… 241
4 裁判手続における情報開示義務（財産分与における情報開示義務）……… 242
5 本件改正が社会に与える影響 ……… 245
6 本件改正規定の施行日 ……… 246

第8 その他（条項の削除）

Q16 夫婦間の契約の取消権（民法754条）及び裁判上の離婚の一部事由（民法770条1項4号）の削除 ——— 247

1 夫婦間の契約の取消権（民法754条）の削除理由 ……… 248
2 裁判上の離婚の事由中の「強度の精神病」に関する条項（民法770条1項4号）の削除理由 ……… 250
3 本件各規定の削除が社会に与える影響 ……… 251
4 本件改正規定の施行日 ……… 251

事項索引 ……… 253
改正法の条文掲載頁一覧 ……… 255
著者略歴 ……… 259

第1 家族法制改正の概要

1 家族法制の主な改正点

Q 今回の家族法制の改正の必要性とその主な改正点について教えてください。

A 近時，民法の家族法制に関する課題として，①離婚後の親権制度の在り方（共同親権制度の検討等），②養育費の支払確保，③安全・安心な親子交流に向けた取組の促進，④未成年者を養子とする養子縁組制度の在り方，⑤父母の離婚時の財産分与制度の在り方等について，一定の検討の必要性が指摘されていました。

主な改正点は，以下のとおりです。

家族法制の主な改正点

1 親子関係に関する基本的な規律
　①父母（親権者に限らない。）の責務等の明確化
　②親権の性質の明確化
2 親権及び監護等に関する規律
　①親権行使に関する規律の整備
　②父母の離婚後等の親権者の定め（共同親権制度の導入）
　③離婚後の子の監護に関する事項の定め等
3 養育費等に関する規律
　①養育費等の請求権の実効性向上（先取特権の付与）
　②法定養育費制度の創設

③裁判手続における父母の収入資産状況の情報開示義務
　　　④養育費等の執行手続における債権者の負担軽減
　4　親子交流に関する規律
　　　①父母の婚姻（別居）中の親子交流
　　　②裁判手続における親子交流の試行的実施
　　　③親以外の第三者と子との交流に関する規律
　5　養子に関する規律
　　　①養子縁組がされた場合の親権者の明確化
　　　②未成年養子縁組及びその離縁の代諾に関する規律
　6　財産分与に関する規律
　　　①期間制限（2年→5年），②考慮要素の明確化等，③裁判手続における当事者の財産状況の情報開示義務
　7　その他
　　　①夫婦間の契約の取消権（民法754条）を定めた規定の削除
　　　②裁判上の離婚の事由中の民法770条1項4号（配偶者が強度の精神病にかかり回復の見込みがないこと）の削除

解　説

1　家族法制の改正の経緯等

(1)　改正の経緯

　未成年の子を持つ父母の離婚に伴う子の養育の在り方については，父母の離婚を経験した子の置かれている状況，子育ての在り方やそれに関する国民意識の多様化，社会の各分野における女性の一層の参画といった社会情勢，あるいは子に関わる近時の立法の動向や児童の権利に関する条約の批准後の状況等を背景に，国内外から様々な指摘がされており，例えば，離婚後の親権制度の在り方（離婚後の共同親権制度の検討等）や，養育費の支払確保，安全・安心な親子交流に向けた取組の促進等についての検討の必要性が指摘されています。また，父母の離婚後の子の養育の在り方を検討するに当たっては，未成年者を養子とする養子縁組制度の在り方や，父母

の離婚時の財産分与制度の在り方についても，一定の検討が必要であるとの指摘がされています。

このような指摘を踏まえ，令和3年2月，法制審議会第189回会議において，法務大臣から，「父母の離婚に伴う子の養育への深刻な影響や子の養育の在り方の多様化等の社会情勢に鑑み，子の利益の確保等の観点から，離婚及びこれに関連する制度に関する規定等を見直す必要があると思われるので，その要綱を示されたい。」との諮問がされ（諮問第113号），その調査審議のため，家族法制部会（部会長・大村敦志学習院大学法科大学院教授。以下「本部会」という。）が設置されました（中間試案の補足説明1頁）。

本部会では，令和3年3月30日から令和6年1月30日まで計37回に及ぶ慎重な調査審議が重ねられ（後記(2)参照），令和6年2月15日，法制審議会総会において，「家族法制の見直しに関する要綱」（以下「要綱」という。）が取りまとめられ（なお，同要綱案が要綱としてそのまま承認された。），同日，法務大臣に答申されました。

その後，令和6年3月8日，「民法等の一部を改正する法律案」が閣議決定されて国会に提出され，同年5月17日，参議院本会議で可決されて成立しました。このうち離婚後の親権に関する家族法制（共同親権制度の導入）の改正は，実に77年振りのことであり，多くの国民に大きな影響を与えることが必至であります。

この「民法等の一部を改正する法律」（令和6年法律第33号。以下「本件改正法」という。）は，原則として公布の日である同年5月24日から起算して2年を超えない範囲内において政令で定める日から施行される予定です。

なお，本件改正法（家族法制の改正）は，親子法制の改正法（令和4年12月16日法律第102号。施行日は，懲戒権に関する規定の見直し部分を除いて令和6年4月1日（懲戒権規定の見直し部分の施行日は令和4年12月16日））と一体をなし，家族・親子関係の規律の見直しを図っています。

(2) 本部会の調査審議の経緯

本部会では，令和3年3月30日の第1回会議以降，参考人のヒアリング等を経て，諮問に関連する論点について二巡の議論を行った上で，令和4年11月の第20回会議において中間試案の取りまとめをしました。この中間

第1　家族法制改正の概要

試案については、同年12月から令和5年2月までに実施されたパブリック・コメントの手続において、非常に多くの団体・個人から、様々な意見が寄せられました。

また、パブリック・コメントの手続と並行して、追加のヒアリングも実施されました。

その後、本部会では、各個別の論点に関する三巡目の議論を行った上で、令和5年8月29日の第30回会議以降は、要綱案の取りまとめに向けて慎重な議論が重ねられ（部会資料35-2・1頁参照）、令和6年1月30日の第37回会議において、「家族法制の見直しに関する要綱案」がようやく取りまとめられました。通常では、要綱案の取りまとめは、出席委員全員の賛成が得られているようですが、本部会では、部会長を除く22名の出席委員のうち、1名の委員が棄権し、かつ3名の委員が共同親権の例外事情である「急迫の事情」の定義が曖昧で解釈に幅が生じるおそれがあるなどの理由で反対しています（部会第37回会議議事録（PDF版）5～12頁参照）。

今回の家族法制の改正は、離婚後の共同親権制度の導入など、国民に重大な影響を及ぼすことから、国民世論においても、離婚後の共同親権制度の導入を中心に賛否が分かれています（コラム2参照）。

2　本件改正法（家族法制）の改正概要

本件改正法の主な改正点は、要綱の記載順に従いますと、以下のようになります。

なお、紙幅の都合上、条文名の掲記にとどめ、その具体的な解説は、Q2以下に譲ります。

本件改正法（家族法制）の改正概要

第1　親子関係に関する基本的な規律
　1　父母（親権者に限らない。）の責務等の明確化（改正民法817条の12）
　2　親権の性質の明確化（改正民法818条1項）
第2　親権及び監護等に関する規律

1　家族法制の主な改正点

　　1　親権行使に関する規律の整備（改正民法824条の2）
　　2　父母の離婚後等の親権者の定めの見直し（共同親権制度の導入）
　　(1)　離婚又は認知の場合の親権者（改正民法819条）
　　(2)　離婚の届出の受理の規定の見直し（改正民法765条）
　　3　離婚後の子の監護に関する事項の定め等
　　(1)　「離婚後の子の監護について必要な事項」の例示に「子の監護の分掌」を追加（改正民法766条1項）
　　(2)　子の監護者が指定された場合における権利義務の内容（改正民法824条の3）
第3　養育費等に関する規律
　　1　養育費等の請求権の実効性向上（先取特権の付与）
　　(1)　一般の先取特権（改正民法306条）
　　(2)　子の監護費用の先取特権（改正民法308条の2）
　　2　法定養育費（子の監護に要する費用の分担の定めがない場合の特例，改正民法766条の3）→法定養育費制度の創設
　　3　裁判手続における情報開示義務
　　(1)　家事事件手続法の規律の新設
　　　　ア　家事審判手続（夫婦間の協力扶助に関する処分等の審判事件）における情報開示命令（改正家事事件手続法152条の2第1項・3項）
　　　　イ　家事審判手続（扶養の程度・方法についての決定及びその決定の変更等の審判事件）における情報開示命令（改正家事事件手続法184条の2）
　　　　ウ　家事調停手続における家事審判手続の規定の準用（改正家事事件手続法258条3項）
　　(2)　人事訴訟法の規律の新設（情報開示命令，改正人事訴訟法34条の3第1項・3項）
　　4　民事執行手続における債権者の負担軽減（扶養義務等に係る債権に基づく財産開示手続等の申立ての特例，改正民事執行法167条の17）
第4　親子交流に関する規律
　　1　父母の婚姻（別居）中の親子交流等（改正民法817条の13）

2　裁判手続における親子交流の試行的実施
　　(1)　家事事件手続法の規律の新設（審判前の親子交流の試行的実施。改正家事事件手続法152条の3）
　　(2)　家事調停手続における家事審判手続の規定の準用（改正家事事件手続法258条3項）
　　(3)　人事訴訟法の規律の新設（判決前の親子交流の試行的実施。改正人事訴訟法34条の4）
　3　親以外の第三者と子との交流に関する規律（審判による父母以外の親族と子との交流の定め。改正民法766条の2）

第5　養子に関する規律
　1　養子縁組がされた場合の親権者の明確化（改正民法818条3項）
　2　未成年養子縁組及びその離縁の代諾に関する規律
　　(1)　15歳未満の者を養子とする縁組の代諾に関する規律（改正民法797条3項・4項）
　　(2)　養子の父母が離婚している場合における離縁の代諾（離縁後の親権者の定め）に関する規律（改正民法811条3項・4項）

第6　財産分与に関する規律
　1　財産分与の期間制限の伸長（5年。改正民法768条2項ただし書）
　2　財産分与の考慮要素の明確化等（改正民法768条3項）
　3　裁判手続における情報開示義務
　　(1)　家事事件手続法の規律の新設
　　　ア　家事審判手続における情報開示命令（改正家事事件手続法152条の2第2項・3項）
　　　イ　家事調停手続における家事審判手続の規定の準用（改正家事事件手続法258条3項）
　　(2)　人事訴訟法の規律の新設（情報開示命令，改正人事訴訟法34条の3第2項・3項）

第7　その他
　1　民法754条（夫婦間の契約の取消権）の削除
　2　民法770条1項4号の削除

3 本件改正法（令和6年5月24日法律第33号）の附則

本件改正法の附則は，以下のとおりです（一部省略。なお，附則17条から19条は，衆議院の修正決議により追加されたものである。）。

（施行期日）
第1条 この法律は，公布の日から起算して2年を超えない範囲内において政令で定める日から施行する。ただし，附則第16条から第18条まで及び第19条第1項の規定は，公布の日から施行する。
（民法の一部改正に伴う経過措置の原則）
第2条 第1条の規定による改正後の民法（以下「新民法」という。）の規定は，この附則に特別の定めがある場合を除き，この法律の施行前に生じた事項にも適用する。ただし，同条の規定による改正前の民法（附則第6条において「旧民法」という。）の規定により生じた効力を妨げない。
（子の監護費用に関する経過措置）
第3条 新民法第306条第3号及び第308条の2の規定は，同条に規定する定期金債権のうちこの法律の施行の日（以下「施行日」という。）以後に生じた各期の定期金について適用する。
2 新民法第766条の3（新民法第749条，第771条及び第788条において準用する場合を含む。）の規定は，施行日前に離婚し，婚姻が取り消され，又は認知した場合については，適用しない。
（財産分与に関する経過措置）
第4条 施行日前に離婚し，又は婚姻が取り消された場合における財産の分与に関する処分を家庭裁判所に請求することができる期間の制限については，なお従前の例による。
（離婚原因に関する経過措置）
第5条 離婚の訴えに係る事件であって，施行日前に，控訴審の口頭弁論が終結したもの又は第1審の判決に対して上告をする権利を留保して控訴をしない旨の合意をしたものについての離婚の訴えを提起することができる事由については，なお従前の例による。
（親権者の変更の請求に関する経過措置）
第6条 施行日前に旧民法第819条第6項（旧民法第749条において準用する場合を含む。）の規定によりされた親権者の変更の請求（施行日前に当該請求に係る審判が確定したものを除く。）は，施行日以後は，新民法第819条第6項（新民法第749条において準用する場合を含む。）の規定によりさ

れた親権者の変更の請求とみなす。
(民事執行法の一部改正に伴う経過措置)
第7条 第2条の規定による改正後の民事執行法第167条の17(同法第193条第2項において準用する場合を含む。)の規定は,施行日以後に申し立てられる民事執行の事件について適用し,施行日前に申し立てられた民事執行の事件については,なお従前の例による。
(戸籍法の一部改正)
第8条 戸籍法(昭和22年法律第224号)の一部を次のように改正する。

第76条中「左の」を「次に掲げる」に改め,同条第1号中「当事者の氏名」の下に「(親権者の指定を求める家事審判又は家事調停の申立てがされている場合にあつては,その旨)」を加え,「親権に服する」を「者が親権を行う」に改める。

第77条第2項中「左の」を「次に掲げる」に改め,同項第1号中「親権に服する」を「者が親権を行う」に改める。

第78条中「第819条第3項但書又は第4項」を「第819条第3項ただし書又は第4項ただし書」に改める。

第79条中「第4項」を「第4項ただし書」に改める。
(住民基本台帳法の一部改正)
第9条 住民基本台帳法(昭和42年法律第81号)の一部を次のように改正する。

別表第一の四十一の二の項中「日本国面会交流援助」を「日本国交流援助」に,「外国面会交流援助」を「外国交流援助」に改める。
(民事訴訟費用等に関する法律の一部改正)
第10条 民事訴訟費用等に関する法律(昭和46年法律第40号)の一部を次のように改正する。

第2条第1号中「次条」の下に「及び第3条の2」を加える。

第3条の次に次の一条を加える。

(扶養義務等に係る債権に基づく財産開示手続実施等の申立ての手数料の特例)

第3条の2 民事執行法第167条の17第1項本文(同法第193条第2項において準用する場合を含む。)の規定により同法第197条第1項若しくは第2項の申立て又は同法第206条第1項若しくは第2項の申立て(以下この条において「財産開示手続実施等の申立て」という。)と同時に債権の差押命令の申立てをしたものとみなされる場合には,当該財産開示手続実施等の申立てをする者は,財産開示手続実施等の申立

てをする時に当該財産開示手続実施等の申立ての手数料を納めなければならない。この場合において，当該差押命令により差し押さえるべき債権を特定することができたときは，更に債権の差押命令の申立ての手数料を納めなければならない。

別表第一の一六の項イ中「第206条第1項」の下に「若しくは第2項」を加える。

※第11条（民事再生法等の一部改正），第12条（国際的な子の奪取の民事上の側面に関する条約の実施に関する法律の一部改正），第13条（民事訴訟法等の一部を改正する法律の一部改正），第14条（民事訴訟法等の一部を改正する法律の一部改正に伴う調整規定），第15条（民事関係手続等における情報通信技術の活用等の推進を図るための関係法律の整備に関する法律の一部改正）は省略。

（政令への委任）
第16条 この附則に定めるもののほか，この法律の施行に関し必要な経過措置は，政令で定める。

（啓発活動）
第17条 政府は，この法律による改正後のそれぞれの法律（次条及び附則第19条第2項において「改正後の各法律」という。）の円滑な施行のため，新民法第766条第1項又は第2項（これらの規定を新民法第749条，第771条及び第788条において準用する場合を含む。）の規定により子の監護について必要な事項を定めることの重要性について父母が理解と関心を深めることができるよう，必要な広報その他の啓発活動を行うものとする。

（周知）
第18条 政府は，改正後の各法律の円滑な施行のため，新民法第819条各項の規定による親権者の定め方，新民法第824条の2第1項第3号の急迫の事情の意義，同条第2項の監護及び教育に関する日常の行為の意義その他の改正後の各法律の規定の趣旨及び内容について，国民に周知を図るものとする。

（検討）
第19条 政府は，施行日までに，父母が協議上の離婚をする場合における新民法第819条第1項の規定による親権者の定めが父母の双方の真意に出たものであることを確認するための措置について検討を加え，その結果に基づいて必要な法制上の措置その他の措置を講ずるものとする。
2 政府は，この法律の施行後5年を目途として，改正後の各法律の施行の状況等を勘案し，父母の離婚後の子の養育に係る制度及び支援施策の在り

第1　家族法制改正の概要

方等について検討を加え，必要があると認めるときは，その結果に基づいて所要の措置を講ずるものとする。

4　衆議院法務委員会における附帯決議

衆議院法務委員会では，民法等の一部を改正する法律案について採決するに当たり，以下のような附帯決議をしています（下線は筆者）。

政府及び最高裁判所は，本法の施行に当たり，次の事項について格段の配慮をすべきである。
1　施行後の本法の運用状況について公表するとともに，諸外国における子の養育に関する法制の動向等も踏まえ，本法による改正後の家族法制による子の利益の確保の状況，親権者の指定等における父母の真意の反映の程度，DVや児童虐待等を防止して親子の安全・安心を確保するものとなっているか等について不断に検証し，必要に応じて法改正を含むさらなる制度の見直しについて検討を行うこと。
2　子の権利利益を保護するための父母の責務の明確化等の本法の趣旨及びその内容について，国民，関係府省庁はもとより，児童扶養手当等の事務を行う地方公共団体及び共同親権の導入により大きく影響を受ける関係機関等に正確に伝わるよう，周知広報の徹底に努めること。<u>特に，親権の単独行使の対象となる民法第824条の2各項の「急迫の事情」，「監護及び教育に関する日常の行為」，「特定の事項」及び第766条第1項の「子の監護の分掌」等の概念については，その意義及び具体的な類型等をガイドライン等により明らかにすること。</u>
3　子の利益の確保の観点から，本法による改正後の家族法制による子の養育に関する事項の決定の場面において子自身の意見が適切に反映されるよう，専門家による聞き取り等の必要な体制の整備，弁護士による子の手続代理人を積極的に活用するための環境整備のほか，子が自ら相談したりサポートが受けられる相談支援の在り方について，関係府省庁を構成員とする検討会において検討を行うこと。
4　父母の別居や離婚に伴う子の養育をめぐる事件の審理に関し，特に子の権利利益を保護する観点に留意し，子の監護の安全や安心への配慮のほか，当事者の意見を適切に聴取しこれを尊重することを含め適切な審理運

営がされるよう必要な研修その他の取組を行うこと。
5 離婚後の養育費の受給や親子交流等が適切に実施されるよう，我が国における実状調査のほか，諸外国における運用状況に関する調査研究等を踏まえ，養育費・婚姻費用について裁判実務で用いられている標準算定表を参照して取り決められる額が適正なものとなるための配慮等を含め，国自らによる取組の在り方に加え，民間の支援団体や地方公共団体の取組等への支援の在り方について検討を行うこと。また，調査研究に当たっては，公的機関による養育費の立替払い制度など，養育費の履行確保のさらなる強化について検討を深めること。
6 父母による子の養育が互いの人格の尊重及び協力関係のもとで適切に進められるよう，離婚前後の子の養育に関する講座の受講や共同養育計画の作成を促進するための事業に対する支援，ADRの利便性の向上など，関係府省庁及び地方公共団体等と連携して必要な施策の検討を図ること。
7 <u>改正法により家庭裁判所の業務負担の増大及びDV・虐待のある事案への対応を含む多様な問題に対する判断が求められることに伴い，家事事件を担当する裁判官，家事調停官，家庭裁判所調査官等の裁判所職員の増員及び専門性の向上，調停室や児童室等の物的環境の充実，オンラインによる申立てやウェブ会議の利用の拡大等による裁判手続の利便性の向上，子が安心して意見陳述を行うことができる環境の整備など，必要な人的・物的な体制の整備に努めること。</u>
8 司法手続における利用者負担の軽減を図るため，法テラスによる民事法律扶助，DV等被害者法律相談援助や地方公共団体における支援事業など，関係機関との連携を一層強化し，必要な施策の充実に努めること。
9 DV及び児童虐待が身体的な暴力に限られないことに留意し，DVや児童虐待の防止に向けて，被害者支援の一環としての加害者プログラムの実施の推進を図ることを含め，関係機関と連携して被害者の保護・支援策を適切に措置すること。また，居住地や勤務先・通学先等が加害者に明らかになること等によるDV被害や虐待の継続，SNSなどインターネット上の誹謗中傷や濫訴等の新たな被害の発生を回避するための措置を検討すること。
10 親権者の指定や親子交流等が子の利益のため適切に行われるようにするため，DV及び児童虐待の被害又はそれらのおそれの有無についての認定が適切に行われるよう，必要な研修その他の取組を行うこと。
　また，父母が互いの親子交流を尊重し，これを妨げる行為を防止する措

第1　家族法制改正の概要

置等について検討すること。
11　本法の下で新たな家族法制が円滑に施行され，子の利益を確保するための措置が適切に講じられるよう，関係府省庁等が連携して必要な施策を実施するための体制整備を進めること。また，本法の施行に伴い，税制，社会保障制度，社会福祉制度等への影響がある場合には，子に不利益が生じることはないかという観点に留意して，必要に応じ関係府省庁が連携して対応を行うこと。
12　<u>改正法が国民生活へ多大な影響を与えることに鑑み，本法の施行に先立って，子の利益の確保を図るために必要な運用開始に向けた適切な準備を丁寧に進めること。</u>

5　参議院法務委員会における附帯決議

参議院法務委員会では，民法等の一部を改正する法律案について採決するに当たり，以下のような附帯決議をしています（下線は筆者）。

政府及び最高裁判所は，本法の施行に当たり，次の事項について格段の配慮をすべきである。
1　（上記衆議院法務委員会における附帯決議1項と同じ）
2　法務省及び最高裁判所は本改正に係る国会審議において，特に，①合意がない場合に父母双方を親権者とすることへの懸念，②親権者変更，③子の居所指定，④過去のDV・虐待の取扱いについての対応，⑤DV・虐待のおそれに関する質疑があったことを含めて，立法者の意思に係るものとして，父母の協議や裁判所における判断に当たって十分理解されるよう，その内容の周知に最大限努力を尽くすものとすること。
3　子の権利利益を保護するための父母の責務の明確化等の本法の趣旨及び国会審議も含めたその内容について，国民，関係府省庁はもとより，児童扶養手当等の事務を行う地方公共団体及び共同親権の導入により大きく影響を受ける学校及び病院を始めとした関係機関等に正確に伝わるよう，周知広報の徹底に努めること。<u>特に，親権の単独行使の対象となる民法第824条の2各項の「急迫の事情」，「監護及び教育に関する日常の行為」，「特定の事項」及び第766条第1項の「子の監護の分掌」等の概念については，その意義及び具体的な類型等をガイドライン等により明らかにするこ</u>

と。ガイドラインの策定等に当たり，DV・虐待などに係る知見等を踏まえることや，DV被害者等の意見を参考にすること。
4 改正内容の周知に当たっては，親権の行使を受ける側，特に医療や教育など，それぞれの場において適切な処理がなされるよう，分野ごとに個別に必要な取組を行うこと。また，当局からの情報提供に当たっては，Q&A方式等，受け手に分かりやすく伝わりやすい工夫を心掛けるとともに，国民の疑問等に答えられるよう留意すること。
5 （上記衆議院法務委員会における附帯決議3項と同じ）
6 父母の別居や離婚に伴う子の養育をめぐる事件の審理に関し，特に子の権利利益を保護する観点に留意し，子の安全や安心，適時な親権行使の確保への配慮のほか，当事者，特に子の意見を適切に聴取しこれを尊重することを含め適切な審理運営がされるよう必要な研修その他の取組を行うこと。
7 離婚後の養育費の受給や親子交流等が適切に実施されるよう，我が国における養育費・親子交流等に関する実状調査のほか，諸外国における運用状況に関する調査研究等も踏まえ，養育費・婚姻費用について裁判実務で用いられている標準算定表を参照して取り決められる額が適正なものとなるための配慮等を含め，国自らによる取組の在り方に加え，民間の支援団体や地方公共団体の取組等への支援の在り方について検討を行うこと。また，公的機関による養育費の立替払い制度など，養育費の履行確保のさらなる強化について検討を深めること。
8 父母による子の養育が互いの人格の尊重及び協力関係のもとで適切に進められるよう，父母の一方及び子に不相当な負担や心理的負荷を生じさせないことを確保しつつ，離婚前後の子の養育に関する講座の受講や共同養育計画の作成を促進するための事業に対する支援，ADRの利便性の向上など，関係府省庁及び地方公共団体等と連携して必要な施策の検討を図ること。
9 改正法により家庭裁判所の業務負担の増大及びDV・虐待のある事案への対応を含む多様な問題に対する判断が求められることに伴い，①家事事件を担当する裁判官，家事調停官，家庭裁判所調査官等の裁判所職員の増員，②被害当事者及び支援者の協力を得ることなどにより，DV・虐待加害者及び被害者の心理の理解を始めとする適切な知見の習得等の専門性の向上，③調停室や児童室等の増設といった物的環境の充実，オンラインによる申立てやウェブ会議の利用の拡大等による裁判手続の利便性の向上，

第1　家族法制改正の概要

子が安心して意見陳述を行うことができる環境の整備など，必要な人的・物的な体制の整備に努めること。
10　（上記衆議院法務委員会における附帯決議8項と同じ）
11　DV及び児童虐待が身体的な暴力に限られないことに留意し，DVや児童虐待の防止に向けて，リスクアセスメントも活用しつつ，被害者支援の一環としての加害者プログラムの実施の推進を図ることを含め，当委員会での確認事項を反映させた上で関係機関と連携して被害者の保護・支援策を適切に措置すること。また，居住地や勤務先・通学先等が加害者に明らかになること等によるDV被害や虐待の継続，SNSなどインターネット上の誹謗中傷や濫訴等の新たな被害の発生を回避するための措置を検討すること。
12　（上記衆議院法務委員会における附帯決議10項と同じ）
13　本法により離婚時の財産分与に係る請求期限が2年から5年となることを踏まえ，2年となっている離婚時の年金分割に係る請求期限の延長について早急に検討を行うこと。
14　本法の下で新たな家族法制が円滑に施行され，子の利益を確保するための措置が適切に講じられるよう，関係府省庁等が連携して必要な施策を実施するための関係府省庁の連絡会議を設置するなどの体制整備を進めること。また，本法の施行に伴い，税制，社会保障制度，特に，児童の健全育成，子育てを支援する児童福祉を始めとする社会福祉制度等への影響がある場合には，子に不利益が生じることがないよう，関係府省庁が連携して必要な対応を行うこと。
15　（上記衆議院法務委員会における附帯決議12項と同じ）

第2 親子関係に関する基本的な規律

2 父母（親権者に限らない。）の責務等の明確化

Q (1) 離婚後，親権者にならなかった父又は母は，子に対して養育又は扶養の責任を負わなくてもよいのですか。
(2) 父母は，子に関する権利の行使又は義務の履行に関し，相互にどのような義務を負いますか。

A (1) 違います。父母は，親権の有無にかかわらず，子の心身の健全な発達を図るため，その子の人格を尊重するとともに，その子の年齢・発達の程度に配慮してその子を養育しなければならず，かつ，その子が自己と同程度の生活を維持することができるよう扶養しなければなりません（改正民法817条の12第1項）。
(2) 父母は，婚姻関係の有無とは関係なく，子に関する権利の行使又は義務の履行に関し，その子の利益のため，互いに人格を尊重し協力しなければなりません（同条2項）。

父母（親権者に限らない。）の責務等の明確化

1 父母（親権者に限らない。）の責務
改正民法において父母の責務を明確化する必要性

▼

この点に関する現行民法の規律が必ずしも明確でなく，親権者でない父母が子に対して何らの責任を負わないかのような誤解がされ，①それが養育費の不払等の一因となっているおそれがあるとの指摘がさ

れ，また，②父母の子に対する扶養義務の程度が生活保持義務であることについて，現行民法ではその解釈上の根拠が不明確であるとの指摘がされていた。

▼

改正民法817条の12第1項：「父母は，……その子の人格を尊重するとともに，その子の年齢及び発達の程度に配慮してその子を養育しなければならず，かつ，その子が自己と同程度の生活を維持することができるよう扶養しなければならない。」

→これにより，現行民法の解釈が明確化し，子の養育の責務及びその扶養義務の内容（生活保持義務）が明確化する。

2　父母（婚姻関係の有無に関係ない。）相互の人格尊重・協力義務の明確化

婚姻関係にない父母間の関係については，明文の規定がない。

離婚後の父母の中には，子の養育に無関心・非協力的な親がいるとの指摘がある。

▼

改正民法817条の12第2項：「父母は，婚姻関係の有無にかかわらず，子に関する権利の行使又は義務の履行に関し，その子の利益のため，互いに人格を尊重し協力しなければならない。」

→これにより，父母が子に関する権利の行使・義務の履行に関して父母相互の人格尊重・協力義務が明確化する。

関係条文

改正民法
（親の責務等） **第817条の12**　父母は，子の心身の健全な発達を図るため，その子の人格を尊重するとともに，その子の年齢及び発達の程度に配慮してその子を養育しなければならず，かつ，その子が自己と同程度の生活を維持することができるよう扶養しなければならない。

2　父母は，婚姻関係の有無にかかわらず，子に関する権利の行使又は義務の履行に関し，その子の利益のため，互いに人格を尊重し協力しなければならない。

(親権)
第818条　親権は，成年に達しない子について，その子の利益のために行使しなければならない。
2　父母の婚姻中はその双方を親権者とする。
3　子が養子であるときは，次に掲げる者を親権者とする。
　一　養親（当該子を養子とする縁組が二以上あるときは，直近の縁組により養親となった者に限る。）
　二　子の父母であって，前号に掲げる養親の配偶者であるもの

【現行民法】
※改正民法第817条の12は新設規定※
(親権者)
第818条　成年に達しない子は，父母の親権に服する。
2　子が養子であるときは，養親の親権に服する。
3　親権は，父母の婚姻中は，父母が共同して行う。ただし，父母の一方が親権を行うことができないときは，他の一方が行う。

解　説

1　父母（親権者に限らない。）の責務等の明確化等

(1)　父母の責務等の明確化の必要性

　ア　現行民法の「親権」は，親の「権利」のみでなく「義務」としての性質も有し，その権利義務が子の利益のために行使されるべきものであることに異論はないと考えられます。ただ，親「権」という表現がされていることや，現行民法818条１項が「成年に達しない子は，父母の親権に服する。」と規定していることなどから，それが専ら親の権利であるかのように誤解されるおそれがあるのではないかとの指摘があります（部会資料30-2・6頁参照）。

　このような中で，父母の責務等を明文化する必要性については，例えば，①この点に関する現行民法の規律が必ずしも明確でないことが

第2　親子関係に関する基本的な規律

原因で親権者でない父母が子に対して何らの責任を負わないかのような誤解がされることがあり、それが養育費の不払等の一因となっているおそれがあるとの指摘がされ、また、②その扶養義務の程度について、父母の子に対する扶養義務の程度が一般の親族間の扶養義務の程度よりも重いものであるとの解釈（生活保持義務）について、現行民法ではその解釈上の根拠が不明確であるとの指摘がされていました。

　これらの指摘は、いずれも、（親権者でない）父母に対して現状よりも重い責務や義務を課そうとするものではなく、飽くまでも、現行法上負っていると解される責務や義務を「明確化」する必要性を指摘するものといえます。

　本部会における議論でも、父母の責務等を明確化する規律を設けることによって子の養育をすべき父母の責務が新たに課されるものではないことなどの理解が示され、また、その上で、民法の家族法が飽くまでも親族間における権利義務を規定するものであり、社会や国家との関係を規律するものではないことや、父母が子の養育についての権利や権限を有するとしても、それは子以外の第三者との関係で主張することができるものであり、子に対する支配権を有することを意味するものではないことなどが指摘されました（部会資料35-2・2頁参照）。

　なお、これに関連して、令和4年改正民法821条（令和4年12月16日施行）は、<u>親権者による監護・教育場面における子の人格の尊重等に関し、</u>「親権を行う者は、前条の規定による監護及び教育をするに当たっては、子の人格を尊重するとともに、その年齢及び発達の程度に配慮しなければならず、かつ、体罰その他の子の心身の健全な発達に有害な影響を及ぼす言動をしてはならない。」と規定しています。

イ　このような議論等を踏まえ、改正民法817条の12第1項は、「父母は、子の心身の健全な発達を図るため、その子の人格を尊重するとともに、その子の年齢及び発達の程度に配慮してその子を養育しなければならず、かつ、その子が自己と同程度の生活を維持することができるよう扶養しなければならない。」と規定し、また、同条2項は、「父母は、婚姻関係の有無にかかわらず、子に関する権利の行使又は義務

2　父母（親権者に限らない。）の責務等の明確化

の履行に関し，その子の利益のため，互いに人格を尊重し協力しなければならない。」と規定しました。

　すなわち，同条は，現行民法の解釈を明確化するものと位置付けられ，父母の「責務」や「権利」「義務」等を明確化することを目的として規定されたものです（部会資料37-2・1頁参照）。もう少し敷衍すると，同条1項は，父母の子に対する人格尊重の配慮義務とともに，養育・扶養義務を明確化し，また，同条2項は，父母が「子に関する権利の行使又は義務の履行」に関し，父母相互の人格尊重・協力義務を有することを明記しています。

(2)　**改正民法817条の12第1項の内容と解説**

　ア　父母は子の利益のためにその権利の行使・義務の履行をする必要があること

　　現行民法においては，親権の有無にかかわらない親の責務や権利義務等について，総論的・包括的な規定はないものの，いくつかの個別的な規定が存在しており，例えば，子の監護（監護者，親子交流，養育費等）に関する定め（同法766条），特別養子縁組をする際の同意（同法817条の6），親権者の変更の申立て（同法819条6項），親権喪失・親権停止の申立て（同法834条，834条の2），未成年後見人の選任の申立て（同法840条），扶養（同法877条）などの規定が設けられています（なお，これらの規定の中には「父母」以外の親族にも適用がある規定も含まれている。）。

　　これらの規定に基づく父母の子への関わり合いは，経済的・金銭的な側面から子の成長を支えるもの（養育費や扶養など）もあれば，精神的・非金銭的な関与（親子交流や親権喪失等の申立てなど）もあります。

　　また，以上のような（親権者でない）父母の子への関わり合いに関する諸規定は，裁判所の審判を求める権利・権限を父母が有していることなどの意味で，一定の権利性がありますが，これは父母の固有の権利利益を保障する趣旨ではなく，子が心身ともに健やかに成長・発達することができるよう，子の利益のために行使しなければならないことが求められていると考えられます。

　　そこで，改正民法817条の12第1項は，このような金銭的な関与と

第2　親子関係に関する基本的な規律

非金銭的な関与の双方の側面において，父母が子との関係で一定の責務を有することを意味する趣旨で，「父母は，子の心身の健全な発達を図るため，……（中略）……子を養育しなければならず，かつ，……（中略）……扶養しなければならない。」と規定しています。

　ちなみに，同条2項は，父母の有する法的地位が権利及び義務の双方の側面を有していることを踏まえて，「子に関する権利の行使又は義務の履行に関し，その子の利益のため」に相互に人格尊重・協力義務があることを規定しています（部会資料34-2・2頁以下参照）。

イ　子の養育と扶養との違い等（扶養は経済的・金銭的な側面，養育は，これに精神的・非金銭的な関与を含む。）

(ｱ)　子の養育と扶養の違い

　部会資料では，「養育」と「扶養」の用語の関係について，父母の子への関わり合いのうち経済的・金銭的な側面から子の成長を支えるものを「扶養」とし，これに加えて精神的・非金銭的な関与を含む広い概念として「養育」という用語を使っています（部会資料34-2・4頁）。

　改正民法においても，同様な意味で理解すべきです。

(ｲ)　養育の具体的内容（民法の各個別の規定によって定める。）

　改正民法では，「養育」の具体的な内容を定めていませんが，子の養育に関して父母が有する具体的な権利義務の内容は，民法の各個別の規定によって定めることを想定しています。

　例えば，①子の監護及び教育は，親権者の権利義務であり（民法820条），また，②親子交流については，父母の協議又は家庭裁判所の手続によって定めることが想定されています（改正民法766条）。

　そのため，改正民法817条の12第1項のような規定を設けたとしても，親権者でない父母が監護及び教育をする権利義務を得ることとなるわけではなく，また，父母の協議等を経ることなく別居親が親子交流の実施を一方的に求めることができるようになるわけではないと考えられます。

　なお，「養育」という用語は，民法828条ただし書（子が成年に達し

2　父母（親権者に限らない。）の責務等の明確化

た時における親権者の財産管理の計算につき，その子の養育及び財産の管理の費用は，その子の財産の収益と相殺したものとみなす旨の規定）にも規定されていますが，同条ただし書は親権者による子の養育等の費用の計算に関する規定であり，他方，改正民法817条の12第1項に規定する「養育」は，父母（親権者に限られない。）によるものであり，また，費用の支出を伴うものに限定するものではない点で，民法828条ただし書の想定する「養育」と必ずしも一致しないと考えられます（部会資料35-2・3頁以下，部会資料34-2・4頁以下参照）。

ウ　子の養育に際しての人格の尊重及びその年齢・発達の程度に応じた配慮義務等

(ｱ)　子の人格の尊重及びその年齢・発達の程度に応じた配慮義務

　父母が子との関係で有する法的地位は，上記アのとおり，権利及び義務の双方の側面がありますが，その権利としての性質は，父母が子に対する支配権のような特別の権利を有することを意味するものではありません。

　また，父母による子の養育が義務や責務としての性質を有するとしても，その養育の在り方は，各家庭によって様々であり，父母が子と同居しているか別居しているかなどの諸事情によっても異なると考えられるから，その責務や権利義務の内容を一律かつ具体的に規定することは困難又は不適当であるとも考えられます。

　そのため，本部会における議論の過程では，父母の責務や権利義務等に関する規律を設けるとしても，その内容はある程度抽象的で一般的なものとならざるを得ないであろうとの指摘がされてきました。

　その上で，（親権の有無にかかわらず）父母が子との関わり合いをする際に一般的に求められるものとして，父母が子の人格を尊重すべきことや，父母が子の年齢及び発達の程度に配慮すべきことなどの指摘がありました。

　そこで，改正民法817条の12第1項では，「その子の人格を尊重するとともに，その子の年齢及び発達の程度に配慮して」その子を養

21

育しなければならないことを規定しました（部会資料34-2・4頁参照）。

なお，前記のとおり，令和4年改正民法821条は，親権者による監護・教育場面における子の人格の尊重等に関し，「親権を行う者は，前条の規定による監護及び教育をするに当たっては，子の人格を尊重するとともに，その年齢及び発達の程度に配慮しなければならず，かつ，体罰その他の子の心身の健全な発達に有害な影響を及ぼす言動をしてはならない。」と規定しています。

(イ) 子の「人格の尊重」と「人権の尊重」との関係

本部会第30回会議（令和5年8月29日開催）では，子の人格の尊重に加えて，子の「人権の尊重」という観点を盛り込むべきであるとの指摘がありましたが，<u>子の人権を尊重することは，人格を尊重することに含まれていると考えられ，改正民法817条の12第1項では，人権の尊重には触れていません</u>（部会資料34-2・5頁参照）。

エ　子の人格の尊重の文言のほかに，「子の意見・意思」等を考慮（尊重）すべき旨の明文化の要否（不要）

本部会における議論では，父母が子の養育をするに当たって，「子の意見」等を考慮（尊重）すべきであるとの意見が多くの委員から示されました。そして，これをどのように規律すべきかについての議論がされ，特に「人格の尊重」との関係について問題となりました。

要綱第1の1(1)の規律（要綱案1頁。改正民法817条の12第1項と同内容の規律）においても，改正民法817条の12第1項と同様に，父母が「子の人格を尊重する」ものとすることが定められていますが，この部分の解釈については，法体系としての整合性という観点から，民法821条（子の人格の尊重等）の規定との比較で議論する必要があると考えられます。そして，本部会第36回会議（令和6年1月9日開催）においては，同条の「子の人格を尊重する」との文言は，子の意見等を考慮（尊重）することを含むものと整理すべきであるとの解釈が示され，そうすると，上記要綱第1の1(1)の規律における「子の人格を尊重する」との文言もこれと同様に解釈されることとなるとの意見が示されました。

このような解釈によれば，新たに新設することとなる父母（親権者

2 父母（親権者に限らない。）の責務等の明確化

に限らない。）の責務等の規律において，「人格の尊重」とは別に，子の「意見」・「意思」・「意向」・「心情」等の「考慮」又は「尊重」といった用語を追加することは，法規範として必ずしも適切ではないと考えられます。

　本部会における議論においては，例えば，①具体的な事情の下では子が示した意見等に反しても子の監護のために必要な行為をすることが子の利益となることもあり得るとの指摘や，②子の意見等を尊重すべきことを過度に重視しすぎると，父母が負うべき責任を子の判断に転嫁する結果となりかねないとの指摘，③父母の意見対立が先鋭化している状況下において子に意見表明を強いることは子に過度の精神的負担を与えることとなりかねないとの指摘などが示されました。そうすると，これらの指摘との関係でも，子の「意見」・「意思」・「意向」・「心情」等の「考慮」又は「尊重」といった用語を追加することが法規範としてどのような意味を持ち得るのかを検討する必要があると考えられます。

　このほか，本部会第36回会議（令和6年1月9日開催）では，本部会における調査審議の対象が「離婚及びこれに関連する制度に関する規定等」であることとの関係で，仮に子の意見等に関する一般的な規定を民法に新設すべきであるとしても，この部会において取りまとめる要綱案に盛り込むことには慎重になるべきではないかとの意見も示されました。そして，このような意見は，子の意見等に関する規律の在り方については，今後の将来的な検討課題として受け止めることを示唆するものと思われます。

　以上のような議論の状況を踏まえ，改正民法817条の12第1項では，子の意見等を考慮（尊重）することを明文化していませんが，これは，父母が子の意見等を考慮する必要がないことを意味するものではなく，むしろ，「人格の尊重」には子の意見・意思等が適切な形で尊重されるべきとの考え方を含むものと解されています。

　なお，将来の検討に基づいて子の意見等に関する規律を民法に新設する余地を排除するものでもないと解されています（部会資料37-2・

第2　親子関係に関する基本的な規律

1頁以下参照。なお，部会資料35-2・2頁以下も参照）。

オ　扶養の程度の明確化

改正民法817条の12第1項は，父母の子に対する扶養の程度につき，「父母は，子の心身の健全な発達を図るため……その子が自己と同程度の生活を維持することができるよう扶養しなければならない。」と規定しています。

ところで，扶養義務には，一般に「生活保持義務」と「生活扶助義務」があります。前者の「生活保持義務」は，夫婦間や父母の未成年の子との間に存在するとされ，扶養義務者自身が被扶養者に対して自己と同程度の水準の生活を保障する義務をいいます。

これに対し，後者の「生活扶助義務」は，子の親に対する義務や兄弟姉妹相互間等の義務のように，扶養義務者が自己の身分相応の生活水準を犠牲にすることなく，その余力のある範囲内で要扶養者の生活を援助すれば足りるという義務をいいます。

同項の父母の子に対する扶養義務は，生活保持義務であると解されています。

本部会では，父母の子への関わり合いのうち，経済的・金銭的な側面については，これまで，その扶養義務の程度が他の直系親族間の扶養義務の程度よりも重いものであることを明確化すべきであるとの議論が進められてきたこともあり，同項では，「その子が自己と同程度の生活を維持することができるよう扶養しなければならない」ものと規定しました。

なお，本部会における議論では，生活保持義務の対象となる子の範囲についての議論もありましたが，<u>同項では，単に「子」とのみ記載しており，これを未成年の子に一律に限定するものとはしていません。</u>

また，同項は，父母が子との関係で生活保持義務を負うのが「子の心身の健全な発達を図るため」であると規定しています（部会資料34-2・6頁参照）。

2 父母（親権者に限らない。）の責務等の明確化

(3) 改正民法817条の12第2項の内容と解説

ア　父母相互の人格尊重・協力義務

　民法は，直系血族及び同居の親族が互いに扶け合わなければならないこと（同法730条）や，夫婦が互いに協力し扶助しなければならないこと（同法752条）を規定していますが，婚姻関係にない父母間の関係については，明文の規定がありません。

　この点について，本部会における議論では，離婚後の父母双方が子の養育に関して責任を果たしていくためには，父母が互いの人格を尊重できる関係にある必要があることや，父母が平穏にコミュニケーションをとることができるような関係を維持することが重要であることなどの意見が示されました。

　そして，このような人格の尊重が求められる場面は，父母が子に関する義務の履行をする場面に限られず，父母が子に関して有する権利を行使する場面も含まれると考えられます。

　また，本部会のこれまでの議論の中では，離婚後の父母の中には，子の養育に無関心・非協力的な親がいるとの指摘がありました。

　こうした指摘を考慮すると，子の利益を確保するためには，父母が互いに協力することが望ましいとの考え方もあり得ます。

　以上のような意見等を考慮し，改正民法817条の12第2項は，「父母は，婚姻関係の有無にかかわらず，子に関する権利の行使又は義務の履行に関し，その子の利益のため，互いに人格を尊重し協力しなければならない。」と規定しました（部会資料34-2・6頁以下参照）。

イ　父母の一方が相互の人格尊重義務や協力義務に違反した場合の不利益

　父母の一方が同項に規定する人格尊重義務や協力義務に違反した場合には，親権者の指定・変更の審判や，親権喪失・親権停止の審判等において，その違反の内容が当該父母の一方にとって不利益に考慮されることになるとの解釈があり得ます（部会資料34-2・7頁）。

第2　親子関係に関する基本的な規律

　ウ　「父母間の人格尊重義務や協力義務の関係」と「監護者による身上監護権の行使」との関係

　　改正民法824条の2第2項は、「父母は、その双方が親権者であるときであっても、前項本文の規定にかかわらず、監護及び教育に関する日常の行為に係る親権の行使を単独ですることができる。」と規定し、父母双方が親権者である場合においても、監護・教育に関する日常の行為については父母の一方が単独で行うことができることを定めています。この規定については、父母の一方のみが子と同居している場面においては、当該一方が、他の一方（子と別居する親）から不当に干渉されることなく、日常的な子の監護をすることができるものと解釈すべきであるとの考え方があり得ますが、このような考え方を父母間の人格尊重義務や協力義務と結びつけて整理することもできると考えられます。

　　また、改正民法824条の3第1項後段は、「この場合において、子の監護をすべき者は、単独で、子の監護及び教育、居所の指定及び変更並びに営業の許可、その許可の取消し及びその制限をすることができる。」と規定し、子の監護者が単独での子の監護・教育権、居所指定・変更権、営業許可権等を有することを定めていますが、監護者による身上監護の内容がその自由な判断に委ねられるわけではなく、これを子の利益のために行わなければならないこととの関係で、一定の限界があると考えられます。

　　例えば、監護者による身上監護権の行使の結果として、（監護者でない）親権者による親権行使等を事実上困難にさせる事態を招き、それが子の利益に反する場合があります（部会資料32-1・3頁参照）。そして、このような監護者による監護の限界を父母間の人格尊重義務と結びつけて整理することもできると考えられます（部会資料34-2・7頁参照）。

2　本件改正が社会に与える影響

　本件改正規定（改正民法817条の12）は、現行法の解釈を明確化したものですが、親権者でない父母や婚姻関係にない父母においても、子の人格を尊

重するなどの配慮をして養育・扶養義務を有すること，及び，子に関する権利の行使・義務の履行に関して，父母が相互に人格尊重・協力する義務があることを明確にし，父母にこれらを改めて自覚させる点では，相当な社会的影響があると考えられます。

3 本件改正規定の施行日

　本件改正規定（改正民法817条の12）の施行日は，本件改正法附則１条本文により，公布の日（令和６年５月24日）から起算して２年を超えない範囲内において政令で定める日です。

　なお，本件改正規定は，本件改正法の施行前に生じた事項にも適用されますが，本件改正法附則１条による改正前の民法の規定により生じた効力は妨げられません（本件改正法附則２条）。

第2　親子関係に関する基本的な規律

3　親権の性質の明確化（改正民法818条）

Q　現行民法818条1項は，「成年に達しない子は，父母の親権に服する。」と規定していますが，この規定方法の問題点はどこにあると考えられますか。

A　このような規定の方法では，「父母の親権に服する」とあり，それが専ら親の権利（支配権）であるかのように誤解されるおそれがあるのではないかとの指摘があります。

　親権は，子の利益のために行使しなければならないことは異論がないと思われますので，改正民法818条1項では，「親権は，成年に達しない子について，その子の利益のために行使しなければならない。」と規定しました。

親権の性質の明確化に関する民法改正

現行民法818条1項：「成年に達しない子は，父母の親権に服する。」
→親権が専ら親の権利（支配権）であるかのように誤解されるおそれがあるとの指摘がある。

▼

改正民法818条1項：「親権は，成年に達しない子について，その子の利益のために行使しなければならない。」
→これにより，親権が子の利益のために行使しなければならないことが明確となる。

3 親権の性質の明確化（改正民法818条）

関係条文

改正民法

（親権）
第818条　親権は，成年に達しない子について，その子の利益のために行使しなければならない。
2　父母の婚姻中はその双方を親権者とする。
3　子が養子であるときは，次に掲げる者を親権者とする。
　一　養親（当該子を養子とする縁組が二以上あるときは，直近の縁組により養親となった者に限る。）
　二　子の父母であって，前号に掲げる養親の配偶者であるもの

（子に代わる親権の行使）
第833条　父又は母が成年に達しない子であるときは，当該子について親権を行う者が当該子に代わって親権を行う。

【現行民法】

（親権者）
第818条　成年に達しない子は，父母の親権に服する。
2　子が養子であるときは，養親の親権に服する。
3　親権は，父母の婚姻中は，父母が共同して行う。ただし，父母の一方が親権を行うことができないときは，他の一方が行う。

（子に代わる親権の行使）
第833条　親権を行う者は，その親権に服する子に代わって親権を行う。

解説

1 親権の性質の明確化（改正民法818条1項）

　民法の「親権」は，Q2で説明したとおり，親の「権利」のみでなく「義務」としての性質も有し，その権利義務が子の利益のために行使されるべきものであることに異論はないと思われます。

　しかし，親「権」という表現がされていることや，現行民法818条1項が「成年に達しない子は，父母の親権に服する」と規定していることなどから，それが専ら親の権利であるかのように誤解されるおそれがあるのではないかとの指摘があります。また，本部会第30回会議（令和5年8月29日

第2　親子関係に関する基本的な規律

開催）においては，複数の委員から，「服する」という表現を改めるべきであるとの意見が示されました。

そこで，改正民法818条1項は，「親権は，成年に達しない子について，その子の利益のために行使しなければならない。」と規定しました（部会資料34-2・8頁参照）。

なお，このような改正をしても，親権が純粋な義務として構成されるわけではなく，主として第三者との関係では，権利性を維持し続けるものと整理することが考えられます。そのため，例えば，民法820条が「<u>親権を行う者</u>は，子の利益のために子の監護及び教育をする<u>権利を有し</u>，義務を負う。」（下線は筆者）と規定している点については，同規定を維持することとしました（部会資料35-2・5頁参照）。

2　現行民法833条（子に代わる親権の行使）の改正

現行民法833条は，「親権を行う者は，その親権に服する子に代わって親権を行う。」と規定し，子の父母自らが未成年者である場合には，その親権者（つまり，子の父母の親権者（通常の場合は，子からいえば祖父母））が子の父母（通常の場合は，自らの子）に代わって親権を行うこととしています。

この現行民法833条も，「その親権に服する子」という文言が使われており，不適切と考えられることから，改正民法833条は，「父又は母が成年に達しない子であるときは，当該子について親権を行う者が当該子に代わって親権を行う。」と規定しました。

3　「親権」の用語の見直しの検討（見直しせず）

中間試案の前注1（中間試案1頁）では，「親権」という用語の見直しも含めて検討すべきであるとの考え方も提示されており，中間試案に対するパブリック・コメントの手続においても，「親責任」や「親義務」のように，義務としての性質を前面に表現する用語を提案する意見も寄せられました。

しかし，「責任」等の用語を用いることに対しては，それが帰属しない（又はその制限がされる）親が，子との関係で何らの責任をも負わないかのよ

3 親権の性質の明確化（改正民法818条）

うな誤解を与えかねず，そのような親による養育費の不払を助長しかねないのではないかとの懸念があります。

　また，例えば，単に「親権」という用語を機械的に「親責任」と置き換えるだけでは，親権喪失（民法834条）に相当する用語が「親責任喪失」と呼称されることとなりますが，この表現が不適切であれば，その概念や法的効果を改めて整理する必要があると考えられます。

　さらに，改正民法817条の12第１項は，父母（親権者に限らない。）の子に対する養育・扶養責任を規定していますが，このような父母の責務こそが「親責任」や「親義務」に相当するものであるとの考え方もあります。

　このほか，本部会のこれまでの議論においては，親権者の義務を表す趣旨で「責任」という用語を用いることは民事法上の一般的な責任概念と整合しないことや，親のみに養育の責任や義務を押しつける方向に働き，社会による養育支援を阻害しかねないのではないかとの懸念もあったところであり，本部会第30回会議（令和５年８月29日開催）における議論においても，「親権」という用語を「親責任」等に置き換えることに対しては慎重な意見がありました（部会資料34-２・８頁以下参照）。

　以上のような検討を踏まえ，改正民法においては，「親権」という用語を維持することとしています。

4　本件改正が社会に与える影響

　本件改正規定（改正民法818条１項，833条）は，現行法の解釈を明確化したものといえますが，親権が子の利益のために行使されなければならないことが明文化されたことから，父母にこれを改めて自覚させる点では，一定の社会的影響があると考えられます。

5　本件改正規定の施行日

　本件改正規定の施行日（改正民法818条１項，833条）は，本件改正法附則１条本文により，公布の日（令和６年５月24日）から起算して２年を超えない範囲内において政令で定める日です。

　なお，本件改正規定は，本件改正法の施行前に生じた事項にも適用され

第2　親子関係に関する基本的な規律

ますが、本件改正法附則1条による改正前の民法の規定により生じた効力は妨げられません（本件改正法附則2条）。

コラム1　親権者の権利と義務

1　未成年者

改正民法818条1項は、親権の行使方法につき、成年に達しない子（つまり、18歳未満の子）について、その子の利益のために行使しなければならないことを規定し、同条2項は、父母の婚姻中はその双方が親権者となることを規定しています。

ところで、親権とは、子の身上及び財産上の広い事項を対象とする権利義務です。

親権の内容は、大別すると、①身上監護権（子の監護教育）と②財産管理権（子の財産管理）に分けられます。以下、親権の主な内容を説明します。

なお、平成30年改正民法（平成30年法律第59号。令和4年4月1日施行）により、成年年齢が20歳から18歳に引き下げられた（4条）ことに伴い、親権に服する子は、18歳未満の子ということになります。

親権の主な内容

1　身上監護権
①　子の監護教育における人格尊重義務等（民法821条）
②　居所指定権（民法822条）
③　職業許可権（民法823条）
④　身分上の行為の代理権（認知の訴え（民法787条）等）
2　財産管理権
①　財産管理と代理権（民法824条）
②　利益相反行為における特別代理人の選任の請求（民法826条）

2　親権の具体的内容

(1)　身上監護権

ア　子の監護教育における人格尊重義務等（民法821条）

令和4年改正前民法822条では、親権者の懲戒権について規定していましたが、懲戒権が児童虐待を正当化する口実に利用されているとの指摘があったことから、令和4年改正民法（令和4年法律第102号）により、懲戒権を定めた民法822条が削除されました。

3　親権の性質の明確化（改正民法818条）

　この懲戒権規定に代わり、民法821条（子の人格の尊重等）は、「親権を行う者は、前条の規定による監護及び教育をするに当たっては、子の人格を尊重するとともに、その年齢及び発達の程度に配慮しなければならず、かつ、体罰その他の子の心身の健全な発達に有害な影響を及ぼす言動をしてはならない。」と規定し、子の監護教育における人格尊重義務を定めています。

　なお、この民法821条は、親権者の監護教育権の行使に当たっての行為規範で総則的な規定であり、「居所指定権」を定める民法822条及び「職業許可権」を定める民法823条が各論的な規定であるといえます。

　ちなみに、子の医療行為に関する診療契約の代理は、子の身上監護権に属すると考えられます。

イ　居所指定権（民法822条）

　民法822条は、「親権を行う者が指定した場所に、その居所を定めなければならない」と規定し、居所指定権を定めています。しかし、実際にこの指定権が法的効果を発揮する場面があるのかは疑問であるとされています。というのは、第三者が子を親の指定場所から連れ去り、拘束したときは、子の引渡請求権（妨害排除請求権）を行使することになりますし、また、第三者の拘束がない場合、子が意思能力を有しないときには親権者は、身上監護権の行使として、自己の判断で居所指定をすることができますし、さらに、子に意思能力があるときは、その自由意思に反して指定地に居住させる法的手段はない（間接強制も許されない）と解されているからです（内田貴「民法Ⅳ」212頁参照）。

ウ　職業許可権（民法823条）

　民法823条1項は、「子は、親権を行う者の許可を得なければ、職業を営むことができない。」と規定し、親権者の子に対する職業許可権を定めています。

　同項にいう「職業」は、民法6条の「営業」よりも広い概念であり、自ら主体となって営む場合のほか、他人に雇われる場合も全てこの「職業」に含まれるとするのが通説です。

　親権者は、いったん職業の許可を与えても、民法6条2項と同様に、それが適当ではないと判断されれば、許可を取り消し、又は制限することができます（民法823条2項）。

　なお、他人に雇われる労働契約は、親権者が代理で締結することはできません（労働基準法58条1項）。

エ　身分上の行為の代理権

民法は，親権者が意思能力のない子に代わって身分行為をすることができることを定めています。例えば，認知の訴え（民法787条），15歳未満の子の氏の変更（民法791条3項），15歳未満の子の縁組・離縁・縁組の取消し（改正民法797条，民法815条，民法804条），相続の承認・放棄（民法917条）等です。

(2) 財産管理権

ア　財産管理権と代理権（民法824条）

民法824条本文は，「親権を行う者は，子の財産を管理し，かつ，その財産に関する法律行為についてその子を代表する。」と規定し，親権者の子の財産の管理権と代理権を規定しています。

なお，同条ただし書は，子の行為を目的とする債務を生ずべき場合には，本人の同意を要することを規定しています。

また，父母の一方が共同の名義でした法律行為は，他の一方の意思に反したとしても，相手方が悪意でない限り，有効となります（民法825条）。

なお，銀行等の金融機関における子名義の預金口座の開設や証券会社における子名義のNISA口座の開設も財産管理行為に当たると考えられます。

イ　利益相反行為における特別代理人の選任の請求（民法826条）

民法826条1項は，「親権を行う父又は母とその子との利益が相反する行為については，親権を行う者は，その子のために特別代理人を選任することを家庭裁判所に請求しなければならない。」と規定し，親権者と子の利益相反行為については，親権者が家庭裁判所に特別代理人の選任を請求しなければならないことを定めています。

なお，同条2項は，親権者が数人の子に対して親権を行う場合において，その一人と他の子との利益が相反する場合においても，その一方のために特別代理人の選任の請求をしなければならないことを規定しています。

第3 親権及び監護等に関する規律

4 親権行使に関する規律の整備（改正民法824条の2）

Q 改正民法では，父母の親権の共同行使の原則に対する例外（父母の一方の単独行使が認められる場合）として，どのような場合を規定していますか。

A 現行民法818条3項は，「親権は，父母の婚姻中は，父母が共同して行う。ただし，父母の一方が親権を行うことができないときは，他の一方が行う。」と規定し，親権の単独行使が認められる場合として「父母の一方が親権を行うことができないとき」と定めています。

　この点に関し，改正民法824条の2においても，父母の親権の共同行使を原則としていますが，その例外である単独行使については，具体的なケースごとに分けて，親権の単独行使が認められる場合を明確化しています。

　その単独行使が認められる場合は，以下の表のとおりです。

　なお，改正民法824条の2の規定は，父母の婚姻中のみならず，父母が離婚後に共同親権者になった場合にも適用されます。

改正民法824条の2において親権の単独行使が認められる場合

1	1項ただし書関係
	① 父母の一方のみが親権者であるとき（1号）
	② 他の一方が親権を行うことができないとき（2号）
	③ 子の利益のため急迫の事情があるとき（3号）
2	2項関係（監護・教育に関する日常行為）
	父母の双方が親権者であっても，監護及び教育に関する日常の行為に係

第3　親権及び監護等に関する規律

る親権の行使を単独でできる。

3　3項関係（特定の事項に係る親権の行使で家裁が行使者を定める場合）
特定の事項に係る親権の行使（1項ただし書又は2項により父母の一方の単独行使ができるものを除く。）について，父母間に協議が調わない場合であって，子の利益のため必要があると認めるときは，家庭裁判所は，父又は母の請求により，当該事項に係る親権の行使を父母の一方が単独ですることができる旨を定めることができる。

関係条文

改正民法
（親権の行使方法等） 第824条の2　親権は，父母が共同して行う。ただし，次に掲げるときは，その一方が行う。 　一　その一方のみが親権者であるとき。 　二　他の一方が親権を行うことができないとき。 　三　子の利益のため急迫の事情があるとき。 2　父母は，その双方が親権者であるときであっても，前項本文の規定にかかわらず，監護及び教育に関する日常の行為に係る親権の行使を単独ですることができる。 3　特定の事項に係る親権の行使（第1項ただし書又は前項の規定により父母の一方が単独で行うことができるものを除く。）について，父母間に協議が調わない場合であって，子の利益のため必要があると認めるときは，家庭裁判所は，父又は母の請求により，当該事項に係る親権の行使を父母の一方が単独ですることができる旨を定めることができる。
【現行民法】 ※改正民法第824条の2は新設規定※

4　親権行使に関する規律の整備（改正民法824条の2）

改正家事事件手続法

（親権に関する審判事件等の管轄権）
第3条の8　裁判所は，親権に関する審判事件（別表第一の六十五の項から六十九の項まで及び別表第二の七の項から八の二（筆者注：当該八の二は「親権行使者の指定」）の項までの事項についての審判事件をいう。第167条において同じ。），子の監護に関する処分の審判事件（同表の三の項の事項についての審判事件をいう。以下同じ。）（子の監護に要する費用の分担に関する処分の審判事件を除く。）及び親権を行う者につき破産手続が開始された場合における管理権喪失の審判事件（別表第一の百三十二の項の事項についての審判事件をいう。第242条第1項第2号及び第3項において同じ。）について，子の住所（住所がない場合又は住所が知れない場合には，居所）が日本国内にあるときは，管轄権を有する。

（管轄）
第167条　親権に関する審判事件は，子（父又は母を同じくする数人の子についての親権者の指定若しくは変更，親権行使者の指定又は第三者が子に与えた財産の管理に関する処分の申立てに係るものにあっては，そのうちの一人）の住所地を管轄する家庭裁判所の管轄に属する。

（手続行為能力）
第168条　第118条の規定は，次の各号に掲げる審判事件（第3号，第7号及び第8号の審判事件を本案とする保全処分についての審判事件を含む。）における当該各号に定める者について準用する。
　一～六　（略）
　七　親権者の指定又は変更の審判事件（別表第二の八の項の事項についての審判事件をいう。）　子及びその父母
　八　親権行使者の指定の審判事件（別表第二の八の二の項の事項についての審判事件をいう。）　子及びその父母

（陳述の聴取）
第169条　（略）
2　家庭裁判所は，親権者の指定若しくは変更又は親権行使者の指定の審判をする場合には，第68条の規定により当事者の陳述を聴くほか，子（15歳以上のものに限る。）の陳述を聴かなければならない。

（引渡命令等）
第171条　家庭裁判所は，親権者の指定若しくは変更又は親権行使者の指定の審判において，当事者に対し，子の引渡し又は財産上の給付その他の給

第3 親権及び監護等に関する規律

付を命ずることができる。
(即時抗告)
第172条 次の各号に掲げる審判に対しては,当該各号に定める者(第1号から第3号まで及び第5号にあっては,申立人を除く。)は,即時抗告をすることができる。
　一~九　(略)
　十　親権者の指定又は変更の審判及びその申立てを却下する審判　子の父母及び子の監護者
　<u>十一　親権行使者の指定の審判及びその申立てを却下する審判　子の父母</u>
2　(略)
(親権者の指定又は変更の審判事件等を本案とする保全処分)
第175条 家庭裁判所は,親権者の指定若しくは変更又は<u>親権行使者の指定</u>の審判又は調停の申立てがあった場合において,強制執行を保全し,又は子その他の利害関係人の急迫の危険を防止するため必要があるときは,当該申立てをした者の申立てにより,親権者の指定若しくは変更又は<u>親権行使者の指定</u>の審判を本案とする仮処分その他の必要な保全処分を命ずることができる。
2　前項の規定により仮の地位の仮処分を命ずる場合には,第107条の規定により審判を受ける者となるべき者の陳述を聴くほか,子(15歳以上のものに限る。)の陳述を聴かなければならない。ただし,子の陳述を聴く手続を経ることにより保全処分の申立ての目的を達することができない事情があるときは,この限りでない。
3~6　(略)

【現行家事事件手続法】
(親権に関する審判事件等の管轄権)
第3条の8 裁判所は,親権に関する審判事件(別表第一の六十五の項から六十九の項まで並びに別表第二の七の項及び八の項の事項についての審判事件をいう。第167条において同じ。),子の監護に関する処分の審判事件(同表の三の項の事項についての審判事件をいう。第150条第4号及び第151条第2号において同じ。)(子の監護に要する費用の分担に関する処分の審判事件を除く。)及び親権を行う者につき破産手続が開始された場合における管理権喪失の審判事件(別表第一の百三十二の項の事項についての審判事件をいう。第242条第1項第2号及び第3項において同じ。)について,子の住所(住所がない場合又は住所が知れない場合には,居所)が日本国内にあるときは,管轄権を有する。

4　親権行使に関する規律の整備（改正民法824条の2）

（管轄）
第167条　親権に関する審判事件は，子（父又は母を同じくする数人の子についての親権者の指定若しくは変更又は第三者が子に与えた財産の管理に関する処分の申立てに係るものにあっては，そのうちの一人）の住所地を管轄する家庭裁判所の管轄に属する。

（手続行為能力）
第168条　第118条の規定は，次の各号に掲げる審判事件（第3号及び第7号の審判事件を本案とする保全処分についての審判事件を含む。）における当該各号に定める者について準用する。
　　一～七　（同上）
※第8号は新設規定※

（陳述の聴取）
第169条　（同上）
2　家庭裁判所は，親権者の指定又は変更の審判をする場合には，第68条の規定により当事者の陳述を聴くほか，子（15歳以上のものに限る。）の陳述を聴かなければならない。

（引渡命令等）
第171条　家庭裁判所は，親権者の指定又は変更の審判において，当事者に対し，子の引渡し又は財産上の給付その他の給付を命ずることができる。

（即時抗告）
第172条　次の各号に掲げる審判に対しては，当該各号に定める者（第1号から第3号まで及び第5号にあっては，申立人を除く。）は，即時抗告をすることができる。
　　一～十　（同上）
※第11号は新設規定※
2　（同上）

（親権者の指定又は変更の審判事件を本案とする保全処分）
第175条　家庭裁判所は，親権者の指定又は変更の審判又は調停の申立てがあった場合において，強制執行を保全し，又は子その他の利害関係人の急迫の危険を防止するため必要があるときは，当該申立てをした者の申立てにより，親権者の指定又は変更の審判を本案とする仮処分その他の必要な保全処分を命ずることができる。
2～6　（同上）

改正人事訴訟法

（附帯処分についての裁判等）
第32条　裁判所は，申立てにより，夫婦の一方が他の一方に対して提起した

第3　親権及び監護等に関する規律

婚姻の取消し又は離婚の訴えに係る請求を認容する判決において，子の監護者の指定その他の子の監護に関する処分，財産の分与に関する処分，<u>親権行使者（民法第824条の2第3項の規定により単独で親権を行使する者をいう。第4項において同じ。）の指定（婚姻の取消し又は離婚に伴って親権を行う必要がある事項に係るものに限る。同項において同じ。）</u>又は厚生年金保険法（昭和29年法律第115号）第78条の2第2項の規定による処分（以下「附帯処分」と総称する。）についての裁判をしなければならない。
2　前項の場合においては，裁判所は，同項の判決において，当事者に対し，子の引渡し又は金銭の支払その他の財産上の給付その他の給付を命ずることができる。
3　前項の規定は，裁判所が婚姻の取消し又は離婚の訴えに係る請求を認容する判決において親権者の指定についての裁判をする場合について準用する。
4　裁判所は，第1項の子の監護者の指定その他の子の監護に関する処分についての裁判若しくは<u>親権行使者の指定についての裁判</u>又は前項の親権者の指定についての裁判をするに当たっては，子が15歳以上であるときは，その子の陳述を聴かなければならない。

【現行人事訴訟法】
（附帯処分についての裁判等）
第32条　裁判所は，申立てにより，夫婦の一方が他の一方に対して提起した婚姻の取消し又は離婚の訴えに係る請求を認容する判決において，子の監護者の指定その他の子の監護に関する処分，財産の分与に関する処分又は厚生年金保険法（昭和29年法律第115号）第78条の2第2項の規定による処分（以下「附帯処分」と総称する。）についての裁判をしなければならない。
2・3　（同上）
4　裁判所は，第1項の子の監護者の指定その他の子の監護に関する処分についての裁判又は前項の親権者の指定についての裁判をするに当たっては，子が15歳以上であるときは，その子の陳述を聴かなければならない。

4 親権行使に関する規律の整備（改正民法824条の2）

● 解 説 ●

1 親権の共同行使の原則とその例外（単独行使）の基準の明確化等
(1) 基準の明確化

現行民法818条3項は、「親権は、父母の婚姻中は、父母が共同して行う。ただし、父母の一方が親権を行うことができないときは、他の一方が行う。」と規定し、婚姻中の父母による親権の行使方法について定めています。

この点に関し、改正民法824条の2は、現行民法818条3項の規律を明確化し、問題となるケースごとに検討を加えて解決方法を提示しています。すなわち、①改正民法824条の2第1項は、婚姻中の父母は、親権を共同行使することを原則とし、その例外として単独行使が許される場合として、(a)「父母の一方のみが親権者であるとき」（例えば、親権喪失の審判（民法834条）を受けている場合）、(b)「他の一方が親権を行うことができないとき」（例えば、他の一方が音信不通の場合や親権停止の審判（民法834条の2）を受けている場合）、(c)「子の利益のため急迫の事情があるとき」であると規定し、②同条2項は、父母の双方が親権者であっても、監護及び教育に関する日常の行為に係る親権の行使を単独でできることを規定し、③同条3項は、特定の事項に係る親権の行使（上記(a)から(c)までの場合又は前項の規定により父母の一方が単独で行うことができるものを除く。）について、父母間に協議が調わない場合であって、子の利益のため必要があると認めるときは、家庭裁判所は、父又は母の請求により、当該事項に係る親権の行使を父母の一方が単独ですることができる旨を定めることができることを規定しました。

この点についての本部会の検討の経過、及びその前提として昭和22年改正民法において父母の共同親権を認めるに至った背景等について整理してみたいと思います。この点は、今回の改正民法において、離婚後に父母双方が共同で親権者になることが認められていますが（改正民法819条）、この場合における親権行使の在り方について検討するに当たっても、有益であると考えられます。

　　ア　昭和22年の民法改正（婚姻中の父母の共同親権）
　　昭和22年の改正前民法では、父母が婚姻関係にあるかどうかにかか

第3　親権及び監護等に関する規律

わらず，子の親権は父母の一方のみが行うこととされていました。
　その後，この規定は，昭和22年の民法改正により改められ，親権は，父母が婚姻中は，父母が共同して行うことが原則となることが定められるに至りました。
　このような改正の背景については，親権行使を父母の一方のみの判断に委ねるよりも，父母双方がその責任を負い，双方の関与の下で意思決定がされるものとした方が，子の利益の観点から望ましいことが多いとの価値判断があったとの指摘があり，改正当時の議論においては，例えば，子の有する財産の処分が問題となる場面を念頭に，多くの場合には子の利益から考えて，父母の意見不一致の時には財産の処分を許さない方が良いと考えられていたとの説明がされています。本部会のこれまでの議論においても，このような民法の価値判断を維持することを前提とした意見が示されてきました（部会資料34-1・2頁）。
イ　本部会における検討経過
　(ｱ)　親権の共同行使の原則を貫く場合の不都合
　　しかし，親権の共同行使の原則を厳格に貫き，父母の意見不一致の場合に親権行使が一切できなくなることに対しては，適時に親権行使が行われなくなることで子の利益に反するおそれがあるとの批判があります。本部会における議論や中間試案に対するパブリック・コメントの手続においても，例えば，
　　①父母の一方が子の養育に無関心となり，音信不通となってしまうケースでの不都合を指摘する意見
　　②（父母の関係が必ずしも良好でなく別居状態にある場面等を念頭に）日常的な些細な事項についてまで常に父母がコミュニケーションをとることは困難であることを指摘する意見
　　③父母の意見不一致により親権の行使がされないことで，かえって子の利益に反する場合も想定されることを指摘する意見
　　④父母の意見対立を調整するための裁判手続を新設したとしても，その判断に一定の時間を要することへの懸念を示す意見
　　などが示されました（部会資料34-1・2頁以下）。

4　親権行使に関する規律の整備（改正民法824条の２）

(イ)　親権の共同行使の原則の調整方法

(a)　そこで，「家族法制の見直しに関する要綱案の取りまとめに向けたたたき台(2)」の第２・１(1)ア（部会資料32-１・１頁。（注１））では，父母の離婚後の場合のほか父母が婚姻中の場合も含め，父母双方が親権者である場合の親権行使のルールを整理することとしています。まず，上記のうち①の懸念（父母の一方が子の養育に無関心で音信不通となったケース）への対応策としては，<u>父母の一方が親権を行うことができないときは他の一方が単独で親権を行うこととすることで，父母の一方が音信不通である場合には親権の共同行使を不要とすることとしています</u>（なお，この点は現行民法818条３項ただし書と同様である。）。

ここで，現行民法818条３項本文のいう「共同して」とは，身上監護や財産管理等の親権の行使が，父母の共同の意思で決定されることをいうと解されています。

そして，父母の親権の「共同行使」とは，父母の共同の名義によって親権の行使をした場合のみならず，例えば，父母の一方が，他方の同意を得て，単独名義で親権の行使をする場合も含まれると解されることから，<u>本部会における議論においては，父母の一方が他の一方に対して親権行使に関する相談の連絡をしたもののそれに対する反対がないといった場面においては，黙示的な同意があったものと整理することもできるであろうとの意見がありました。</u>

(b)　また，上記②の懸念（日常的な些細な事項についてまで常に父母がコミュニケーションをとることが困難なケース）については，上記「たたき台(2)」の第２・１(2)（部会資料32-１・１頁）において，現行民法の解釈を明確化する趣旨で，<u>父母双方が親権者である場合であっても，監護及び教育に関する日常の行為については，単独行使を可能とするものとしています。</u>

(c)　さらに，上記③の懸念（父母の意見不一致により親権の行使がされない場合）に関して，日常の行為以外の事項（すなわち，重要な事

第3 親権及び監護等に関する規律

項)について親権者である父母の意見が対立する場合に対応するための方策として，上記「たたき台(2)」の第2・1(3)（部会資料32-1・1頁）では，この場合の意見調整をするための裁判手続を新設することを提示しています。

このような規律によれば，ある重要な事項について，父母の意見が対立する場合の親権行使の方法は，まずは父母の協議により当該事項についての親権行使の内容を定めることとする（この協議は，父母のみの協議のほか，家庭裁判所における家事調停や各種のADRによることも考えられる。）が，この協議が調わないときは，家庭裁判所の審判により，父母のいずれが当該事項について親権を単独で行うものとするかが定められることとなります。

このような当事者間の協議や裁判所の判断による解決方法は，現行民法の他の規定とも整合的であると思われます。

(d) また，このような裁判手続には一定の時間を要すると考えられるものの，緊急性が要求されるケースにおいては，例えば，審判前の保全処分を活用することも考えられます。

その上で，このような解決方法については，上記④の懸念（裁判手続を新設したとしても，その判断に一定の時間を要することへの懸念）のとおり，父母の協議や裁判手続には一定の時間を要することを念頭に，そのような協議や裁判手続を経ていては，子の利益に反することがあるとの懸念があります。本部会のこれまでの議論の中では，例えば，①入学試験の結果発表後の入学手続のように一定の期限までに親権を行うことが必須であるような場面や，②DVや虐待からの避難が必要である場面等を念頭に置いた意見が示されました。

そこで，上記「たたき台(2)」の第2・1(1)イ（部会資料32-1・1頁）では，このような場面に対応するための規律として，「子の利益のため急迫の事情があるとき」は，例外的に親権の単独行使を許容する旨の規律を提示しています。

本部会における議論の中では，このような「急迫の事情」

4 親権行使に関する規律の整備（改正民法824条の2）

（緊急の行為）を要件とする例外規定を設けることについては，現行法の規定（児童福祉法33条の2第4項や同法47条5項（注2））との比較において整合的である旨の指摘がありました（部会資料34-1・3頁以下）。

（注1）「家族法制の見直しに関する要綱案の取りまとめに向けたたたき台(2)」の第2・1の内容（部会資料32-1・1頁）
「第2　親権及び監護等に関する規律
1　親権行使に関する規律の整備
(1)　父母双方が親権者となるときは，親権は父母が共同して行うものとする。ただし，次に掲げるときは，その一方が行うものとする。
ア　他の一方が親権を行うことができないとき。
イ　子の利益のため急迫の事情があるとき。
(2)　親権を行う父母は，上記(1)本文の規定にかかわらず，監護及び教育に関する日常の行為を単独で行うことができるものとする。
(3)　特定の事項に係る親権の行使について，父母の協議が調わない場合（上記(1)ただし書又は上記(2)の規定により単独で行うことができる場合を除く。）であって，子の利益のため必要があると認めるときは，家庭裁判所は，父又は母の請求により，当該事項に係る親権を父母の一方が単独で行うことができる旨を定めることができるものとする。」

（注2）児童福祉法の条文
第33条の2　（略）
2　児童相談所長は，一時保護が行われた児童で親権を行う者又は未成年後見人のあるものについても，監護及び教育に関し，その児童の福祉のため必要な措置をとることができる。（以下略）
3　（略）
4　第2項の規定による措置は，児童の生命又は身体の安全を確保するため緊急必要があると認めるときは，その親権を行う者又は未成年後見人の意に反しても，これをとることができる。

第47条　（略）
2　（略）
3　児童福祉施設の長，その住居において養育を行う第6条の3第8項に規定する内閣府令で定める者又は里親（以下この項において「施設長等」という。）は，入所中又は受託中の児童で親権を行う者又は未成年後見人

のあるものについても，監護及び教育に関し，その児童の福祉のため必要な措置をとることができる。(以下略)
4　(略)
5　第３項の規定による措置は，児童の生命又は身体の安全を確保するため緊急の必要があると認めるときは，その親権を行う者又は未成年後見人の意に反しても，これをとることができる。(以下略)

ウ　改正民法824条の２の内容
以上のような検討を踏まえ，改正民法824条の２は，
「１　親権は，父母が共同して行う。ただし，次に掲げるときは，その一方が行う。
一　その一方のみが親権者であるとき。
二　他の一方が親権を行うことができないとき。
三　子の利益のため急迫の事情があるとき。
２　父母は，その双方が親権者であるときであっても，前項本文の規定にかかわらず，監護及び教育に関する日常の行為に係る親権の行使を単独ですることができる。
３　特定の事項に係る親権の行使（第１項ただし書又は前項の規定により父母の一方が単独で行うことができるものを除く。）について，父母間に協議が調わない場合であって，子の利益のため必要があると認めるときは，家庭裁判所は，父又は母の請求により，当該事項に係る親権の行使を父母の一方が単独ですることができる旨を定めることができる。」
と規定しました。
すなわち，同条は，１項及び２項において，父母の親権の共同行使を原則としながら，例外的に単独行使ができる基準を明確化するとともに，３項において，特定の事項（重要事項）の親権行使に関する父母の意見対立時に家庭裁判所に単独行使を請求できる規律を新設するものです。
また，同条の規定は，父母の婚姻中のみならず，父母が離婚後に共同親権者になった場合にも適用されます。

4　親権行使に関する規律の整備（改正民法824条の2）

　なお，同条1項3号の「子の利益のため急迫の事情があるとき」の意義及び同条3項の特定の事項の親権行使に関する点については，以下のとおり，もう少し敷衍します。

　ちなみに，衆議院及び参議院の各法務委員会において，法務省担当者が，共同親権の場合に，「単独行使ができる日常の行為」，「急迫の事情があるケース」及び「共同行使が必要なケース」として，概要以下のような説明をしています（令和6年4月13日付け朝日新聞朝刊参照）。

日常の行為，急迫の事情等の具体例（注）

1　監護・教育に関する日常行為→単独親権行使可（2項）
①　食事・衣服等の身の回りの世話
②　子の習い事の選択
③　重大な影響のない治療や薬（風邪薬等）の服用，ワクチンの接種
④　高校生の放課後のアルバイト
2　子の利益のため急迫の事情があるとき→単独親権行使可（1項3号）
①　入学試験の結果発表後の入学手続のように一定の期限までに親権を行うことが必須であるような場合
②　DVや虐待からの避難が必要である場合
③　緊急に医療行為を受けるため医療機関との間で診療契約を締結する必要がある場合
3　特定の事項（上記1及び2の行為を除く。）→父母の協議で決定，協議が不調のときは家庭裁判所が判断（3項）
①　進学先の選択や，特別支援学校・学級への選択
②　子が相続した不動産の処分
③　住居の移転（引っ越し＝居所の指定又は変更）

（注）①　人工妊娠中絶については，参議院法務委員会でこども家庭庁の担当者から，母体保護法14条1項により，「本人」及び「配偶者」の同意があれば人工妊娠中絶ができ，未成年者でも，親権者の同意は不要との説明がありました（同条2項では，配偶者が知れないとき，その意思を表示できないときなどには，本人の同意のみで足りると規定されている。）。ただし，多くの産婦人科医では，未成年者の場合，親権者から同意書を取っているようであり，その調整が問題となると思われます。

　　　②　未成年者の旅券（パスポート）の取得（近時では，高校生の修学旅行地も海外の場合が珍しくないようである。）については，参議院法務委員会で外務省担当者から，原則として，一方親権者の同意書でよいが，

第3　親権及び監護等に関する規律

あらかじめ他方親権者の不同意書が提出されている場合には，旅券を発給することはできないとの説明がありました。
③　子名義の預金口座やNISA口座の開設については，参議院法務委員会で法務省担当者から，親権者の財産管理行為であり，父母による共同親権行使の対象となるが，通常の場合，一方の親が代理してこれらの口座の開設をした場合には，他方の親の黙示的同意があると推定されるので，現行の取扱いに変更がないとの説明がありました。

(2)　「子の利益のため急迫の事情があるとき」（親権の単独行使の要件）の意義

改正民法824条の2第1項3号の「子の利益のため急迫の事情があるとき」とは，父母の協議や家庭裁判所の手続を経ていては適時の親権行使をすることができず，その結果として子の利益を害するおそれがあるようなケースを想定することが考えられます。

どのような場合にこの要件に該当するかは，最終的には個別の事案における具体的な事実関係を踏まえて判断されるべき事項であると考えられますが，本部会における議論によれば，具体的には，①入学試験の結果発表後の入学手続のように一定の期限までに親権を行うことが必須であるような場合や，②DVや虐待からの避難が必要である場合等が考えられるほか，③本部会第34回会議（令和5年11月28日開催）では，緊急に医療行為を受けるため医療機関との間で診療契約を締結する必要がある場合など様々な場合が考えられるとの指摘がありました（この点は，医学界から危惧感が表明されている（コラム3参照）。）。また，④本部会第36回会議（令和6年1月9日開催）では，DVからの避難が必要となるケースを念頭においた議論として，「急迫の事情」が認められるのは加害行為が現に行われている時やその直後のみに限られず，DV事案においては加害行為が反復継続するおそれがあるなどの特性に着目すると，加害行為が現に行われていない間も「急迫の事情」が認められる状態が継続し得るとの解釈をすることができるであろうとの指摘がされました（部会資料37-2・3頁）。

(3)　「監護及び教育に関する日常の行為」の意義

改正民法824条の2第2項の「監護及び教育に関する日常の行為」とは，

4 親権行使に関する規律の整備（改正民法824条の2）

子の心身に重大な影響を与えないような日常の行為をいうと考えられます（衆議院法務委員会における法務省担当者の答弁）。

例えば、①食事・衣服等の身の回りの世話、②子の習い事の選択、③重大な影響のない治療や薬（風邪薬等）の服用、④一般的なワクチンの接種、⑤高校生のアルバイト等がこれに当たると考えられ、親権の単独行使が可能となります。

(4) 「特定の事項」に係る親権の単独行使と子の「監護の分掌」の関係等

ア 「特定の事項」と子の「監護の分掌」の関係

(ア) 改正民法824条の2第3項は、特定の事項に係る親権の行使（同条1項ただし書又は同条2項の規定により父母の一方が単独で行うことができるものを除く。）について父母の意見対立が生じた場合において、親権の共同行使の原則の例外として、家庭裁判所が、父母の一方にその単独行使を認めることを定めています。

そして、同条3項の括弧書きによれば、①父母の一方のみが親権者であるとき、②他の父母が親権を行うことができないとき、③子の利益のため急迫の事情があるとき、④監護及び教育に関する日常の行為をするときは、父母の一方が単独で親権を行うことができることから、これらについて家庭裁判所が特定の事項についての親権行使者の指定をする必要がありません。

すなわち、家庭裁判所の手続による意見調整が必要となるのは、上記①から④までのいずれにも該当しない場合ということになります。

そのため、当該規律における「特定の事項」に該当し得るものは重要な事項（日常の行為以外の事項）に係る身上監護又は財産管理や身分行為に限られることとなり、本部会における議論では、具体的には、「居所の指定又は変更の場合」や、「親権者が子を代理して高校との間での在学契約を締結する場合」等が想定される旨の指摘がありました（部会資料35-2・8頁参照）。

(イ) ところで、改正民法766条1項では、子の「監護の分掌」が離

婚の際の協議事項となったことから，上記「特定の事項」と「監護の分掌」のそれぞれの適用対象が問題となります。

　この点は，個別具体的な事案において「特定の事項」をどの程度の具体性・個別性をもって特定すべきであるかにも関係しますが，各事案における父母の意見対立の内容を踏まえて判断することになると考えられます。例えば，ある高校との間での在学契約の締結の可否のみが紛争の対象となっている事案では，「高校との在学契約の締結」というように個別的な行為を基準にその対象を選択することが考えられるほか，子が進学に伴って自宅から離れて居住することも含めて紛争の対象となっている事案では，居所の指定等の付随する事項と併せ，「高校進学に関する事項」，あるいは，「高校との在学契約の締結及びこれに付随する事項」といった形で対象を特定することもできるのではないかとの指摘もあり得ます。

　一方，「教育に関する事項」といった抽象度の高い事項については，「監護の分掌」が想定する役割分担の対象とすることが考えられます（なお，「監護の分掌」についてはＱ６の２参照。部会資料35-２・８頁以下参照）。

イ　家庭裁判所が「特定の事項」に係る親権行使者を判断する際の考慮要素について

　例えば，子の養育方針については様々な価値観があり得ることから，家庭裁判所の裁判手続において，特定の事項に係る親権の行使をする父母の一方をどのような観点から判断するか問題となります。

　この点に関し，家庭裁判所が父母の価値判断の優劣を判断することは相当でないとの指摘がありますが，いかなる観点から判断すべきであるかは当該事項の内容・性質や事案の特性に応じて異なるものの，できる限り客観的な観点（例えば，それぞれ父母がその同居中から当該事項に関して子とどの程度，どのように関わってきたかなど）から，父母のいずれが当該事項について子の利益にかなう形で親権を行使し得るかを判断するなど，父母の価値判断の内容それ自体の優劣を直接に判断するのではない判断手法も考えられるところです。

4 親権行使に関する規律の整備（改正民法824条の２）

なお，その際には，子の意思等を考慮する必要があることは他の手続と同様であると考えられます（部会資料35-2・6頁以下参照）。

(5) 「急迫の事情」や「日常の行為」等に関するガイドラインの作成について

衆議院及び参議院の各法務委員会では，本件改正法の採決の際の附帯決議において，政府等に対し，「親権の単独行使の対象となる民法第824条の2各項の「急迫の事情」，「監護及び教育に関する日常の行為」，「特定の事項」及び第766条第1項の「子の監護の分掌」等の概念については，その意義及び具体的な類型等をガイドライン等により明らかにすること」を指摘しています。

2 家事事件手続法及び人事訴訟法の規律の整備

(1) 改正民法824条の２第３項における親権行使者の指定の裁判手続について

改正民法824条の2第3項は，特定の事項に関する親権行使について父母の意見が対立するときは，家庭裁判所が，その親権行使を父母の一方に単独ですることができる旨を定めることができることを規定（なお，家庭裁判所が当該親権行使者を定めることを「親権行使者の指定」という（改正人事訴訟32条1項参照）。）していますが，その裁判手続について，家事事件手続法及び人事訴訟法の規定について所要の整備をしています。

すなわち，家事事件手続法を改正して，上記親権行使者の指定につき，国際裁判管轄（改正家事事件手続法3条の8），管轄（改正同法167条），手続行為能力（改正同法168条），陳述の聴取（改正同法169条），引渡命令等（改正同法171条），即時抗告（改正同法172条），保全処分（改正同法175条）に関する規定を整備しています（これら改正条項については，前記「関係条文」中の「改正家事事件手続法」を参照）。

また，人事訴訟法を改正して，裁判所が，申立てにより，婚姻の取消し又は離婚の訴えに係る請求を認容する判決において，特定の事項に係る親権の行使（婚姻の取消し又は離婚に伴って親権を行う必要がある事項に係るものに限る。）について，単独で親権を行使する者（親権行使者）を指定する旨の附

帯処分をすることができるものとしています（改正人事訴訟法32条。なお，要綱案2頁参照）。

(2) **15歳未満の子の氏の変更（民法791条3項）について**

ア　改正民法では共同親権制度を導入しています（改正民法819条）。これに関連して，例えば，協議離婚の際に，父母が共同親権を選択したが，15歳未満の子で父の氏を称していた者が，離婚後同居する母の氏を称するため，民法791条1項により，家庭裁判所の許可を得て母の氏を称する入籍（戸籍法98条1項）をするには，民法791条3項により，子の法定代理人が家庭裁判所に子の氏の変更の申立てをして，その許可を得る必要があります。

そして，上記のように，父母が共同親権を選択した場合には，父母の協議が調わないときは，改正民法824の2条第3項により，家庭裁判所に親権行使者を定めてもらい，上記氏の変更の申立てをすることになります（参議院法務委員会における法務省担当者の答弁）。

イ　また，当該氏の変更については，離婚訴訟において，改正民法824の2条第3項による親権行使者を指定する旨の附帯処分の申立てをし，家庭裁判所に親権行使者を指定してもらうこともできます（改正人事訴訟法32条1項。参議院法務委員会における法務省担当者の答弁）。

3 本件改正が社会に与える影響

本件改正規定は，父母の親権の共同行使を原則とする一方，その例外として単独行使が認められる場合について，具体的なケースごとに分けて規定していますが，「子の利益のため急迫の事情があるとき」のような「評価を伴う事由」もあり，当事者である父母がその判断等に迷うケースも考えられ，本件改正の社会的な影響は大きいと考えられます。

4 本件改正規定の施行日

本件改正規定の施行日は，本件改正法附則1条本文により，公布の日（令和6年5月24日）から起算して2年を超えない範囲内において政令で定める日です。

4　親権行使に関する規律の整備（改正民法824条の２）

　なお，本件改正規定は，本件改正法の施行前に生じた事項にも適用されますが，本件改正法附則１条による改正前の民法の規定により生じた効力は妨げられません（本件改正法附則２条）。

第3　親権及び監護等に関する規律

5　父母の離婚後等の親権者の定めの見直し（共同親権制度の導入）

　改正民法では，離婚後等の父母の親権について，共同親権制度を導入しているとのことですが，その内容を説明してください。

　現行民法819条は，離婚後等においては父母の単独親権制度を採用していましたが，改正民法819条では，単独親権制度のほかに，共同親権制度も導入しています。
　その概要は，以下のとおりです。

改正民法819条による離婚後の共同親権か単独親権かの判断の流れ等

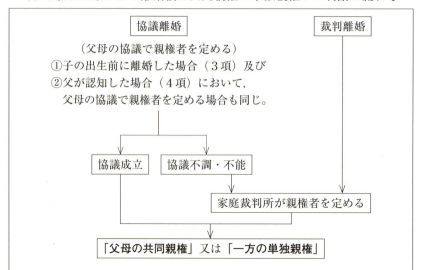

※1　裁判所が2項（裁判上の離婚），5項（離婚等の協議の不調等による協議に代わる審判）又は6項（親権者変更）の裁判においての親権者（父母双方又はその一方）を定める際の判断基準（改正民法819条7項）
　(1)　父母の一方の単独親権と定めなければならない場合
　　　次の各号のいずれかに該当するときその他の父母の双方を親権者と定めることにより子の利益を害すると認められるとき（7項後段）
　　①　父又は母が子の心身に害悪を及ぼすおそれがあると認められるとき（1号）

5 父母の離婚後等の親権者の定めの見直し（共同親権制度の導入）

② 父母の一方が他の一方から身体に対する暴力その他の心身に有害な影響を及ぼす言動（暴力等）を受けるおそれの有無，父母の協議が調わない理由その他の事情を考慮して，父母が共同して親権を行うことが困難であると認められるとき（2号）

(2) 上記(1)に該当しない場合，裁判所は，次の事情を考慮して，共同親権か単独親権かを判断する。

　　裁判所は，父母の双方を親権者と定めるかその一方を親権者と定めるかを判断するに当たっては，子の利益のため，父母と子との関係，父と母との関係その他一切の事情を考慮する（7項前段）(注)。

（注）改正民法819条7項によれば，改正民法が共同親権制度を原則としているわけではないと考えられる。

※2 家庭裁判所における親権者変更の裁判（6項）の判断基準（改正民法819条8項）

6項の場合において，家庭裁判所は，父母の協議により定められた親権者を変更することが子の利益のため必要であるか否かを判断するに当たっては，「当該協議の経過」，「その後の事情の変更その他の事情」を考慮するものとする（8項前段）。

この場合において，「当該協議の経過」を考慮するに当たっては，①父母の一方から他の一方への暴力等の有無，②家事事件手続法による調停の有無又は③裁判外紛争解決手続の利用の有無，④協議の結果についての公正証書の作成の有無その他の事情をも勘案する（8項後段）。

（上記表の部分は，令和6年4月3日付け朝日新聞朝刊を参考にした。）

関 係 条 文

改正民法

（離婚又は認知の場合の親権者）

第819条　父母が協議上の離婚をするときは，その協議で，その双方又は一方を親権者と定める。

2　裁判上の離婚の場合には，裁判所は，父母の双方又は一方を親権者と定める。

3　子の出生前に父母が離婚した場合には，親権は，母が行う。ただし，子の出生後に，父母の協議で，父母の双方又は父を親権者と定めることができる。

第3　親権及び監護等に関する規律

4　父が認知した子に対する親権は，母が行う。ただし，父母の協議で，父母の双方又は父を親権者と定めることができる。
5　第1項，第3項又は前項の協議が調わないとき，又は協議をすることができないときは，家庭裁判所は，父又は母の請求によって，協議に代わる審判をすることができる。
6　子の利益のため必要があると認めるときは，家庭裁判所は，子又はその親族の請求によって，親権者を変更することができる。
7　裁判所は，第2項又は前二項の裁判において，父母の双方を親権者と定めるかその一方を親権者と定めるかを判断するに当たっては，子の利益のため，父母と子との関係，父と母との関係その他一切の事情を考慮しなければならない。この場合において，次の各号のいずれかに該当するときその他の父母の双方を親権者と定めることにより子の利益を害すると認められるときは，父母の一方を親権者と定めなければならない。
　一　父又は母が子の心身に害悪を及ぼすおそれがあると認められるとき。
　二　父母の一方が他の一方から身体に対する暴力その他の心身に有害な影響を及ぼす言動（次項において「暴力等」という。）を受けるおそれの有無，第1項，第3項又は第4項の協議が調わない理由その他の事情を考慮して，父母が共同して親権を行うことが困難であると認められるとき。
8　第6項の場合において，家庭裁判所は，父母の協議により定められた親権者を変更することが子の利益のため必要であるか否かを判断するに当たっては，当該協議の経過，その後の事情の変更その他の事情を考慮するものとする。この場合において，当該協議の経過を考慮するに当たっては，父母の一方から他の一方への暴力等の有無，家事事件手続法による調停の有無又は裁判外紛争解決手続（裁判外紛争解決手続の利用の促進に関する法律（平成16年法律第151号）第1条に規定する裁判外紛争解決手続をいう。）の利用の有無，協議の結果についての公正証書の作成の有無その他の事情をも勘案するものとする。

（離婚の届出の受理）
第765条　離婚の届出は，その離婚が前条において準用する第739条第2項の規定その他の法令の規定に違反しないこと及び夫婦間に成年に達しない子がある場合には次の各号のいずれかに該当することを認めた後でなければ，受理することができない。
　一　親権者の定めがされていること。

5　父母の離婚後等の親権者の定めの見直し（共同親権制度の導入）

　　<u>二　親権者の指定を求める家事審判又は家事調停の申立てがされていること。</u>
2　離婚の届出が前項の規定に違反して受理されたときであっても，離婚は，そのためにその効力を妨げられない。

【現行民法】
(離婚又は認知の場合の親権者)
第819条　父母が協議上の離婚をするときは，その協議で，その<u>一方</u>を親権者と定めなければならない。
2　裁判上の離婚の場合には，裁判所は，父母の一方を親権者と定める。
3　子の出生前に父母が離婚した場合には，親権は，母が行う。ただし，子の出生後に，父母の協議で，父を親権者と定めることができる。
4　父が認知した子に対する親権は，<u>父母の協議で父を親権者と定めたときに限り</u>，父が行う。
5　(同上)
6　子の利益のため必要があると認めるときは，家庭裁判所は，<u>子の親族</u>の請求によって，親権者を<u>他の一方</u>に変更することができる。
※第7項・第8項は新設規定※
(離婚の届出の受理)
第765条　離婚の届出は，その離婚が前条において準用する第739条第2項の規定及び第819条第1項の規定その他の法令の規定に違反しないことを認めた後でなければ，受理することができない。
※第1号・第2号は新設規定※
2　(同上)

改正家事事件手続法

(申立ての取下げの制限)
第169条の2　<u>親権者の指定の申立ては，審判がされる前であっても，家庭裁判所の許可を得なければ，取り下げることができない。</u>
(離婚が成立しない場合の申立ての却下)
第169条の3　家庭裁判所は，親権者の指定の審判の手続において，申立人に対し，相当の期間を定め，父母が離婚したことを証する文書をその期間内に提出すべきことを命ずることができる。
<u>2　前項の場合において，申立人がその期間内に同項に規定する文書を提出しないときは，家庭裁判所は，親権者の指定の審判の申立てを却下することができる。</u>

第3　親権及び監護等に関する規律

(家事調停の申立ての取下げ)
第273条　家事調停の申立ては，家事調停事件が終了するまで，その全部又は一部を取り下げることができる。
2　(略)
<u>3　第1項の規定にかかわらず，親権者の指定の調停の申立ては，家事調停事件が終了する前であっても，家庭裁判所の許可を得なければ，取り下げることができない。</u>
4　(略)

【現行家事事件手続法】
※第169条の2及び第169条の3は新設規定※
(家事調停の申立ての取下げ)
第273条　(同上)
2　(同上)
※第3項は新設規定※
3　(→第4号に移設)　(同上)

改正戸籍法

第76条　離婚をしようとする者は，<u>次に掲げる</u>事項を届書に記載して，その旨を届け出なければならない。
　一　親権者と定められる当事者の氏名<u>(親権者の指定を求める家事審判又は家事調停の申立てがされている場合にあつては，その旨)</u>及びその者が親権を行う子の氏名
　二　その他法務省令で定める事項
第77条　第63条の規定は，離婚又は離婚取消の裁判が確定した場合にこれを準用する。
②　前項に規定する離婚の届書には，<u>次に掲げる</u>事項をも記載しなければならない。
　一　親権者と定められた当事者の氏名<u>及びその者が親権を行う子の氏名</u>
　二　その他法務省令で定める事項
第78条　民法<u>第819条第3項ただし書又は第4項ただし書</u>の規定によつて協議で親権者を定めようとする者は，その旨を届け出なければならない。
第79条　第63条第1項の規定は，民法第819条第3項ただし書若しくは<u>第4項ただし書</u>の協議に代わる審判が確定し，又は親権者変更の裁判が確定した場合において親権者に，親権喪失，親権停止又は管理権喪失の審判の取

5　父母の離婚後等の親権者の定めの見直し（共同親権制度の導入）

消しの裁判が確定した場合においてその裁判を請求した者について準用する。

【現行戸籍法】
第76条　離婚をしようとする者は，左の事項を届書に記載して，その旨を届け出なければならない。
一　親権者と定められる当事者の氏名及びその親権に服する子の氏名
二　その他法務省令で定める事項
第77条　（同上）
②　前項に規定する離婚の届書には，左の事項をも記載しなければならない。
一　親権者と定められた当事者の氏名及びその親権に服する子の氏名
二　（同上）
第78条　民法第819条第3項但書又は第4項の規定によつて協議で親権者を定めようとする者は，その旨を届け出なければならない。
第79条　第63条第1項の規定は，民法第819条第3項ただし書若しくは第4項の協議に代わる審判が確定し，又は親権者変更の裁判が確定した場合において親権者に，親権喪失，親権停止又は管理権喪失の審判の取消しの裁判が確定した場合においてその裁判を請求した者について準用する。

解　説

1　父母の離婚後における共同親権の是非に関する検討の背景

　改正民法819条では，父母の離婚後における共同親権制度を創設しましたが，この制度の創設の背景・経緯について触れたいと思います。

　まず，現行民法818条3項本文は「親権は，父母の婚姻中は，父母が共同して行う。」と規定する一方，現行民法819条1項は，「父母が協議上の離婚をするときは，その協議で，その一方を親権者と定めなければならない。」と，同条2項は，「裁判上の離婚の場合には，裁判所は，父母の一方を親権者と定める。」と，それぞれ規定しています。

　したがって，現行民法では，父母の婚姻中はその双方が共同して親権を行うことを原則とする一方，父母の離婚後は，父母の一方を親権者と定めなければならないこととして，父母がともに親権者となることを認めていません（単独親権制度）。

　これに対しては，父母の離婚後もその双方が子の養育に責任を持ち，子

第3　親権及び監護等に関する規律

に関する事項が父母双方の熟慮の上で決定されることを確保すべき場合があり，これに対応するための規律が必要であるとして，父母の離婚後の親権に関する規律の見直しを求める意見があります。平成23年の民法改正の際の衆議院及び参議院の各法務委員会の附帯決議においても，「……離婚後の共同親権・共同監護の可能性を含め，その在り方全般について検討すること」が求められているほか，国際的にも，例えば，児童の権利委員会による日本の第4回・第5回政府報告に関する総括所見（2019年）において，「児童の最善の利益である場合に，外国籍の親も含めて児童の共同養育を認めるため，離婚後の親子関係について定めた法令を改正し，また，非同居親との人的な関係及び直接の接触を維持するための児童の権利が定期的に行使できることを確保すること」が求められるに至っています。

このような意見を踏まえ，本部会では，父母の離婚等の場面における親権に関する規律の見直しの要否や是非を検討してきたものです（中間試案の補足説明12頁参照）。

2　本部会における検討の整理及び改正民法819条の内容

（1）　現行民法819条は，離婚後の親権者を父とするか母とするかについて，父母間に争いがあるときは，家庭裁判所がこれを定めるものとしています。

そして，現行民法にはこの場合における考慮要素や判断枠組みに関する明文の基準はないものの，一般に，家庭裁判所が子の利益を考慮して定めるべきであると解されています。また，家庭裁判所は，離婚訴訟の認容判決において親権者を指定するに当たって，子が15歳以上であるときはその子の陳述を聴かなければならず，このほか，家庭裁判所調査官による調査を含めた事実の調査をすることもできるとされています（現行民法819条2項，人事訴訟法32条4項，33条，34条等参照）。

また，親権者の指定についての審判事件においては，家庭裁判所が，子の意思を把握するように努め，審判をするに当たり，子の年齢及び発達の程度に応じて，その意思を考慮しなければならないこととされており，子が15歳以上である場合には子の陳述を聴かなければならないこととされて

5　父母の離婚後等の親権者の定めの見直し（共同親権制度の導入）

います（家事事件手続法65条，169条2項）。

現状においては，父母のいずれを親権者と定めるかについて父母の意見が激しく対立する事案もあるとの指摘がされていますが，家庭裁判所は，当事者の意見に拘束されることなく親権者の指定をすることとなり，場合によっては，家庭裁判所の判断がその一方の意思や希望に反することもあります。そして，家庭裁判所の裁判に不服がある当事者は，上訴の手続により不服申立てをすることとなります（部会資料34-1・7頁以下）。

(2)　現行民法819条を改正して離婚後の父母双方を親権者とすることができるようにした際には，どのような場合に父母双方を親権者と定め，どのような場合にその一方を親権者と定めるものとするかが問題となりますが，本部会における議論では，多くの委員・幹事から，上記のような現行法の規定と同様に，この点について父母間に争いが生じたときは「裁判所」が「子の利益」の観点からこれを定めるものとすることを前提とした意見が示されました。

その上で，この場合における判断枠組みを可能な限り具体的に規律するため，本部会第30回会議（令和5年8月29日開催）から第32回会議（令和5年10月31日開催）までの会議では，個別具体的な事案において，①「父母双方を親権者とすることが子の利益の観点から望ましいのはどのような場合か」，「その一方を親権者とすることが子の利益の観点から望ましいのはどのような場合か」をめぐって，各委員・幹事から様々な意見が示されました。

その際には，例えば，「DVや虐待がある事案を念頭に，父母双方を親権者と定めることによって，子や父母の安全を害するおそれがあるかどうか」や，「円滑な親権行使が困難となる結果として子の利益に反するおそれがあるかどうか」といった視点からの議論がされました。

また，個別具体的な事件において家庭裁判所が考慮すべき要素の中には，①「プラスの要素」（父母双方を親権者と定めることを肯定する方向の事情）と，②「マイナスの要素」（父母双方を親権者と定めることを否定する方向の事情）がありますが，このうちの「マイナスの要素」と位置付けられる事情の中には，父母の一方による虐待の事実のように，その事実の存在のみにより直

ちに，父母双方を親権者とすることが子の利益に反するとの判断に大きく傾く要素があると思われます。

　本部会における議論では，父母双方を親権者と定めることにより子の利益を害すると認められるケースに適切に対応することができるようにする観点から，このような重大な「マイナスの要素」を法律上明確に規定することを求める意見が示されました。

　さらに，部会における議論では，「プラスの要素」を法律に列記することは困難であるとの指摘や，「プラスの要素」と「マイナスの要素」はいわば表裏の関係にあることからその一方のみを規定すれば足りるとの指摘がされました（部会資料34-1・8頁以下）。

(3)　「家族法制の見直しに関する要綱案の取りまとめに向けたたたき台(2)」の第2・2(6)（部会資料32-1・2頁）では，裁判所が親権者を父母双方とするか，その一方とするかを判断するに当たっては，子の利益のため，父母と子との関係や父と母との関係その他一切の事情を考慮するものとすることを提示した上で，父母の双方を親権者と定めることにより子の利益を害すると認められるときは，裁判所は，父母の一方を親権者と定めなければならないものとすることを提示しており，その規律の内容をより具体的に定める観点から，重大な「マイナスの要素」として，①「父又は母が子の心身に害悪を及ぼすおそれがあると認められるとき」や，②「父母の一方が他の一方から身体に対する暴力その他の心身に有害な影響を及ぼす言動を受けるおそれの有無，親権者の定めについて父母の協議が調わない理由その他一切の事情を考慮して，父母が共同して親権を行うことが困難であると認められるとき」を列記するとの考え方を注記しています（部会資料34-1・9頁）。

(4)　改正民法819条の内容

　以上のような検討を踏まえ，改正民法819条は，

「1　父母が協議上の離婚をするときは，その協議で，その双方又は一方を親権者と定める。

　2　裁判上の離婚の場合には，裁判所は，父母の双方又は一方を親権者と定める。

5　父母の離婚後等の親権者の定めの見直し（共同親権制度の導入）

3　子の出生前に父母が離婚した場合には，親権は，母が行う。ただし，子の出生後に，父母の協議で，父母の双方又は父を親権者と定めることができる。

4　父が認知した子に対する親権は，母が行う。ただし，父母の協議で，父母の双方又は父を親権者と定めることができる。

5　第1項，第3項又は前項の協議が調わないとき，又は協議をすることができないときは，家庭裁判所は，父又は母の請求によって，協議に代わる審判をすることができる。

6　子の利益のため必要があると認めるときは，家庭裁判所は，子又はその親族の請求によって，親権者を変更することができる。

7　裁判所は，第2項又は前二項の裁判において，父母の双方を親権者と定めるかその一方を親権者と定めるかを判断するに当たっては，子の利益のため，父母と子との関係，父と母との関係その他一切の事情を考慮しなければならない。この場合において，次の各号のいずれかに該当するときその他の父母の双方を親権者と定めることにより子の利益を害すると認められるときは，父母の一方を親権者と定めなければならない。

一　父又は母が子の心身に害悪を及ぼすおそれがあると認められるとき。

二　父母の一方が他の一方から身体に対する暴力その他の心身に有害な影響を及ぼす言動（次項において「暴力等」という。）を受けるおそれの有無，第1項，第3項又は第4項の協議が調わない理由その他の事情を考慮して，父母が共同して親権を行うことが困難であると認められるとき。

8　第6項の場合において，家庭裁判所は，父母の協議により定められた親権者を変更することが子の利益のため必要であるか否かを判断するに当たっては，当該協議の経過，その後の事情の変更その他の事情を考慮するものとする。この場合において，当該協議の経過を考慮するに当たっては，父母の一方から他の一方への暴力等の有無，家事事件手続法による調停の有無又は裁判外紛争解決手続（裁判外紛争解決手

続の利用の促進に関する法律（平成16年法律第151号）第1条に規定する裁判外紛争解決手続をいう。）の利用の有無，協議の結果についての公正証書の作成の有無その他の事情をも勘案するものとする。」
と規定しています。

すなわち，改正民法819条では，

① まず父母が協議で親権者をその双方（共同親権）又は一方（単独親権）に定めることができ（1項）（注），

② 裁判上の離婚の場合には，裁判所が父母の双方又は一方を親権者と定めることになり（2項），

③ 子の出生前に父母が離婚した場合は，母が親権者となるが，子の出生後に，父母の協議で，父母の双方又は父を親権者と定めることができ（3項），

④ 父が認知した子に対する親権は，母が行うが，父母の協議で，父母の双方又は父を親権者と定めることができ（4項），

⑤ 1項，3項又は4項における父母の協議が調わないとき又は協議をすることができないときは，家庭裁判所が審判により，父母の双方又は一方を親権者と定め（5項（現行民法819条5項と変更なし）），

⑥ 子の利益のため必要があると認めるときは，子又はその親族の請求によって，家庭裁判所は，親権者を変更することができ（6項），

⑦ 裁判所は，2項，5項及び6項の裁判において，共同親権にするか，単独親権にするかを判断するに当たっては，子の利益のため，「父母と子との関係」，「父と母との関係」その他一切の事情を考慮しなければならず，この場合において，裁判所は，(a)「父又は母が子の心身に害悪を及ぼすおそれがあると認められるとき」，(b)「父母の一方が他の一方から身体に対する暴力その他の心身に有害な影響を及ぼす言動（暴力等）を受けるおそれがあるなどの事情を考慮して，父母が共同して親権を行うことが困難であると認められるとき」のいずれかに該当するときその他の父母の双方を親権者と定めることにより子の利益を害すると認められるときは，父母の一方を親権者と定めなければならないとことになり（7項），

5 父母の離婚後等の親権者の定めの見直し（共同親権制度の導入）

⑧ 6項の親権者変更の場合において、家庭裁判所が、父母の協議により定められた親権者を変更することが子の利益のため必要であるか否かを判断するに当たっては、当該協議の経過（父母の一方から他方への暴力等の有無、家事事件手続法による調停の有無又は裁判外紛争解決手続の利用の有無、協議の結果についての公正証書の作成の有無その他の事情）、その後の事情の変更その他の事情を考慮するものとすることを定めます（8項）。

なお、上記のとおり、改正民法819条は、①子の出生前に父母が離婚した場合には、母が単独で親権を行うが、子の出生後に、父母の協議で、父母の双方（共同親権）又は父を親権者と定めることができることを定め（3項）、また、②父が認知した子については、母の単独親権が原則ですが、父母の協議で、父母の双方（共同親権）又は父を親権者と定めることができることを定めています（4項）。

（注） 本件改正法附則19条（協議離婚における共同親権選択の意思の確認措置の検討等）

この点に関し、協議離婚に際して父母の一方が他方からの暴力等により自由な意思の下に共同親権を合意したか懸念されるケースも考えられることから、本件改正法附則19条は、「政府は、施行日までに、父母が協議上の離婚をする場合における新民法第819条第1項の規定による親権者の定めが父母の双方の真意に出たものであることを確認するための措置について検討を加え、その結果に基づいて必要な法制上の措置その他の措置を講ずるものとする。」と規定し、<u>政府が協議離婚における共同親権選択についての父母双方の真意の確認措置について検討を加え、その結果に基づいて必要な法制上の措置等を講ずるものとしています。</u>

(5) 改正民法819条7項による裁判所による共同親権か単独親権かの判断基準の整理等について

ア 裁判所による共同親権か単独親権かの判断基準

改正民法819条7項は、裁判所が2項（裁判上の離婚）、5項（離婚等の協議の不調等による協議に代わる審判）又は6項（親権者変更）の裁判において、父母の双方を親権者と定めるか、その一方を親権者と定めるかの判断基準について、以下のように規定しています。

65

(ア)　父母の一方の単独親権と定めなければならない場合
　　　次の各号のいずれかに該当するときその他の父母の双方を親権者と定めることにより子の利益を害すると認められるとき（同条7項後段）
　　　① 父又は母が子の心身に害悪を及ぼすおそれがあると認められるとき（1号）
　　　② 父母の一方が他の一方から身体に対する暴力その他の心身に有害な影響を及ぼす言動（暴力等）を受けるおそれの有無，父母の協議が調わない理由その他の事情を考慮して，父母が共同して親権を行うことが困難であると認められるとき（2号）
　　(イ)　上記(ア)に該当しない場合，裁判所は，次の事情を考慮して，共同親権か単独親権かを判断する。
　　　裁判所は，父母の双方を親権者と定めるかその一方を親権者と定めるかを判断するに当たっては，子の利益のため，父母と子との関係，父と母との関係その他一切の事情を考慮しなければならない（同条7項前段）。
　　　以上が裁判所の判断基準ですが，これによると，改正民法は，離婚後の父母の親権について，共同親権を原則としているということはないと考えられます。
　イ　同条7項2号の「父母の一方が他の一方から身体に対する暴力その他の心身に有害な影響を及ぼす言動（暴力等）を受けるおそれの有無」の意義について
　　当該暴力等を受けるおそれとは，現に父母の一方から他の一方への暴力等が行われている場合だけでなく，離婚後に暴力等が行われるおそれがある場合を含むものと解され，この場合には，一般に単独親権が選択されることになると考えられます。また，過去に暴力等があった場合には，離婚後において当該暴力が肯定されるような事情や，逆にこれを否定される事情等を総合考慮して，離婚後においても暴力等を受けるおそれの有無を裁判所が判断することになります（衆議院法務委員会における法務省担当者の答弁）。

なお、「暴力その他の心身に有害な影響を及ぼす言動（暴力等）」とは、肉体的暴力のほか、精神的暴力を含むものであり、人間の尊厳を傷つけるような言動をいうものと解されます（衆議院法務委員会における法務大臣の答弁）。

また、改正民法819条6項に基づく親権者変更の申立てがなされた場合（なお、本改正民法施行日前に離婚していた父母間においても、親権者でない者が、同施行日後に同項に基づいて（共同）親権者変更の申立てができる（本件改正附則2条）。）において、過去に暴力等があった事案においては、暴力等を否定する具体的な事情がない限り、暴力等を受けるおそれがあるとして、他方親権者の合意がない場合には、親権者変更は認められないものと解されます（衆議院法務委員会における法務省担当者の答弁）。

(6) 改正民法819条7項の関係で、本部会で検討された考慮要素及び判断枠組みに関する意見（明文化されなかったもの）について

改正民法819条7項前段は、裁判所は、離婚訴訟、親権者の指定・変更の審判において、父母の双方を親権者と定めるかその一方を親権者と定めるかを判断するに当たっては、子の利益のため、「父母と子との関係」、「父と母との関係」、「その他一切の事情」を考慮しなければならないことを規定しています。

この場合、裁判所の判断の考慮要素は、子の利益のための「父母と子との関係」、「父と母との関係」及び「その他一切の事情」ですが、「父母と子との関係」や「父と母との関係」は例示の趣旨であり、裁判所が考慮すべき事情をこれらに限定する趣旨ではないと考えられます（部会資料34-1・9頁）。

また、改正民法819条7項後段は、裁判所が、①父又は母が子の心身に害悪を及ぼすおそれがあると認められるとき、②父母の一方が他の一方から身体に対する暴力その他の心身に有害な影響を及ぼす言動（暴力等）を受けるおそれの有無、親権者の定めについて協議が調わない理由その他の事情を考慮して、父母が共同親権を行うことが困難であると認められるときは、父母の一方を親権者と定めなければならないことを規定しています。

このような中で、本部会では、以下のとおり、①「子の意思」も考慮要

第3　親権及び監護等に関する規律

素として明記すべきとの意見や②裁判所が父母双方を親権者と定めるための要件として「父母双方の合意があること」を必要とするなどの意見がありました。

　ア　「子の意思」を列記することを求める意見について（不採用）
　本部会第32回会議（令和5年10月31日開催）において，「父母と子との関係」や「父と母との関係」に加えて「子の意思」を例示列記に加えることを求める意見がありました。
　しかし他方，この意見に対しては，「子の意思」を明示すると，親権者の定めに関する判断の責任を子に転嫁する結果となりかねないとして，反対意見も示されました。
　ところで，家庭裁判所が離婚後の親権者を定める際に，様々な考慮要素の一つとして，子の意思（意見・意向）についても適切な形で考慮すべきであることは，本部会において大きな異論はないものと思われます。
　現行法の下においても，上記2⑴のとおり，家庭裁判所が子の意思を考慮するための手続規定が設けられており（家事事件手続法65条，169条2項（子が15歳以上の場合は子の陳述を聴く必要がある。）），これらの規定は，家庭裁判所が離婚後の親権者を父母双方とするか，その一方とするかを判断する際にも，適用されることとなると考えられます（なお，家事審判事件において子が意見表明をする方法としては，事実の調査の過程での陳述のほか，家事事件手続法42条の利害関係参加をする方法があり得る。）。
　また，子の意思は「父母と子との関係」を認定する際の事情の一つであると整理することもでき，いずれにしても，子が親権者の定めに関して明確に意見を表明していることは「その他一切の事情」として考慮されることとなると考えられます。
　その上で，個別具体的な事案において「子の意思」をどの程度重視するかは，子の年齢及び発達の程度のほか，その事案における事実関係や子が示した意見の内容等によっても様々であると考えられますが，上記反対意見は，「子の意思」が法律に明記されることとなると，裁判所が子の意思を過度に（一律に）重視することとなりかねないので

5　父母の離婚後等の親権者の定めの見直し（共同親権制度の導入）

はないかと懸念するものと思われます。

　また，家庭裁判所が子の意思を考慮することは現行法と変わらないとしても，「子の意思」が法律に明記されることにより，裁判手続に至る前の段階を含めた父母の行動に影響を及ぼしかねないのではないかとの観点からの検討も必要となると思われます（部会資料34-1・9頁以下参照）。

　<u>以上の観点等から，改正民法819条7項では，「子の意思」を考慮要素として明記していません</u>（この点はコラム4参照）。

イ　裁判所が父母双方を親権者と定めるための要件として「父母双方の合意があること」を必要とする意見や，「子の養育に関して父母が平穏にコミュニケーションをとれること」を要件とする意見等について（いずれも不採用）

　本部会第32回会議（令和5年10月31日開催）において，裁判所が父母双方を親権者と定めるための要件として「父母双方の合意があること」を必要とすることを求める意見や，「子の養育に関して父母が平穏にコミュニケーションをとれること」を要件とすることを求める意見（又は「平穏にコミュニケーションをとれないこと」を「マイナスの要素」として列記すべき）であるとの意見）が示されました。（部会資料34-1・10頁）

　㋐　裁判所が父母双方を親権者と定めるための要件として「父母双方の合意があること」を必要とする意見について

　　(a)　離婚時の親権者の定めを身分関係の変動という観点から整理してみると，この場面における裁判所の判断は，父又は母に対して新たに親権を付与するかどうかを判断するものではなく，その双方が親権者であった従前の状態を継続するか，その一方の親権を制限する状態に変更するかという判断をするものと捉えることもできます。

　　　そして，民法において，親権者の親権を制限する方向での身分関係の変動を生じさせるためには，「子の利益を著しく害する」（同法834条「親権喪失の事由」），「子の利益を害する」（同法834条の2「親権停止の事由」，同法835条「管理権の喪失事由」），「やむを

69

第3　親権及び監護等に関する規律

得ない事由がある」（同法837条「親権又は管理権の辞任事由」）などの一定の要件が必要とされています。本部会における議論においても，離婚後の親権者の定めについての考慮要素を検討するに当たっては，現行法の親権制限の諸規定の内容を踏まえた検討が必要であるとの意見がありました。このような身分関係の変動を子の立場からみると，自らの身上監護や財産管理に責任を持つ親権者が2人の状態であるという身分関係に変動を生じさせるかどうかという問題と捉えることができ，民法ではそのような身分関係の変動について「子の利益の観点」から判断することを求めていると考えられます（部会資料34-1・10頁以下）。

(b)　また，上記第32回会議では，離婚時の親権者の定めについての父母の争いにはいくつかのバリエーションがあることを示唆する意見も示されました。すなわち，離婚時の親権者の定めについて想定され得る主張としては，①自己のみを単独の親権者とすることを求める主張（＝他方の親権を制限することを求める主張），②他方のみを単独の親権者とすることを求める主張（＝自己の親権を辞することを求める主張），③父母双方を親権者とすることを求める主張（＝親権に関する身分関係に変動を生じさせないことを求める主張）が考えられます。このうちの①や③の主張をする当事者は子の養育に責任をもって関わっていく態度を示していると考えられることから，父母双方が①の主張をしているケースや，その一方が①の主張をして他方が③の主張をしているケースにおいて，裁判所が父母の一方のみを親権者とする旨の判断をすることは，子の養育に責任をもって関わる態度を示している者の親権を制限する旨の判断をするものと捉えることができます。そして，父母の一方が①の主張をするケースの中には，当該父母の一方が子の養育に関して他の一方との共同関係の維持を強く拒絶するケースも想定されます。本部会のこれまでの議論の過程では，このような主張がされている場面を念頭に，共同関係の維持を当事者の意思に反して「強制」すべきではな

5 父母の離婚後等の親権者の定めの見直し(共同親権制度の導入)

いとの意見がありました。

　このような意見の背景には,離婚後の父母の間に子の養育に関して一定の信頼関係がなければ,父母双方を親権者とした場合に円滑に親権行使することが困難となり,子の利益に反する結果を招くのではないかとの懸念があると思われます。<u>このような意見を重視する立場からは,裁判所の判断枠組みとして,裁判所が父母双方を親権者と定めるための要件として「父母双方の合意があること」を必要とする旨の意見が提示されました。</u>

　<u>この意見によると,父母の一方が①の主張をした際には家庭裁判所が父母双方を親権者と定めることが禁止されることとなり,結果的に一種の「拒否権」を父母の一方に付与する結果となります。</u>

　しかし,このような意見に対しては,父母の一方が①の主張をする理由には様々なものが考えられ,その主張を採用することが子の利益との関係で必ずしも適切であるとは限らないとの反論があります。

　<u>本部会における議論においては,家庭裁判所は,一方当事者が①の主張をしていることのみをもって特定の判断をするのではなく,その主張の理由や背景事情を含めた様々な事情を総合的に考慮して,「子の利益」の観点からの判断をすべきであるとの指摘がされました。</u>

　このような観点から,改正民法819条7項2号では,裁判所が「父母が共同して親権を行うことが困難であると認められる」かを判断する際には,父母の一方が他の一方から身体に対する暴力その他の心身に有害な影響を及ぼす言動(暴力等)を受けるおそれの有無のほか,「親権者の定めについて協議が調わない理由その他の事情」を考慮されることを定めています。

　以上のような観点から,裁判所が父母双方を親権者と定めるための要件として「父母双方の合意があること」を必要とする

第3　親権及び監護等に関する規律

意見は採用していません（部会資料34-1・11頁以下参照）。
(イ)　父母双方を親権者と定めるためには「子の養育に関して父母が平穏にコミュニケーションをとれること」を要求すべき（又は「平穏にコミュニケーションをとれないこと」を「マイナスの要素」として列記すべき）であるとの意見について

　上記第32回会議では、上記(ア)の意見のほか、父母双方を親権者と定めるためには「子の養育に関して父母が平穏にコミュニケーションをとれること」を要求すべき（又は「平穏にコミュニケーションをとれないこと」を「マイナスの要素」として列記すべき）であるとの意見も示されました。
　しかし、改正民法819条7項2号は、上記のとおり、「親権者の定めについて父母の協議が調わない理由その他の事情」を考慮要素として定めており、裁判所が「父母が共同して親権を行うことが困難であると認められる」かを判断する際には、子の養育に関して父母が平穏にコミュニケーションをとることができない事情の有無及び程度や、その事情に合理性が認められ得るかどうか等についても、当該考慮要素として考慮されると考えられます。
　<u>以上の観点から、上記意見についても採用していません</u>（部会資料34-1・12頁参照）。

3　離婚の届出の受理の規定の見直し等

(1)　離婚の届出の受理の規定の見直し（改正民法765条1項）
　現行民法765条1項は、離婚の届出の受理に関し、「離婚の届出は、その離婚が前条において準用する第739条第2項の規定及び第819条第1項の規定その他の法令の規定に違反しないことを認めた後でなければ、受理することができない。」と規定し、離婚の届出の際には、父母の一方を親権者と定める必要がありました。
　しかし、父母の離婚意思の尊重等の観点から、要綱案3頁では、部会における議論を踏まえ、親権者指定の審判又は調停の申立てがされていれば、父母が、親権者の定めをすることなく協議上の離婚をすることができる旨

の規律を提示しました。

これを受けて、改正民法765条1項は、

「離婚の届出は、その離婚が前条（筆者注：民法764条（離婚における婚姻の規定の準用））において準用する739条2項の規定その他の法令の規定に違反しないこと<u>及び夫婦間に成年に達しない子がある場合には次の各号のいずれかに該当することを認めた後でなければ、受理することができない。</u>

一　<u>親権者の定めがされていること。</u>
二　<u>親権者の指定を求める家事審判又は家事調停の申立てがされていること。</u>」（下線は筆者）

と規定しました。

したがって、離婚の当事者は、親権者が定められた場合のほか、「親権者の指定を求める家事審判又は家事調停の申立てがされていること」を証明すれば、離婚の届出が受理されることになります。

(2)　親権者指定の審判又は調停申立ての取下げの制限等について

家事事件手続法82条1項は、「家事審判の申立ては、特別の定めがある場合を除き、審判があるまで、その全部又は一部を取り下げることができる。」と規定し、家事審判の申立ては、原則として、審判があるまで、その取下げができ、また、同法273条1項は、「家事調停の申立ては、家事調停事件が終了するまで、その全部又は一部を取り下げることができる。」と規定し、家事調停事件の終了時まで、その取下げが自由にできることを定めています。

しかし、改正民法765条1項の規定を設けた場合、①その親権者指定の審判又は調停の申立ての取下げをするには、家庭裁判所の許可を得なければならないとする必要があり、また、②婚姻中の父母の一方から親権者指定の審判の申立てがされたものの、その後に協議離婚の届出がされない場合に対応するための手続規律が必要となります（部会資料35-2・7頁参照）。

そこで、改正家事事件手続法では、以下の規定を新設しています。

第3　親権及び監護等に関する規律

　ア　家事審判の申立ての取下げの制限等（家裁の許可が取下げの要件等。改正家事事件手続法169条の2，169条の3）

　改正家事事件手続法169条の2は，「親権者の指定の申立ては，審判がされる前であっても，家庭裁判所の許可を得なければ，取り下げることができない。」と規定し，親権者指定の申立ての取下げは，家庭裁判所の許可を要することとしました。

　また，改正家事事件手続法169条の3第1項は，「家庭裁判所は，親権者の指定の審判の手続において，申立人に対し，相当の期間を定め，父母が離婚したことを証する文書をその期間内に提出すべきことを命ずることができる。」と，同条2項は，「前項の場合において，申立人がその期間内に同項に規定する文書を提出しないときは，家庭裁判所は，親権者の指定の審判の申立てを却下することができる。」と，それぞれ規定し，家庭裁判所が定めた期間内に離婚が成立したことを証する文書（戸籍の証明書等）を提出しない場合には，家庭裁判所が親権者指定の審判の申立てを却下することができることとしています。

　イ　家事調停の申立ての取下げの制限（家裁の許可が取下げの要件。改正家事事件手続法273条3項）

　改正家事事件手続法273条3項は，「第1項の規定（筆者注：家事調停の申立ては，家事調停事件の終了時まで，自由に取下げができる旨の規定）にかかわらず，親権者の指定の調停の申立ては，家事調停事件が終了する前であっても，家庭裁判所の許可を得なければ，取り下げることができない。」と規定し，親権者の指定の調停の申立ては，家庭裁判所の許可を得なければ，その取下げができないこととしています。

　なお，離婚が成立しない場合における親権者指定の調停事件の取扱いについては，現行家事事件手続法271条は，調停委員会が，事件が性質上調停を行うのに適当でないと認めるときなどには家事調停事件を終了させることができる旨規定しており，離婚が成立しない場合には，調停委員会が親権者指定の調停事件を終了させることができることから，上記改正家事事件手続法169条の3に対応するような規定を置いていません（部会資料37-2・3頁参照）。

5　父母の離婚後等の親権者の定めの見直し（共同親権制度の導入）

4　戸籍法の改正

(1)　離婚の届書の記載事項の変更

ア　改正民法においては，「親権に服する」という用語を廃止していることから，戸籍法においても，この用語を廃止し，①改正戸籍法76条1号は，離婚の届書の記載事項として，「親権者と定められる当事者の氏名（親権者の指定を求める家事審判又は家事調停の申立てがされている場合にあつては，その旨）及びその者が親権を行う子の氏名」と規定し，また，②改正戸籍法77条2項1号は，同様に，離婚の届書の記載事項として，「親権者と定められた当事者の氏名及びその者が親権を行う子の氏名」と規定しています。

イ　改正民法765条1項は，父母の離婚意思の尊重等の観点から，親権者の定めをしていなくとも，親権者指定の審判又は調停の申立てがされていれば，協議上の離婚をすることができる旨規定していることから，改正戸籍法においても，離婚の届書の記載事項にこのことを付加しています。

すなわち，改正戸籍法76条1号は，離婚の届書の記載事項として，「親権者と定められる当事者の氏名（親権者の指定を求める家事審判又は家事調停の申立てがされている場合にあつては，その旨）及びその者が親権を行う子の氏名」と規定しています。

(2)　改正民法819条4項ただし書の新設に伴う戸籍法の改正

現行民法819条4項は「父が認知した子に対する親権は，父母の協議で父を親権者と定めたときに限り，父が行う。」と規定していますが，改正民法819条4項では，ただし書を新設し，同項本文では，父が認知した子についても，母の単独親権が原則とし，同項ただし書では，父母の協議で，父母の双方（共同親権）又は父を親権者と定めることができることを規定しています。

その関係で，改正戸籍法78条（子の出生前に父母が離婚した場合及び父が認知した場合において，父母の協議で親権者を定めようとする者はその旨の届出義務がある旨の規定）及び改正戸籍法79条（当該協議に代わる審判等が確定した場合において，その裁判請求者に10日以内における届出義務がある旨の規定）において，それぞれ

第3　親権及び監護等に関する規律

現行民法の「(第819条) 第4項」を改正民法の「(第819条) 第4項ただし書」に変更しています。

5　離婚後の共同親権制度の導入等に伴う家庭裁判所の業務負担の増大等とその対処について

　離婚後の共同親権制度の導入等に伴い，家庭裁判所の業務負担の増大が予想され，家庭裁判所の人的・物的体制の充実・強化が要望されています。

　参議院法務委員会の附帯決議9項においても，「改正法により家庭裁判所の業務負担の増大及びDV・虐待のある事案への対応を含む多様な問題に対する判断が求められることに伴い，①家事事件を担当する裁判官，家事調停官，家庭裁判所調査官等の裁判所職員の増員，②被害当事者及び支援者の協力を得ることなどにより，DV・虐待加害者及び被害者の心理の理解を始めとする適切な知見の習得等の専門性の向上，③調停室や児童室等の増設といった物的環境の充実，オンラインによる申立てやウェブ会議の利用の拡大等による裁判手続の利便性の向上，子が安心して意見陳述を行うことができる環境の整備など，必要な人的・物的な体制の整備に努めること。」を指摘し，また，衆議院法務委員会の附帯決議7項でも同旨の指摘をしています。

　この点について，最高裁判所の担当者は，衆議院及び参議院の各法務委員会において，従前から家事事件を担当する裁判官等を増員するなど，事件数増も見据えて，家事事件処理のために着実に家庭裁判所の体制を充実させてきているが，裁判官や調停委員，家庭裁判所調査官に対する本件改正法の各規定の趣旨，内容の的確な周知や研修の実施のほか，必要な人的，物的体制の整備及び予算の確保に努める民事訴訟事件の審理充実を図るほか，必要な人的・物的体制の整備及び予算の確保に努めるとともに，家事調停において，家事審判官（裁判官）と同等の権限を一部の弁護士に付与する「家事調停官」を増やす考えを示しています（令和6年4月17日付け朝日新聞朝刊参照）。

　なお，ここで「家事調停官」とは，5年以上の経験を持つ弁護士の中から任命され，家庭裁判所で担当する家事調停事件（離婚調停，親権者の指定・

5 父母の離婚後等の親権者の定めの見直し（共同親権制度の導入）

変更の調停，養育費調停，面会交流調停，婚姻費用分担調停等）において，家事審判官（裁判官）と同等な権限で家事調停手続を取り扱う非常勤職員のことをいいます。その任期は2年で，1回限り再任されることができる（合計4年）とされています。

6 本件改正が社会に与える影響

　本件改正規定により，共同親権制度が採用されることになり，しかも，共同親権か単独親権かの判断は，改正民法819条7項により，父母の協議が調わない場合等には家庭裁判所の評価判断によることになります。また，後記7のとおり，本件改正法施行日前に成立した離婚についても，家庭裁判所への親権者変更の申立てより共同親権を選択できることになります。
　このような観点から，本件改正の社会的な影響は大きいと考えられます。

7 本件改正規定の施行日

　本件改正規定の施行日は，本件改正法附則1条本文により，公布の日（令和6年5月24日）から起算して2年を超えない範囲内において政令で定める日です。
　なお，本件改正規定は，本件改正法の施行前に生じた事項にも適用されますが，本件改正法附則1条による改正前の民法の規定により生じた効力は妨げられません（本件改正法附則2条）。
　したがって，<u>本件改正法施行日前に成立した離婚については，家庭裁判所への親権者変更の申立てにより共同親権を選択できることになります。</u>
　なお，本件改正法施行日前に現行民法819条6項（民法749条（婚姻の取消し）において準用する場合を含む。）の規定によりされた親権者の変更の請求（本件改正法施行日前に当該請求に係る審判が確定したものを除く。）は，本件改正法施行日以後は，改正民法819条6項（改正民法749条において準用する場合を含む。）の規定によりされた親権者の変更の請求とみなすこととされています（本件改正法附則6条）。

第3 親権及び監護等に関する規律

コラム2　離婚後の共同親権制度の導入に関する賛否の紹介

1　はじめに

　改正民法においては，離婚後共同親権制度を導入しています。その内容は，父母が「共同親権」にするか，「単独親権」にするか協議で決められないときは，家庭裁判所が判断することとなり，父母の一方にDV，虐待等があるなどの一定の事由がある場合には，単独親権とするが，その他の場合は，子の利益のため，父母と子との関係，父と母との関係その他一切の事情を考慮して共同親権か単独親権か判断することになります（改正民法819条7項。なお，要綱案も内容は同じ。）。

　ところで，この離婚後共同親権制度の導入については，賛成派と反対派に分かれていますが，代表的な各意見の内容を紹介します。

2　離婚後の共同親権制度導入の賛成意見（民間法制審議会家族法制部会）

　民間法制審議会家族法制部会（部会長：北村晴男弁護士）では，民間部会の立場で離婚後共同親権に賛成する見地から，「父母の離婚後等における子に関する事項の決定に係る規律案」「民法の一部を改正する法律等（案）【逐条解説】」等を作成しています（本部会第21回会議における北村参考人提出資料1～6参照）。

　また，上記部会長の北村晴男弁護士は，本部会第21回会議（令和4年12月20日開催）において，参考人として出席され，原則共同親権の立場から説明しています（同会議議事録1～15頁参照）。

　その骨子は，子どもは父母や祖父母等に囲まれ，愛情を注がれて成長することが重要であり，この関係は父母の離婚後でも変わりがないという観点から，離婚後も「原則共同親権」であるべきであると主張されています（G20参加国では，日本，トルコ，インド以外の国は原則共同親権に移行している。）。

　そして，民間法制審議会家族法制部会では，具体的に，①離婚後においても，親権（監護権を含む）は，父母が共同して行使すべきである，②父母は，離婚時に，ADR（裁判外紛争解決手続）を利用して「共同監護計画」書を作成し，その中で，(a)監護（親子交流）の分担，(b)監護費用（養育費）の分担，(c)父母の意見不一致で親権行使できない場合の解決手続などを記載する，③法務省令で「共同監護計画」のガイドラインを作成する，④父母は「離婚後監護講座」を受講する，⑤児童虐待事案など，父母と子との交流により子の生命・身体に重大な危害が発生するおそれがある場合は，その父母の親権を剥奪・停止した上で，児童相談所が「監視付き面会交流」を実施する，⑥DV（配偶者暴力）を

父母の一方が主張している場合は，婦人相談所等が子の監護に関する父母間の連絡調整・子の受渡しを実施するなどとしています。

3 離婚後の共同親権制度導入の反対意見

(1) 「札幌弁護士会」，「特定非営利活動法人女のスペース・おん」，「しんぐるまざあず・ふぉーらむ北海道」の反対の共同声明

「札幌弁護士会」（会長清水智），「特定非営利活動法人女のスペース・おん」（代表理事山崎菊乃）及び「しんぐるまざあず・ふぉーらむ北海道」（代表平井照枝）は，令和6年3月8日付けで「離婚後共同親権を導入する家族法制見直しに反対する共同声明」（https://satsuben.or.jp/statement/2024/03/08/738/）を出しています。

その骨子は，「離婚後共同親権には，以下のような重大な問題があるため，たとえ選択的なものであってもこれを認めるべきではない。また，仮に認めるとしても，離婚後共同親権について父母双方の真摯な同意がある場合に限るべきである。」というものです。

なお，離婚後共同親権制度の上記重大な問題の要旨は，以下のとおりです。

① 夫婦間の信頼関係が損なわれたために離婚に至る場合が大多数であることからすると，離婚後に父母間で親権の行使について円滑な協議を行うことは，一般に困難である。

② 単独親権行使を可能とする「急迫の事情」や「日常の行為」の範囲が不明確であるため，現実に子を監護している親が，事後的に他方の親から裁判を起こされ，応訴負担を強いられるなどの危険にさらされることになる（このような委縮効果からDV・虐待事案の保護が後退しかねない。）。

③ 要綱案は，離婚後の父母の双方を親権者と定めるに当たって，父母の一方を子の監護者に指定することを必須とはしないが，それでは，養育費の請求権者や児童手当等の受給者が不明確になり，現実に子を監護している親が経済的に困窮し，子の生活基盤が脅かされることが懸念される。また，離婚後の関係が良好でない多くの父母は，子の利益にかなう形で共同監護の実施が不可能であり，その解消のための家庭裁判所の判断にも時間を要するなどの理由で，監護権行使に停滞が生ずることが予想され，子の利益の観点から有害である。

④ なお，仮に離婚後共同親権が導入されるとしても，DV・虐待事案の保護が後退することのないよう，主に子の世話をしていた一方の親が単独で親権を行使できる例外事由を拡張すべきである。

第3　親権及び監護等に関する規律

　　　また，要綱案の附帯決議に指摘があるように，仮に離婚後共同親権が導入された場合，家庭裁判所はこれまで以上に大きな役割を課されることになり，その負担が著しく増大することは明らかである。離婚後共同親権を導入するのであれば，同時に家庭裁判所がその役割を適切に果たすことができるよう，人的・物的体制の強化及びそのための財源確保が不可欠である。

(2)　全国青年司法書士協議会の反対の会長声明

　全国青年司法書士協議会（会長　荘原直輝）は，令和6年2月15日付けで「離婚後共同親権の導入に反対する会長声明」（https://www.zenseishi.com/opinion/離婚後共同親権の導入に反対する会長声明/）を出しています。

　離婚後共同親権の導入に反対する理由の要旨は，①子どもの利益や権利擁護の視点の欠落，②DV被害者等の保護の観点の欠落，③単独親権行使の要件である「急迫の事情」の不明確さ，④事実上，対等な立場による協議が不可能であるということです。

　また，本協議会では，親の離婚後の子どもの養育について社会全体で責任を負い，子どもの利益に立脚する制度設計として，①DVや虐待を躊躇なく的確に認定し，安全安心を第一義とする制度運用の徹底及び安全安心かつ真摯な協議を行う社会環境の整備や施策の実施，②子どもが安心して相談や意見表明できる機関の整備，③家庭裁判所における適切な調停，審判のための研修体制の強化，人員拡充及び大胆な予算措置の実施，④全国各地における行政，医療，教育，福祉，配偶者暴力相談支援センター，家庭裁判所，弁護士会や司法書士会等の連携の強化，⑤子育て，税制，社会保障施策，貧困，就労，教育等の総合施策として，省庁横断的な検討及び多職種による連携体制の構築と改善プログラムの策定を提案するとともに，これらの施策が着実に実行され，子どもの養育について，安全安心が保障されるなど制度的基盤と社会的理解が定着して初めて，離婚後共同親権の導入を議論するべきであるとしています。

4　若干の感想等

　父母の一方が他の一方や子どもにDV・虐待等がある場合や，父母の信頼関係が完全に破壊し修復の見込みがなく（例えば，夫婦間に高葛藤のある事案），離婚後も共同親権を維持することが子の利益に著しく反する場合にまで，共同親権を強要することはできないと考えられますが，他方，具体的なケースで父母が離婚する理由には様々なものがあると考えられることを考慮すると，離婚後共同親権について，子の利益の観点から裁判所の判断の下で共同親権が認められるケースもあると思われます。その意味において，改正民法の立場は，家

5　父母の離婚後等の親権者の定めの見直し（共同親権制度の導入）

庭裁判所に係る負担が大きいですが，基本的に支持されるように思われます。

　なお，離婚後に単独親権を選択せざるを得ない事案において，一般的に父母のどちらが親権者にふさわしいかの問題は，永遠の課題だと思われます。一般的にいえば，離婚まで継続して育児を担当していた親が親権者になるケースが多いと思われますが，近時では父親も母親同様に育児に関与するケースが増えていることから，家庭裁判所でも，どちらを親権者とするか，その判断に困難を伴うケースが増えているようです。

コラム 3　医学界からの離婚後共同親権の導入を懸念する要望書の提出について

1　医学界からの要望書の内容

　「公益社団法人日本産科婦人科学会」，「特定非営利活動法人日本法医学会」，「日本法医病理学会」及び「公益社団法人日本小児科学会」は連名で，令和5年9月1日付けで，法務大臣宛てに「『家族法制の見直しに関する中間試案』への要望」と題する書面（部会第31回会議（令和5年10月3日開催）における赤石委員提出資料）を提出しています。

　その主な趣旨は，改正民法で離婚後共同親権制度が導入され，父母が離婚後共同親権者となった場合，子どもの緊急医療行為に両方の親権者の同意を得ることが必要となり，その適切な医療行為が不可能あるいは遅延することになるので，子どもに早急な医療実施が必要な状況の下では，子どもを監護をしている親の同意のみで適切な医療を受けることができるような例外的対応を許容するなど，通常の医療業務の範囲内で子どもの生命・身体を保護する職責を果たすことができる措置を講じることを要望するという内容です。

　要望書の内容は，以下のとおりです。

「家族法制の見直しに関する中間試案」への要望

　　　　　　　　　　　　　　　　　　　　　　　　令和5年9月1日
法務大臣　齋藤　健　殿

　　　　　　　　　　　公益社団法人　日本産科婦人科学会
　　　　　　　　　　　特定非営利活動法人　日本法医学会
　　　　　　　　　　　日本法医病理学会
　　　　　　　　　　　公益社団法人　日本小児科学会

第3　親権及び監護等に関する規律

「家族法制の見直しに関する中間試案」への要望
　貴職におかれましては，社会・国民生活を支えるための法制度の整備や国民の人権擁護のため，日夜ご努力をいただいていることに衷心より敬意を表します。
　この度，法制審議会において「家族法制の見直しに関する中間試案」が示されており，父母が離婚した後に双方を子どもの親権者とする民法第819条の改正案が示されています。その改正案の趣旨・理念については理解するところですが，同時に，子どもに医療を提供する医療者の立場からは，患者の代諾者となる親権者に医療行為の実施についての同意を求める場面において重大な問題が発生することを懸念します。
　すなわち，共同親権制度が導入された場合，父母の離婚後も子どもに医療が必要なときに両方の親権者の同意を得る必要があれば，生命・身体の保護に必要な医療を実施することが不可能あるいは遅延することを懸念しております。
　また，夫婦間や家庭内でドメスティック・バイオレンス（DV）や児童虐待があったならば，例外的に共同親権ではなく従来通りに単独親権となるという制度も検討されているようです。しかしながら，DV等の認定自体は離婚の際になされていなくても現実には精神的支配が行われているような状況下で共同親権の取り決めがなされた場合に，上記のような子どもに医療が必要な場面において適時に両親の同意を得ることができず，子の利益が侵害される怖れもあります。
　共同親権制度を導入するにあたっては，子どもの生命・身体を保護する重要な場面である医療の実情に関して適宜医療者の意見を聴取し，上記のような懸念にも対応できる仕組みを検討していただけるようお願いいたします。たとえば，子どもの生命・身体を保護するために早急な医療実施が求められる状況においては，子どもを監護している親の同意のみで子どもが適切な医療を受けることができるような例外的対応を許容するなど，通常の医療業務の範囲内で子どもの生命・身体を保護する職責を果たすことができる措置を講じていただくことを要望いたします。そうした法制度を受けて，医療現場でも子どもへの医療提供のあり方や説明・同意プロセスなどについて再検討する所存です。
　　　　　　　　　　　　　　　　　　　　　　　　　　　　　以上

2　参考事項

　医学界からの上記要望は，極めて重要なものとして受け止める必要があると思われます。
　父母が離婚後共同親権者となった場合において，医師が一方の親のみからし

5　父母の離婚後等の親権者の定めの見直し（共同親権制度の導入）

か子どもの医療行為の同意を得ていないときは，医療行為の結果次第等によっては他方の親から損害賠償請求を受けるおそれがあると思われます。

改正民法824条の2第2項は，監護・教育に関する日常の行為に係る親権の行使は単独でできる旨規定し，また，同条1項3号では，「子の利益のため急迫の事情があるとき」は単独で親権の行使ができる旨規定していますが，「日常の行為」や「急迫性」という用語は，解釈に幅のある概念であり，医師としては，これらに該当するかどうかの判断に困難を伴う場合があると想定されます。

なお，一方の親が監護者に指定されている場合には，子どもの身上監護権を有することになるので，原則として医療行為（緊急医療行為を含む。）の同意権を有することになると思われます（この場合でも，監護者が戸籍の記載事項でないため，父母両名が合意書等で一方が監護者であることを明確にしておく必要があります。）。また，共同親権者間で離婚時に「監護の分掌」が定められ，一方の親が子どもの医療行為の同意権を持つ場合（この場合も共同監護の取決めを書面化しておく必要があります。）も同様であると考えられます。

なお，新聞報道等によりますと，上記4学会は，今後指針を作成して，何が「緊急の事情」に当たるのか線引きを明確にすることを検討するとのことです（令和6年3月9日付け朝日新聞朝刊参照）。

また，衆議院法務委員会の附帯決議2項及び参議院法務委員会の附帯決議3項において，「親権の単独行使の対象となる民法第824条の2各項の「急迫の事情」，「監護及び教育に関する日常の行為」，「特定の事項」及び第766条第1項の「子の監護の分掌」等の概念については，その意義及び具体的な類型等をガイドライン等により明らかにすること。」を指摘しています。

コラム4　子の手続代理人制度の積極的な活用について

1　改正民法において親権者の指定・変更等の際に「子の意思（意見・意向）」を考慮すべきことが明記されなかった理由について

改正民法819条7項前段は，裁判所は，離婚訴訟，親権者の指定・変更の審判において，父母の双方を親権者と定めるかその一方を親権者と定めるかを判断するに当たっては，<u>子の利益のため</u>，「父母と子との関係」，「父と母との関係」，「その他一切の事情」を考慮しなければならないことを規定しています。

第3　親権及び監護等に関する規律

　また，改正民法766条1項は，父母が協議離婚をするに当たり，子の監護者，子の監護の分掌，父又は母と子との交流，子の監護費用の分担その他の子の監護について必要な事項は，<u>子の利益を最も優先して考慮し</u>，父母の協議で定めることを規定し，さらに，改正民法817条の13第1項は，離婚等の場合のほか，子と（婚姻中に）別居する父又は母その他の親族と当該子との交流について必要な事項は，同様に<u>子の利益を最も優先して考慮し</u>，父母の協議で定めることを規定しています。
　このように，改正民法では，「子の利益を最も優先して」や「子の利益のため」と規定していますが，「子の意思（意見・意向）」を考慮するなどという文言は明記されていません。
　この点に関し，本部会では，家庭裁判所が離婚後の親権者の指定・変更や，親子交流等の子の監護に関する処分を定める際に，様々な考慮要素の一つとして，子の意思（意見・意向）についても適切な形で考慮すべきであることには，大きな異論はないと思われるとする一方，①家庭裁判所が子の意思を考慮することは現行法と変わらないとしても，「子の意思」が法律に明記されることにより，裁判手続に至る前の段階を含めた父母の行動に影響を及ぼしかねないなどの指摘や，②親子交流の定めの判断の責任を子に転嫁する結果となりかねないなどの指摘等が考えられることから，要綱案には，子の意思等を明記しなかったという趣旨の説明がされており（部会資料34-1・9頁以下，部会資料35-2・17頁参照），このために改正民法においても「子の意思（意見・意向）」が明文化されなかったものと考えられます。

2　家事事件手続法における「子の意思」の把握方法（子の手続代理人）

(1)　子の陳述の聴取や子の意思の考慮義務

　家事事件手続法65条は，「家庭裁判所は，親子，親権又は未成年後見に関する家事審判その他未成年者である子（未成年被後見人を含む。以下この条において同じ。）がその結果により影響を受ける家事審判の手続においては，<u>子の陳述の聴取，家庭裁判所調査官による調査その他の適切な方法により，子の意思を把握するように努め，審判をするに当たり，子の年齢及び発達の程度に応じて，その意思を考慮しなければならない。</u>」（下線は筆者）と規定し，家事審判の手続において子の意思を考慮しなければならないとしています（なお，同条は，家事調停の手続においても準用されている（同法258条1項）。）。
　また，家事事件手続法152条2項は，子の監護に関する処分の審判（子の監護費用の分担に関する処分の審判を除く。）をする場合，また，同法169条2項は，親権者の指定・変更の審判をする場合には，それぞれ子が15歳以上で

5　父母の離婚後等の親権者の定めの見直し（共同親権制度の導入）

あるときは子の陳述を聴かなければならないことを規定しています。
(2)　子の手続代理人制度の積極的活用が望まれること
　ア　さらに，家事事件手続法（平成25年（2013年）1月1日施行）は，子の手続代理人制度を設けています（家事事件手続法23条）。

　　子が調停・審判手続に参加する場合としては，①子が当事者となって事件を申し立てるか，係属中の事件に当事者として参加する場合（家事事件手続法41条。例えば，親権喪失申立事件（民法834条，家事事件手続法168条3号）），又は②利害関係参加（家事事件手続法42条）をする場合があります。

　　後者②の利害関係参加においては，「審判を受ける者となるべき者」は，当然手続に参加することができます（同法42条1項）が，「審判を受ける者となるべき者以外の者であって，審判の結果により直接の影響を受けるもの」（例えば，親子（面会）交流の調停・審判，親権者の指定・変更の調停・審判，監護者の指定・変更の調停・審判等の手続における子）においても，家庭裁判所の許可を得て，家事審判の手続に参加することができます（同条2項。なお，同条は，家事調停の手続においても準用されている（同法258条1項）。）。

　イ　子の手続代理人は，弁護士がなります（同法23条1項）が，その選任方法には，①家庭裁判所が選任する方法（国選）と，②子自らが選任する方法（私選）があります。

　　子が自ら手続代理人を選任するには，意思能力（一般に10歳程度であれば同能力があると解されている。）を要するとされています（加藤靖「論説　金沢家庭裁判所における子の手続代理人の選任の実情及び課題」（家庭と法と裁判22号（2019年10月号）40頁以下参照。同43頁には，父が長女（9歳）との面会交流を求めた事案において，当該長女が弁護士を手続代理人に選任して利害関係参加を申し立て，父も母も異議を述べなかったことから，家庭裁判所がこれを許可した事例が紹介されている。また同論稿には，金沢家庭裁判所において，子（小学生）の手続代理人を職権で選任した複数の事例が紹介されている。）。

　　なお，子の手続代理人に選任された弁護士の報酬については，子自らが選任する私選の場合には，両親などが負担することになると考えられますが，家庭裁判所が選任する国選の場合でも，金沢家庭裁判所の場合には両親のいずれか又は双方に負担させているとのことです（上記家庭と法と裁判22号49頁以下参照。同51頁によれば，この手続代理人の報酬が日本弁護士連合会の法律援助事業（法テラスに委託）の対象となっており，その報酬の基準額

第3　親権及び監護等に関する規律

(2019年当時) が21万6000円 (消費税込み。そのほか, 費用額の基準額が2万円) であることから, 金沢家庭裁判所が選任する国選の場合でも, 同報酬額及び費用額を参考にしているとのことである。)。

ウ　このような子の手続代理人制度は, 弁護士費用を伴うことや, 国民への周知不足等から, その利用率は極めて低いといわれています (令和6年4月12日付け朝日新聞朝刊によれば, 「最高裁によると, 2022年に家庭裁判所で受け付けた新規の面会交流調停だけでも1万2876件あるところ, 子の手続代理人が選任された割合は, その1％にも満たない。」とのことである。)。

改正民法では, 離婚後共同親権制度が導入され, 家裁実務において, 単独親権か共同親権かの選択や, 監護者の指定, 監護の分掌等に当たり, 子の意思 (意見・意向) を聴く必要があるケースが増加することは確実であると思われることから, 子の手続代理人制度の積極的な活用が期待されるものと思われます。

また, この制度の実効性を確保するには, 上記のような日本弁護士連合会の法律援助事業とは別に, 弁護士報酬を国費で助成する制度等を検討すべきものと思われます。

なお, 衆議院法務委員会の附帯決議3項及び参議院法務委員会の附帯決議5項においても, 「子の利益の確保の観点から, <u>本法による改正後の家族法制による子の養育に関する事項の決定の場面において子自身の意見が適切に反映されるよう, 専門家による聞き取り等の必要な体制の整備, 弁護士による子の手続代理人を積極的に活用するための環境整備のほか, 子が自ら相談したりサポートが受けられる相談支援の在り方について, 関係府省庁を構成員とする検討会において検討を行うこと</u>。」を指摘し, 子の手続代理人の積極的な活用をするための環境整備等の検討を行うべきであるとしています。

6 離婚後の子の監護に関する事項の定め等

 改正民法では，離婚後の子の監護に関する事項の定め等についてどのような改正が行われているか説明してください。

まず，改正民法766条1項は，協議離婚後の子の監護についての父母の協議事項の例示として，子の監護をすべき者（子の監護者），父又は母と子との交流，子の監護費用の分担のほか，「子の監護の分掌」を追加しています。

また，改正民法824条の3の規定が新設され，①子の監護者が指定された場合には，当該監護者は，単独で，子の監護・教育，居所の指定・変更及び営業の許可・その許可の取消し・その制限をすることができ，かつ，②この場合，親権者（子の監護者は除く。）は，子の監護者がこれらの行為をすることを妨げてはならないことを定めています。

離婚後の子の監護の定め等

1　協議離婚後の子の監護についての父母の協議事項の例示（改正民法766条1項）
①子の監護をすべき者（子の監護者），②父又は母と子との交流，③子の監護費用の分担のほか，④「子の監護の分掌」を新たに追加。
2　子の監護者の権利義務（改正民法824条の3）
(1)　子の監護者は，単独で，子の監護・教育，居所の指定・変更及び営業の許可・その許可の取消し・その制限をすることができる（1項後段）。 (2)　前項の場合には，親権者（子の監護者は除く。）は，子の監護者がこれらの行為をすることを妨げてはならない（2項）。

第3　親権及び監護等に関する規律

関係条文

改正民法

（離婚後の子の監護に関する事項の定め等）

第766条　父母が協議上の離婚をするときは，子の監護をすべき者又は子の監護の分掌，父又は母と子との交流，子の監護に要する費用の分担その他の子の監護について必要な事項は，その協議で定める。この場合においては，子の利益を最も優先して考慮しなければならない。

2　前項の協議が調わないとき，又は協議をすることができないときは，家庭裁判所が，同項の事項を定める。

3　家庭裁判所は，必要があると認めるときは，前二項の規定による定めを変更し，その他子の監護について相当な処分を命ずることができる。

4　前三項の規定によっては，監護の範囲外では，父母の権利義務に変更を生じない。

（親権の行使方法等）

第824条の2　親権は，父母が共同して行う。ただし，次に掲げるときは，その一方が行う。

一　その一方のみが親権者であるとき。
二　他の一方が親権を行うことができないとき。
三　子の利益のため急迫の事情があるとき。

2　父母は，その双方が親権者であるときであっても，前項本文の規定にかかわらず，監護及び教育に関する日常の行為に係る親権の行使を単独ですることができる。

3　特定の事項に係る親権の行使（第1項ただし書又は前項の規定により父母の一方が単独で行うことができるものを除く。）について，父母間に協議が調わない場合であって，子の利益のため必要があると認めるときは，家庭裁判所は，父又は母の請求により，当該事項に係る親権の行使を父母の一方が単独ですることができる旨を定めることができる。

（監護者の権利義務）

第824条の3　第766条（第749条，第771条及び第788条において準用する場合を含む。）の規定により定められた子の監護をすべき者は，第820条から第823条までに規定する事項について，親権を行う者と同一の権利義務を有する。この場合において，子の監護をすべき者は，単独で，子の監護及び教育，居所の指定及び変更並びに営業の許可，その許可の取消し及びその制限をすることができる。

6　離婚後の子の監護に関する事項の定め等

<u>2　前項の場合には，親権を行う者（子の監護をすべき者を除く。）は，子の監護をすべき者が同項後段の規定による行為をすることを妨げてはならない。</u>

【現行民法】
（離婚後の子の監護に関する事項の定め等）
第766条　父母が協議上の離婚をするときは，子の監護をすべき者，父又は母と子との面会及び<u>その他の交流</u>，子の監護に要する費用の分担その他の子の監護について必要な事項は，その協議で定める。この場合においては，子の利益を最も優先して考慮しなければならない。
2～4　（同上）
※改正民法第824条の2は新設規定※
※改正民法第824条の3は新設規定※

改正家事事件手続法

（給付命令等）
第154条　（略）
2　（略）
3　家庭裁判所は，子の監護に関する処分の審判において，子の監護をすべき者の指定又は変更，<u>子の監護の分掌，父又は母と子との交流</u>，子の監護に要する費用の分担その他の子の監護について必要な事項の定めをする場合には，当事者に対し，子の引渡し又は金銭の支払その他の財産上の給付その他の給付を命ずることができる。
4　（略）

【現行家事事件手続法】
（給付命令等）
第154条　（同上）
2　（同上）
3　家庭裁判所は，子の監護に関する処分の審判において，子の監護をすべき者の指定又は変更，父又は母と子との<u>面会及びその他の交流</u>，子の監護に要する費用の分担その他の子の監護について必要な事項の定めをする場合には，当事者に対し，子の引渡し又は金銭の支払その他の財産上の給付その他の給付を命ずることができる。
4　（同上）

第3　親権及び監護等に関する規律

解説
1 離婚後の子の監護に関する事項の定めの検討の必要性
(1) 序論
現行民法818条3項本文は，父母の婚姻中は父母が共同して親権を行使するものと規定しています。しかし，離婚後に父母双方が親権者となった場合，その際の親権行使の在り方は，当然には婚姻中と同様とは限りません。

そこで，離婚後に父母双方が親権者（共同親権者）となった場合における親権（監護権を含む。）の行使に関する規律について，検討する必要があります（中間試案の補足説明21頁参照）。

(2) 検討の前提としての現行民法の整理
本部会においては，離婚後の父母双方が親権者となる場面における親権行使の在り方を検討する前提として，「親権」の概念の整理や「子の監護をすべき者」が定められた場合の効果などについて，現行民法の解釈の整理がされました。

　ア　親権の概要

　　一般に，親権は，身上監護権（子の監護及び教育をする権利義務）と財産管理権（子の財産を管理し，子の財産上の法律行為について子を代理するなどの権利義務）からなると解されています。

　　この「身上監護権」と「財産管理権」の概要については，コラム1を参照してください。

　イ　「子の監護をすべき者」についての現行民法の定め等について

　　現行民法では，「子の監護をすべき者」（以下，単に「監護者」ということがある。）を父母間の協議又は家庭裁判所の手続により定めることができる旨を定めています（同法766条参照）。「監護者」の定めがされる場面としては，①父母の離婚後にその一方を親権者と定め，他の一方を監護者と定める場面と，②婚姻中の父母の双方が親権者である状態で，その一方を監護者と定める場面（同条の類推適用）があります。

　　ところで，現行民法において，監護者が定められた場合の効果については，民法766条4項が「監護の範囲外では，父母の権利義務に変

更を生じない」旨を規定するのみで，このほか，監護者がどのような権利義務を有するかを明確に定めた規定はありません。

　そのため，父母の離婚後にその一方が親権者と定められ，他方が監護者と定められた場面において，親権者や監護者がどのような権利義務を有するかについては，解釈により判断されることとなります。

　そして，一般的な解釈として，監護者が定められた場合には，監護者が身上監護権を単独で行使することになり，親権者は，民法824条に規定する財産管理権や，財産上の法律行為についての法定代理権や同意権（民法5条）を行使することになると考えられます。

　ただ，現行民法の解釈論として又は立法論として，父母間の協議により，一定の事項に関する身上監護権又は財産管理権を父母の一方又は双方に任意に振り分けることもできるのではないかとの考え方があり，このような考え方によれば，例えば，本来は監護者に属するものと解釈される事項の一部について，（監護者と指定されていない）親権者にその権利義務を帰属させる旨を父母間の協議で定めることができるのではないかとの指摘があり得ます。また，本来は親権者の権利義務に属するものと解釈される事項の一部について，（親権者ではない）監護者にその権利義務を帰属させることについても，父母間の協議により柔軟に定めることができるものとする考え方もあり得ます。

　しかし，このような考え方に対しては，現行民法819条において親権者の変更には家庭裁判所の関与が必須とされていることとの関係で慎重に検討すべきではないかとの指摘もあり得るし，さらに，親権者と定められた者以外の者に法定代理権を認めることに対しては，取引の保護の観点から，その権限の有無や内容を公示する仕組みについて検討する必要があるのではないかとの指摘もあり得ます（親権の内容や監護者が指定された場合の効果についての詳細な検討については，中間試案の補足説明21～24頁参照）。

第3　親権及び監護等に関する規律

2 「子の監護の分掌」についての明文化等（改正民法766条1項関係）

(1) 「子の監護の分掌」についての明文化

　現行民法766条1項は，「父母が協議上の離婚をするときは，子の監護をすべき者，父又は母と子との面会及びその他の交流，子の監護に要する費用の分担，その他の子の監護について必要な事項は，その協議で定める。この場合においては，子の利益を最も優先して考慮しなければならない。」と規定しており，「子の監護の分掌」については触れていません。

　この点，改正民法においては，父母の離婚後も共同親権が認められることから，父母双方が監護者となることが想定されています。そこで，父母の一方が監護者に指定されない場合，監護の分掌の問題が生じることになると思われます。

　なお，本部会では，離婚後の父母双方を親権者と定める場合において監護者の定めを必須とする規定を設けることも検討されましたが，後記5のとおり，改正民法では，このような規定を設けませんでした。

　このような観点から，改正民法766条1項は，「父母が協議上の離婚をするときは，子の監護をすべき者又は<u>子の監護の分掌</u>，父又は母と子との交流，子の監護に要する費用の分担その他の子の監護について必要な事項は，その協議で定める。この場合においては，子の利益を最も優先して考慮しなければならない。」（下線は筆者）と規定し，離婚の際の協議事項に「子の監護の分掌」を付加しました。

　したがって，父母が協議上の離婚をするときは，同項により，子の監護をすべき者又は監護の分掌等について父母の協議により定めるものとし，また，この協議が調わないとき又は協議をすることができないときは，家庭裁判所がこれを定めることになります（民法766条2項）。

　なお，「監護の分掌」の例としては，①子の監護を担当する期間を父と母で分担したり，②監護に関する事項の一部（例えば，教育に関する事項）を切り取ってそれを父母の一方に委ねたりといった定め方があり得ると考えられます。

　監護者の定めがされた場合には身上監護に関する事項全般（日常的な行為を含む。）について包括的に父母の一方が優先的な地位を獲得することとな

りますが，監護の分掌により，上記のように，子の監護の期間や監護に関する事項等に応じて柔軟に父母間での役割分担を定めることができることになります（部会資料34-1・15頁参照）。

ただし，監護の分掌の範囲については，後日，父母間で紛争が生じるおそれがあることから，離婚協議書等で父母双方の役割分担を明確に記載しておくべきであると考えられます。

また，親権者の定めは戸籍の届出事項ですが，監護者の定めは戸籍の届出事項（記載事項）ではないので，監護者の定めについても，離婚協議書等に記載しておくべきです（これらの点は，できれば養育費の支払等とともに公正証書にしておくことが確実であると思われる。コラム5参照）。

(2) 「特定の事項」と子の「監護の分掌」の関係

改正民法824条の2第3項は，特定の事項に係る親権の行使（同条第1項ただし書又は2項の規定により父母の一方が単独で行うことができるものを除く。）について父母の意見対立が生じた場合において，親権の共同行使の原則の例外として，家庭裁判所が，父母の一方にその単独行使を認めることができることを規定しています。

そこで，同項の「特定の事項」と上記子の「監護の分掌」との関係が問題となりますが，この点の詳細は，Q4の1(4)ア（「特定の事項」と子の「監護の分掌」の関係）を参照してください。

3 子の監護をすべき者が指定された場合における権利義務の内容（改正民法824条の3）

子の監護をすべき者（監護者）が指定された場合において，現行民法上，監護者の権利義務の内容について定めた明確な規定がなく，問題となりますが，監護者は，身上監護権の全般について単独行使ができることになると考えられます。

この点に関し，改正民法824条の3第1項は，「第766条（第749条（筆者注：婚姻の取消しへの準用），第771条（筆者注：裁判上の離婚への準用）及び第788条（筆者注：認知後の子の監護への準用）において準用する場合を含む。）の規定により定められた子の監護をすべき者は，第820条から第823条（筆者注：監護及

び教育の権利義務，子の人格の尊重，居所の指定，職業の許可）までに規定する事項について，親権を行う者と同一の権利義務を有する。この場合において，子の監護をすべき者は，単独で，子の監護及び教育，居所の指定及び変更並びに営業の許可，その許可の取消し及びその制限をすることができる。」と規定しました。すなわち，監護者は，単独で，①子の監護・教育，②居所の指定・変更及び③営業の許可・その許可の取消し・その制限をすることができます。

また，改正民法824条の３第２項は，「前項の場合には，親権を行う者（子の監護をすべき者を除く。）は，子の監護をすべき者が前項後段の規定による行為をすることを妨げてはならない。」と規定し，<u>身上監護権については，監護者が単独行使をすることができることを明確にしました</u>（ただし，同項の趣旨は，（監護者以外の）親権者と監護者の行為が抵触する場合の優先関係を明確にすることにあるので，監護者の定めがされた場合であっても，（監護者以外の）親権者は，その親権に基づき，（監護者による監護教育を妨げない範囲で）監護及び教育に関する日常の行為をすることができると解される（北村治樹ほか「民法等の一部を改正する法律（家族法制の見直し）の概要」家庭の法と裁判51号６頁〔令和６年８月〕参照）。）。

なお，子が医療行為を受けるため医療機関との間で診療契約の代理行為をすることも，身上監護権の行使として，監護者が単独行使ができると解されます。

4　父母が別居する際にどちらの親が子と同居するかの問題

父母双方が親権者である場合（父母の婚姻中を含む。）において，父母が別居する際に，どちらの親が子と同居するかについての意見対立がある場合があります。

この場合，子と同居することを求める父母の一方が，家庭裁判所に対し，①居所指定権についての親権行使者の指定（改正民法824条の２第３項）を求める申立てをすることのほか，②自らを「子の監護をすべき者」（改正民法766条）とすることを求める申立てをすることが想定されます。このほか，③子の監護を担当する期間を父と母で分担すること等を求める旨の監護の

6 離婚後の子の監護に関する事項の定め等

分掌（改正民法766条）の定めを求める申立てをするケースも想定されます。

　これらの申立ての振り分けは，最終的には個別具体的な事案に即して判断されるべきですが，例えば，(a)「どちらの親が子と同居するか」のみが紛争の対象となっており，その他の身上監護に関する重要な事項については紛争化していないケースでは，①の居所指定権の申立てをすることが相当であり，他方で，(b)居所指定だけでなく，様々な身上監護に関する重要な事項について父母の意見が対立していることなどにより，監護者を定めなければその身上監護に支障が生じるようなケースでは，②の監護者の指定の申立てをすることが相当であると考えられます。また，(c)③の監護の分掌の申立てがされるのは，父母が分担監護をすることが可能な関係であり，申立人がそのような解決を望んでいるケースであると考えられます。

　申立人の申立てが事案の内容に即して適切でないと判断される場合には，家庭裁判所からの手続教示等により，申立人がその申立てを変更するなどして柔軟に解決することも考えられます。

　ところで，このうちの②の監護者の指定の申立てがされるケースの中には，審理の結果として，父母の一方を居所指定権の行使者として指定する必要は認められるとしても，その他の身上監護に関する重要事項についてまで単独で行使し得ることとする必要はないため，監護者として指定することは必ずしも子の利益の観点から相当ではないとの判断に至ることもあり得ると考えられます。

　しかし，そのような場合においても，家庭裁判所は当該申立てを直ちに却下するのではなく，申立人に対して①の居所指定権の申立てに変更することや予備的に同申立てを追加することを促すことなどが考えられます。

　また，そのほか，監護者の指定の申立てと監護の分掌の申立ては審判対象を共通にし，一種の包含関係にあるとの理解に基づけば，②の監護者の指定の申立てを受けた家庭裁判所が，監護の分掌として必要な限度の定めをする旨の審判をすることもできるのではないかとの考え方もあり得ます。ただし，仮にこのような考え方に立つとしても，当事者に対する不意打ち防止等の観点から，実際の審判手続の過程においては，本文の記載のように，事案に応じて申立ての変更等を促すことが望ましいと考えられます

第3　親権及び監護等に関する規律

（部会資料35-2・10頁以下参照）。

5 離婚後の父母双方を親権者と定める場合における監護者の定めを必須とする規定の要否（不要）

(1) 監護者の定めを必須とする意見

本部会における議論では，離婚後の父母双方を親権者とするに当たって，その一方を監護者（子の監護をすべき者）と定めることを必須とするかどうかが議論されました。

そして，一部の委員・幹事からは，監護者の定めを必須とすべきであるとの意見がありましたが，これに対しては，離婚後の子の養育の在り方がそれぞれの家庭によって多種多様であることを念頭に，監護者の定めの要否は個別の事案によって異なるため，監護者の定めを一律に要求する必要はないとの指摘がありました。

そこで，身上監護に関する親権行使のルールと監護者を定めることによる効果について整理すると，改正民法によれば，まず，離婚後の父母双方が親権者と定められた場合には，監護者の定めの有無にかかわらず，①監護及び教育に関する日常の行為については，父母の一方が単独で（他方の同意等を得ることなく）行うことができ，また，②日常的な行為以外の親権行使についても，急迫の事情があれば，その一方が単独で（他方の同意等を得ることなく）行うことができるものとされています（改正民法824条の2第1項・2項）。

そして，監護者の定めがされた場合には，監護者が③監護及び教育に関する重要な事項（日常的な行為以外の行為）について，急迫の事情がない場合であっても，単独で行うことができるという効果があるほか，④監護者でない親権者が監護者の身上監護を不当に妨害することができないものとされる結果として，身上監護に関する事項（日常的な行為を含む。）について父母間の意見対立が生じた際には，監護者の意見が常に優先されることとなります（改正民法824条の3）（部会資料34-1・14頁以下参照）。

(2) 本部会における議論の経緯

本部会における議論の過程では，①親権行使を父母の一方のみの判断に

委ねるよりも，父母双方がその責任を負い，双方の関与の下で意思決定がされるものとした方が，子の利益の観点から望ましいことが多いとの価値判断を踏まえた意見が示されてきた一方で，②父母の一方のみが子の養育に責任を負い，最終的な決定権限を集約させた方が，監護の継続性や安定性を確保することができる点で子の利益の観点から望ましいとの価値判断を踏まえた意見も示されてきました。

　監護者の定めを必須とすることを求める意見は，このうちの後者（②の意見）の価値判断を重視する観点から，一切の例外なく一律に，身上監護に関する親権行使について父母の責任に差を設けることを求めるものと整理することができます。

　一方，改正民法766条１項により，監護者の定めのほか，「監護の分掌」の定めをすることが認められ，また，改正民法824条の２第３項により，身上監護に関する事項を含む特定の事項に係る親権の行使を父母の一方に委ねる裁判制度の利用も認められ，これらの制度を利用することによって，監護の分担について柔軟な解決を図ることが期待できると考えられます（部会資料34-１・15頁参照）。

　<u>以上のような議論を踏まえ，離婚後の父母双方を親権者と定める場合において，監護者の定めを必須とする規定を設けませんでした。</u>

　なお，この点に関し，日本弁護士連合会の令和６年２月16日付け「家族法制の見直しに関する要綱についての会長声明」（https://www.nichibenren.or.jp/document/statement/year/2024/240216.html）では，子どもの生活の安定確保という観点から，離婚後に共同親権を選択した時の監護者指定を必須とすべきであるという意見を述べて，必須としないことに反対しています。

6 父母以外の第三者に監護者指定の申立権を認めることの可否（否定）

　本部会第32回会議（令和５年10月31日開催）において，一部の委員・幹事から，「子の利益のために必要があると認めるときは，家庭裁判所は，親権を行う者，子又は子の親族の請求により，現に子を監護する子の親族を監護者に指定することができる。」旨の規律を設けることを求める意見が示され，これに賛同する意見もありました。

第3　親権及び監護等に関する規律

　しかし，このような意見に対しては，父母の監護能力に問題があるケースを念頭に置いた際に父母以外の親族が子の監護に関わることが有益であること自体は肯定しつつも，そのようなケースに対応する手段としては「親権制限」や「未成年後見」等の制度を活用する方向での検討をすべきであるとして，慎重な意見も示されました。
　そのため，これらの既存の制度との関係をどのように整理するかを議論する必要があると考えられますが，例えば，第三者からの監護者指定の申立ての要件と親権制限の要件との関係や，監護者となった第三者による監護の適切性を担保するための仕組みの要否，監護に要する費用や報酬等の要否などが問題となり得ます。
　また，父母以外の第三者が子の監護に関わる必要がある場面は，父母の別居や離婚の場面に限られず，父母の婚姻関係が円満である場合も含まれ得ることを踏まえた検討が必要であると考えられます（部会資料34－1・17頁）。
　<u>以上のような検討等を踏まえ，改正民法では，父母以外の第三者に監護者指定の申立権を認める規定を設けませんでした。</u>
　なお，このことは，改正民法下において，父母以外の第三者を監護者に指定することができないことを示しています。ちなみに，この点については，改正民法766条の2により，祖父母等の第三者が親子交流の主体となり，かつ，その申立権が認められているのと異なります（Q11参照）。

7　子の監護の分掌に関連する家事事件手続法の改正について（改正家事事件手続法154条3項）

　改正民法766条1項は，離婚後の子の監護に関する事項に「子の監護の分掌」を付加したことから，改正家事事件手続法154条3項は，給付命令等に関し，「家庭裁判所は，子の監護に関する処分の審判において，子の監護をすべき者の指定又は変更，<u>子の監護の分掌</u>，父又は母と子との交流，子の監護に要する費用の分担その他の子の監護について必要な事項の定めをする場合には，当事者に対し，子の引渡し又は金銭の支払その他の財産上の給付その他の給付を命ずることができる。」と規定し，<u>子の監護の分</u>

掌の場合にも，家庭裁判所が子の引渡命令や給付命令を出すことができることを定めました。

8 本件改正が社会に与える影響

　本件改正規定（改正民法766条１項，824条の３）は，現行法の解釈としても可能であったものを明確化したものであり，特に「子の監護の分掌」の取決めについては，紛争予防の観点から，離婚協議書等に明確に記載することがベターと思われることから，一定の社会的な影響はあるものと考えられます。

9 本件改正規定の施行日

　本件改正規定（改正民法766条１項，824条の３）の施行日は，本件改正法附則１条本文により，公布の日（令和６年５月24日）から起算して２年を超えない範囲内において政令で定める日です。

　なお，本件改正規定は，本件改正法の施行前に生じた事項にも適用されますが，本件改正法附則１条による改正前の民法の規定により生じた効力は妨げられません（本件改正法附則２条）。

第4 養育費等に関する規律の見直し

7 養育費の請求権の実効性向上（先取特権の付与）

Q 改正民法により，子の監護費用に関する債権に一般先取特権が付与されたとのことですが，その概要を説明してください。

A 改正民法306条3号により，子の監護費用に，共益費用，雇用関係に次いで，第3順位の一般先取特権が付与されました。これにより，子の監護費用に関する債権者（養育費請求の債権者）は，①民法等の規定に従い，他の債権者に先立って自己の債権の弁済を受ける権利を得る結果として，強制執行が競合した場面等において現状よりも多くの回収が図られることとなり，また，②確定判決等の債務名義がなくても，「一般の先取特権の存在を証する文書」（例えば，父母間の養育費支払の合意書。民事執行法181条1項4号等）を提出することで，債務者の財産の差押え等が可能となります。

また，改正民法308条の2により，当該一般先取特権によって保護される子の監護費用に関する債権の範囲及びその額の算定方法が法定されました。

📎 子の監護費用（養育費）に関する請求権の一般先取特権の付与

1 現行法の立場

未払の養育費の満足を得るには，強制執行認諾文言付き公正証書の取決めがない限り，①「債務名義取得のための裁判手続（例えば，養育費支払請求訴訟）」と，②「その債務名義に基づく強制執行の裁

判手続（預貯金・給与債権等の差押命令の申立て）」という２つの裁判手続を行う必要がある。

2 改正民法では
(1) 子の監護費用（養育費）について一般先取特権が付与され（改正民法306条3号），「父母間の養育費支払の合意書」（民事執行法181条1項4号）を提出することにより，債務者の財産の差押え等が可能となる。
(2) また，当該一般先取特権によって保護される子の監護費用（養育費）に関する債権の範囲及びその額の算定方法が法定された（改正民法308条の２）。

関係条文

改正民法

（一般の先取特権）
第306条 次に掲げる原因によって生じた債権を有する者は，債務者の総財産について先取特権を有する。
　一　共益の費用
　二　雇用関係
　三　子の監護の費用
　四　葬式の費用
　五　日用品の供給

（子の監護費用の先取特権）
第308条の２ 子の監護の費用の先取特権は，次に掲げる義務に係る確定期限の定めのある定期金債権の各期における定期金のうち子の監護に要する費用として相当な額（子の監護に要する標準的な費用その他の事情を勘案して当該定期金により扶養を受けるべき子の数に応じて法務省令で定めるところにより算定した額）について存する。
　一　第752条の規定による夫婦間の協力及び扶助の義務
　二　第760条の規定による婚姻から生ずる費用の分担の義務
　三　第766条及び第766条の３（これらの規定を第749条，第771条及び第788条において準用する場合を含む。）の規定による子の監護に関する義

<u>務</u>
　<u>四　第877条から第880条までの規定による扶養の義務</u>

(子の監護に要する費用の分担の定めがない場合の特例)

<u>第766条の３</u>　父母が子の監護に要する費用の分担についての定めをすることなく協議上の離婚をした場合には，父母の一方であって離婚の時から引き続きその子の監護を主として行うものは，他の一方に対し，離婚の日から，次に掲げる日のいずれか早い日までの間，毎月末に，その子の監護に要する費用の分担として，父母の扶養を受けるべき子の最低限度の生活の維持に要する標準的な費用の額その他の事情を勘案して子の数に応じて法務省令で定めるところにより算定した額の支払を請求することができる。ただし，当該他の一方は，支払能力を欠くためにその支払をすることができないこと又はその支払をすることによってその生活が著しく窮迫することを証明したときは，その全部又は一部の支払を拒むことができる。

<u>一　父母がその協議により子の監護に要する費用の分担についての定めをした日</u>

<u>二　子の監護に要する費用の分担についての審判が確定した日</u>

<u>三　子が成年に達した日</u>

<u>２</u>　<u>離婚の日の属する月又は前項各号に掲げる日のいずれか早い日の属する月における同項の額は，法務省令で定めるところにより日割りで計算する。</u>

<u>３</u>　<u>家庭裁判所は，第766条第２項又は第３項の規定により子の監護に要する費用の分担についての定めをし又はその定めを変更する場合には，第１項の規定による債務を負う他の一方の支払能力を考慮して，当該債務の全部若しくは一部の免除又は支払の猶予その他相当な処分を命ずることができる。</u>

【現行民法】

(一般の先取特権)

第306条　次に掲げる原因によって生じた債権を有する者は，債務者の総財産について先取特権を有する。
　　一・二　(同上)
※第３号は新設規定※
　　三・四　(→それぞれ四・五に移設)　(同上)
※第308条の２は新設規定※
※第766条の３は新設規定※

第4　養育費等に関する規律の見直し

改正民事執行法

（扶養義務等に係る定期金債権を請求する場合の特例）
第151条の2　債権者が次に掲げる義務に係る確定期限の定めのある定期金債権を有する場合において，その一部に不履行があるときは，第30条第1項の規定にかかわらず，当該定期金債権のうち確定期限が到来していないものについても，債権執行を開始することができる。
　一　民法第752条の規定による夫婦間の協力及び扶助の義務
　二　民法第760条の規定による婚姻から生ずる費用の分担の義務
　三　民法<u>第766条及び第766条の3（これらの規定を</u>同法第749条，第771条及び第788条において準用する場合を含む。）の規定による子の監護に関する義務
　四　民法第877条から第880条までの規定による扶養の義務
2　前項の規定により開始する債権執行においては，各定期金債権について，その確定期限の到来後に弁済期が到来する給料その他継続的給付に係る債権のみを差し押さえることができる。

（債務者の給与債権に係る情報の取得）
第206条　（略）
<u>2</u>　執行裁判所は，第197条第2項各号のいずれかに該当するときは，債務者の財産について<u>一般の先取特権（民法第306条第3号に係るものに限る。）を有することを証する文書</u>を提出した債権者の申立てにより，前項各号に掲げる者であつて最高裁判所規則で定めるところにより当該債権者が選択したものに対し，それぞれ当該各号に定める事項について情報の提供をすべき旨を命じなければならない。
<u>3</u>　前条第2項から第5項までの規定は，<u>前二項</u>の申立て及び当該申立てについての裁判について準用する。

【現行民事執行法】
（扶養義務等に係る定期金債権を請求する場合の特例）
第151条の2　債権者が次に掲げる義務に係る確定期限の定めのある定期金債権を有する場合において，その一部に不履行があるときは，第30条第1項の規定にかかわらず，当該定期金債権のうち確定期限が到来していないものについても，債権執行を開始することができる。
　一・二　（同上）
　三　民法<u>第766条</u>（同法第749条，第771条及び第788条において準用する場合を含む。）の規定による子の監護に関する義務

7 養育費の請求権の実効性向上（先取特権の付与）

　　四　（同上）
　２　（同上）
（債務者の給与債権に係る情報の取得）
第206条　（同上）
※第２項は新設規定※
　２（→第３項に移設）　前条第２項から第５項までの規定は，<u>前項</u>の申立て及び当該申立てについての裁判について準用する。

　解　説

1　養育費の請求権の実効性向上（一般先取特権の付与）

(1)　実効性向上の必要性等と改正民法の内容

ア　実効性向上の必要性等

　令和３年度全国ひとり親世帯等調査の結果によれば，<u>養育費の取決め率は母子家庭で46.7％，父子家庭で28.3％であるのに対し，その受領率は母子家庭で28.1％，父子家庭で8.7％にすぎない</u>ことから，養育費の取決めがされたにもかかわらず，それが履行されていないケースが相当程度存在しています。

　取決めがされた養育費の履行確保に向けた法改正としては，これまで，<u>平成15年の民事執行法改正</u>により，①養育費等の債権の一部に不履行がある場合には，将来分の養育費等についても，一括して給与等の債権の差押えの申立てをすることができるものとする特例（民事執行法151条の２）や，②給与等の債権について差押えが禁止される範囲（通常は４分の３）を２分の１に縮小する旨の特例（民事執行法152条３項）が設けられ，<u>令和元年の民事執行法改正</u>により，③債務者の給与債権に関する情報を取得するための制度（民事執行法206条）が新設されるなど，民事執行の手続をより利用しやすく，かつ，実効的なものとする方向での法改正がされてきたところです。

　しかし，現行法においては，父母間において養育費の取決めがされたとしても，その取決めが強制執行文言付き公正証書によるものでない限り，裁判手続により債務名義を取得しなければ，執行手続の申立てをすることができません。すなわち，当該公正証書の取決めがない

第4　養育費等に関する規律の見直し

限り，「債務名義取得のための裁判手続（例えば，養育費支払請求訴訟）」と，「その債務名義に基づく強制執行の裁判手続（預貯金・給与債権等の差押命令の申立て）」という2つの裁判手続を行う必要があります。

　しかも，上記の令和3年度全国ひとり親世帯等調査の結果によれば，養育費の取決め率が母子家庭で46.7％，父子家庭で28.3％であるうち，公正証書等の債務名義による取決めがされている割合は，母子家庭で60.0％，父子家庭で42.4％にすぎません。

　この点に対しては，養育費を真に必要としているひとり親家庭にとってその裁判手続の負担は大きく，また，その手続に一定の時間を要することから，養育費の請求を断念せざるを得なくなる原因の一つとなっているのではないかとの指摘があります。

　また，現行法においては養育費の支払を求める者は一般債権者の1人にすぎないから，一定の費用及び時間を費やして養育費に関する債務名義を取得した者が強制執行の申立てをしたとしても，差押えの競合が生じた場合には，その債権額に応じた配当等が得られるにとどまることとなります。

　令和元年までの法改正を踏まえても，なお養育費履行確保に向けた法改正が必要とされていることは，令和4年6月に閣議決定された経済財政運営と改革の基本方針（いわゆる骨太の方針）2022において「養育費の支払い確保と安全・安心な親子の面会交流に向けた取組を推進する」ものとされていることからも明らかといえます。

　こうした状況を踏まえ，本部会では，養育費に関する父母間の定めの実効性を向上させる具体的な方策として，中間試案において，①債務者の総財産について一般先取特権を有するものとする仕組みと，②裁判手続によらずに容易に債務名義を作成することができる新たな仕組みを設けることを各提示しました（部会資料24・16頁以下参照）。

　そして，改正民法においては，以下のとおり，子の監護費用に関する債権（養育費債権）に一般先取特権を付与することとしました。

　イ　改正民法の内容（子の監護費用に関する債権に一般先取特権の付与）
　　改正民法306条（一般の先取特権）は，「次に掲げる原因によって生じ

7　養育費の請求権の実効性向上（先取特権の付与）

た債権を有する者は，債務者の総財産について先取特権を有する。
　一　共益の費用
　二　雇用関係
　三　子の監護の費用
　四　葬式の費用
　五　日用品の供給」（下線は筆者）と規定し，子の監護費用に第3順位の一般先取特権を付与しました。

これにより，確定判決等の債務名義がなくても，「子の監護費用に関する債権（養育費債権）の存在を証する文書」（例えば，父母間の養育費支払の合意書。民事執行法181条1項4号等）を提出することで，債務者の財産の差押えが可能となりました。

また，改正民法308条の2（子の監護費用の先取特権）は，「子の監護の費用の先取特権は，次に掲げる義務に係る確定期限の定めのある定期金債権の各期における定期金のうち子の監護に要する費用として相当な額（子の監護に要する標準的な費用その他の事情を勘案して当該定期金により扶養を受けるべき子の数に応じて法務省令で定めるところにより算定した額）について存在する。
　一　第752条の規定による夫婦間の協力及び扶助の義務
　二　第760条の規定による婚姻から生ずる費用の分担の義務
　三　第766条及び第766条の3（これらの規定を第749条，第771条及び第788条において準用する場合を含む。）の規定による子の監護に関する義務
　四　第877条から第880条までの規定による扶養の義務」（下線は筆者）と規定し，一般先取特権によって保護される子の監護費用（養育費）の範囲及びその額について定めています。

なお，子の監護費用（養育費）とは，一般的に，子の衣食住等に要する生活費のほか，教育や医療に要する費用も含まれると考えられています。

以下，上記改正民法の内容等について，説明します。

第4　養育費等に関する規律の見直し

2　子の監護費用に関する債権に一般先取特権を付与する制度の新設
(1)　一般先取特権の付与の意義（改正民法306条）

　現行民法306条は，一般先取特権について規定し，①共益の費用（1号），②雇用関係（2号），③葬式の費用（3号），④日用品の供給（4号）によって生じた債権を有する者は，債務者の総財産について先取特権を有することを定めています。

　すなわち，一般先取特権を有する債権者は，その債務者の総財産について，民法等の規定に従い，他の債権者に先立って自己の債権の弁済を受ける権利を有します。

　この場合の一般先取特権の順位は，①共益の費用，②雇用関係，③葬式の費用，④日用品の供給の順に従うものとされており（民法329条1項），複数の債権者が競合する場合には，先の順位の債権から優先的に弁済されることとなります。そして，これらの債権に一般先取特権が認められる理由は各原因によって様々ですが，例えば，①の共益の費用は，総債権者の共同の利益のために支出される費用であることに基づくものと説明され，また，②の雇用関係については，労働者の保護という社会政策的考慮に加え，債務者（使用者）の財産は債権者（使用人・労働者）の労働によって維持・増殖されたものであると説明されています。その意味で，雇用関係の先取特権を有する債権者は，共益費用の先取特権を有する債権者と並んで，他の債権者に対する弁済の原資を獲得したという点で，他の債権者よりも優先的な弁済権を認めることが妥当であるとの考え方があり得ます。

　一方，上記のとおり，ひとり親家庭の子の生活の保護という観点から，その養育に必要な費用を保護するという社会政策的考慮を重視して，養育費の請求権に一般先取特権を付与することが強く望まれています。

　そして，このように一般先取特権化すると，養育費請求の債権を有する債権者は，(a)民法等の規定に従い，他の債権者に先立って自己の債権の弁済を受ける権利を得る結果として，強制執行が競合した場面等において現状よりも多くの回収が図られることとなり，また，(b)債務名義がなくても，「その存在を証する文書」（民事執行法181条1項4号（令和5年改正民事執行法（同年法律第53号）施行（当該施行日は公布日である令和5年6月14日から5年以内の

7　養育費の請求権の実効性向上（先取特権の付与）

政令で定める日）後は，同項2号ハである。なお，民事執行法190条2項，193条1項では「担保権の存在を証する文書」と表示されている。））（注）を提出することで，債務者の財産の差押えや，財産開示手続や第三者からの情報取得手続の申立てをすることができるようになる結果として，債務名義の取得に要する手続負担の解消につながることが考えられます。

　そこで，養育費債権に新たに一般先取特権を付与するに当たっては，現行民法306条の既存の順位の中で，養育費債権をどこに位置付けるものとするかが問題となります。その中でも，特に，②の雇用関係の先取特権との優劣が問題となりますが，上記のとおり，雇用関係の先取特権は，他の債権者に対する弁済の原資を獲得したという点で，共益費用関係の債権者を除く，他の債権者よりも優先されるべきであると考えられます。

　そこで，改正民法306条は，子の監護費用に関する債権（養育費債権）について，雇用関係の先取特権に次いで，第3順位の先取特権に位置付けることにしました。すなわち，改正民法306条は，①共益の費用（1号），②雇用関係（2号），③子の監護の費用（養育費。3号），④葬式の費用（4号），⑤日用品の供給（5号）によって生じた債権を有する者は，債務者の総財産について先取特権を有する旨を規定しました（部会資料24・18頁，23頁参照）。

　そして，これらの一般先取特権が互いに競合した場合の順位は，民法329条1項により，改正民法306条各号の順位によることになるので，養育費債権は第3順位の優先権を有することになります。

（注）　民事執行法の関係条文
　　（不動産担保権の実行の開始）
　　　第181条　不動産担保権の実行は，次に掲げる文書が提出されたときに限り，開始する。
　　　　　一～三　（略）
　　　　　四　一般の先取特権にあつては，その存在を証する文書
　　　　　　（2項～4項は略）
　　（動産競売の要件）
　　第190条　（略）
　　　2　執行裁判所は，担保権の存在を証する文書を提出した債権者の申立てがあつたときは，当該担保権についての動産競売の開始を許可すること

第4　養育費等に関する規律の見直し

ができる。（以下略）
（3項，4項は略）
（債権及びその他の財産権についての担保権の実行の要件等）
第193条　第143条に規定する債権及び第167条第1項に規定する財産権（以下この項において「その他の財産権」という。）を目的とする担保権の実行は，担保権の存在を証する文書（権利の移転について登記等を要するその他の財産権を目的とする担保権で一般の先取特権以外のものについては，第181条第1項第1号から第3号まで，第2項又は第3項に規定する文書）が提出されたときに限り，開始する。（以下略）
（2項は略）

(2) 一般先取特権を付与すべき子の監護費用に関する債権の範囲とその額（改正民法308条の2）

ア　改正民法308の2の内容

　改正民法308条の2は，ひとり親家庭の子の生活の保護という観点から，その養育に必要な費用を保護するという社会政策的考慮に基づき，養育費の請求権につき一般先取特権を付与すべき債権の範囲について規定しています。

　すなわち，同条は，子の監護の費用の先取特権は，①民法752条の規定による夫婦間の協力・扶助の義務（1号），②民法760条の規定による婚姻費用の分担の義務（2号），③民法766条及び766条の3（これらの規定を民法749条，771条及び788条において準用する場合を含む。）の規定による子の監護に関する義務（3号），④民法877条から880条までの規定による扶養の義務（4号）に係る確定期限の定めのある定期金債権の各期における定期金のうち子の監護に要する費用として相当な額（子の監護に要する標準的な費用その他の事情を勘案して当該定期金により扶養を受けるべき子の数に応じて法務省令で定めるところにより算定した額）について存在する旨規定しています。

イ　一般先取特権を付与すべき債権の範囲

　(ｱ)　未成年の子の養育費の請求が問題となる場面としては，①協議離婚における子の監護費用の分担に係る請求権（養育費請求権）を対象とした民法766条の適用又は準用（民法749条，民法771条及び民法788

7 養育費の請求権の実効性向上（先取特権の付与）

条による各準用）の場合のほか，②婚姻中の父母が別居している場面等において，子と同居する父母の一方が，他の一方に対して婚姻費用の支払を請求する場合（民法752条，760条），③子が自らの扶養請求権の行使として父母に対して扶養料の支払を請求する場面（民法877条～民法880条）があります。

　そして，このうち，①の協議離婚における子の監護費用の分担等について規定した民法766条は，上記のとおり，民法749条（婚姻の取消しの場合の準用），民法771条（裁判上の離婚の場合の準用）及び民法788条（認知後の子の監護の場合の準用）によって準用されていますし，また，②の婚姻中の場面としては，民法752条の規定による夫婦間の協力及び扶助の義務，又は民法760条の規定による婚姻から生ずる費用の分担の義務の履行請求として位置付けられ，③の子の扶養請求の場面は，民法877条から第880条までの規定（民法877条（扶養義務者），878条（扶養の順位），879条（扶養の程度又は方法），880条（扶養に関する協議又は審判の変更・取消し））による扶養の義務の履行請求として位置付けられます。

　また，改正民法766条の3は，法定養育費制度を新設し，父母が子の監護費用の分担の定めをすることなく協議離婚をした場合に，離婚時から引き続き子の監護を主として行う父又は母が，他の一方（債務者）に対し，一定の期間，法務省令で定める一定の養育費の支払を請求することができることを規定していますが，この法定養育費に関する債権も一般先取特権が付与されるべきです。

　なお，現行法上，上記婚姻費用の分担は，生活扶助義務ではなく，生活保持義務と解されており，また，扶養請求についても，少なくとも未成年の子に対する父母の義務の程度は生活保持義務であると解されています（部会資料24・22頁以下参照。なお，「生活扶助義務」と「生活保持義務」の関係については，Q2の1⑵オ「扶養の程度の明確化」参照）。

　(イ)　以上のような観点から，改正民法308条の2は，上記のとおり，一般先取特権が認められる「子の監護の費用」につき，①民法752条の規定による夫婦間の協力・扶助の義務（1号），②民法760条の

規定による婚姻費用の分担の義務（2号），③民法766条及び766条の3（これらの規定を民法749条，771条及び788条において準用する場合を含む。）の規定による子の監護に関する義務（3号），④民法877条から880条までの規定による扶養の義務（4号）に係る費用のうち，「子の監護に要する費用」部分としました。

なお，改正民法308条の2の各号に掲げられた義務の範囲は，改正民事執行法151条の2（扶養義務等に係る定期金債権を請求する場合の特例（すなわち，定期金債権のうち確定期限が未到来のものについても債権執行の開始が可能である旨の規定））第1項各号（1号～4号）に掲げられた義務と同内容です。

ウ　一般先取特権によって保護される養育費の額について

婚姻費用の分担や親族間の扶養においては，子の監護に要する費用（養育費）以外の費用も含まれることとなりますし，また，養育費についても，過度に高額な金額が合意されている場合には，子の養育に必要な費用を保護するという社会政策的な保護の必要性を考慮したとしても，その全額に優先権を与える必要はないものと考えられます。

このような観点から，改正民法308条の2は，子の監護費用の具体的な金額につき，「確定期限の定めのある定期金債権の各期における定期金のうち子の監護に要する費用として相当な額（子の監護に要する標準的な費用その他の事情を勘案して当該定期金により扶養を受けるべき子の数に応じて法務省令で定めるところにより算定した額）について存在する」と定めました。

すなわち，同条は，この監護費用（養育費）に関する確定期限の定めのある定期金債権について，各期の定期金のうち子の監護に要する費用として相当な額の範囲内で一般先取特権を認めるものとすることとし，かつ，この相当な額については，標準的な世帯の必要生計費，当該定期金により扶養を受けるべき子の数その他の事情を勘案して法務省令で定めるものとするとしています（部会資料30-2・15頁以下参照）。

なお，当該優先権を与えられる養育費の額を超える部分は，一般先取特権によって保護されず，単に強制執行の申立てに基づく差押えの

7 養育費の請求権の実効性向上（先取特権の付与）

効力を有するに止まり，他の一般債権者に優先しないことになると考えられます（阿多博文「令和元年改正後の実務の状況及び令和5年改正への準備とその他改正について」法律のひろば第77巻第2号（2024年4月号）49頁参照）。

3 一般先取特権に基づく執行手続の概要

(1) 「一般先取特権の存在を証する文書」の作成方法

改正民法308条の2により，養育費請求の債権者に一般先取特権が認められますが，その場合，当該債権者は，公正証書や家事審判等の債務名義を取得しなくても，その一般先取特権の存在を証する文書（民事執行法181条1項4号等）を執行機関に提出することにより，債務者の財産の差押えや，財産開示手続や第三者からの情報取得手続の申立てをすることができます。

この執行手続の申立てに必要となる「一般先取特権の存在を証する文書」は，公文書である必要もなく，弁護士等の法律専門家が作成した文書である必要もありません。

また，一般先取特権は法定担保物権であるから，父母間の協議により養育費の支払に関する合意がされていれば，当然に発生するものであり，担保権付与のための特別な合意や手続を経る必要もありません。

そのため，父母間の協議により養育費の支払を取り決める文書を作成した場合や，ADR（裁判外紛争解決手続）機関による養育費の調停がされて一定の合意文書が作成された場合には，当該文書が「一般先取特権の存在を証する文書」となり得ます（注）。

もっとも，<u>一般先取特権に基づく差押えをするためには，債権者の金銭債権の額が具体的に定まっている必要があることから，後記の法定養育費でない場合には，具体的な協議が調う前の段階で債権者側の一方的な主張に基づいて差押命令の申立てをすることはできない</u>ことになります。また，ここでの文書は，担保権の存在を疎明するものでは足りず，高度の蓋然性をもって証明するものである必要があるとされていますが，この証明は，1通の文書のみによって行う場合のほか，複数の文書によって行うことも許されるとされています（部会資料24・19頁）。

なお，ここで，父母間で取り決められた養育費請求権を高度の蓋然性を

第4　養育費等に関する規律の見直し

もって証明する文書としては，各父母が署名押印した合意書において，例えば，「Aは，Bに対し，Cの養育費として，令和○年○月から令和○年○月まで，1か月○万円を，○○銀行○○支店の○○名義の普通預金口座に振り込む方法により支払う。」ことを約束しているような場合などが考えられますが，元夫婦であることを考えると，合意書の成立の真正について，いわゆる二段の推定の成否が争われる可能性もあり，そのような場合には，当該合意書が債務者の意思に基づいて作成されたものであるかが審理されることになります。

　他方で，例えば，このような約束が記載されたような書面であっても，債権者の署名押印のみしかない場合には，同書面が債務者の意思に基づいて作成されたのか債務者に無断で作成されたのかが判然としないものとして，当該文書のみでは証明不十分と判断される場合もあり得ます（部会資料24・21頁）。

　なお，協議離婚する父母による養育費支払の合意書（一般先取特権の存在を証する文書）の記載例として，現時点での筆者案ですが，以下のようなものが考えられます。

（注）　裁判外紛争解決手続における和解の実効性の強化
　　　令和5年改正の裁判外紛争解決手続の利用の促進に関する法律（令和6年4月1日施行）では，「認証紛争解決手続（民間紛争解決手続を業として行う者（法人でない団体で代表者又は管理人の定めのあるものを含む。）が法務大臣の認証を受けて業として，和解の仲介を行う裁判外紛争解決手続）において紛争の当事者間に成立した和解であって，当該和解に基づいて民事執行をすることができる旨の合意がされたもの」（特定和解）について，裁判所の執行決定を得ることで，これに基づく強制執行をすることができるようになりました（同法27条の2）。
　　　これにより裁判外紛争解決手続における和解の実効性の強化が図られると考えられます。これは，その手続を認証紛争解決手続に限定し，また，強制執行の申立てに先立って裁判所の執行決定の手続を介在させることで，手続の適正性や債務者の手続保障を図っています（部会資料24・24頁参照）。

7　養育費の請求権の実効性向上（先取特権の付与）

養育費支払の合意書の記載例

養育費支払の合意書

夫甲野太郎（以下「甲」という。）と妻甲野和子（以下「乙」という。）は，協議離婚するに当たり，長女一子（平成○年○月○日生。以下「丙」という。）及び長男一男（令和○年○年○月○日生。以下「丁」という。）の養育費の支払について，下記のとおり合意した。

記

甲は，乙に対し，丙及び丁の養育費として，令和6年○月から丙及び丁がそれぞれ満20歳に達する日の属する月まで，毎月各金5万円を，毎月末日限り，○○銀行○○支店の甲野和子名義の普通預金口座（口座番号○○○○○○○）に振り込んで支払う。ただし，丙及び丁が大学へ進学した場合は，満22歳に達した後に到来する3月末日まで上記養育費をそれぞれ支払うこととする。なお，振込手数料は甲の負担とする。

令和6年○月○日

　　　　　　（甲）　東京都○○区○町○丁目○番○号
　　　　　　　　　　　　　甲野　太郎　印

　　　　　　（乙）　東京都○○区○町○丁目○番○号
　　　　　　　　　　　　　甲野　和子　印

---

(2) 養育費請求の執行手続

　次に，養育費請求の執行手続は，債務名義に基づく強制執行や他の担保権実行と基本的に同様です。例えば，養育費請求の債権者が，債務者の金銭債権（預貯金や給与など）の差押えを申し立てた際には，執行裁判所が，当該金銭債権の差押えをすることが想定されますが，この差押命令は，債務者や第三債務者を審尋しないで発せられた上で，その後，第三債務者への送達と，債務者への送達が順次行われることとなります。

　差押命令に対する債務者からの不服申立て方法等については，後記(3)で詳述しますが，債務名義に基づく強制執行や他の担保権実行と基本的に同様です。一般先取特権に基づく差押えを受けた債務者は，執行抗告（民事執行法10条）の申立てをすることができます。

第4　養育費等に関する規律の見直し

　また，債務者の有する財産に対する差押えが競合した場面では，一般先取特権を有する債権者は，その債務者の財産について，民法等の規定に従い，他の債権者に先立って自己の債権の弁済を受けることができることとなります（部会資料24・19頁以下参照）。

(3)　**執行手続における債務者の手続保障の観点からの整理**

　養育費請求の債権に一般先取特権を付与した場合において，執行手続における債務者の手続保障等に与える影響（つまり，養育費請求権の存否を理由とする不服申立て等）について，整理する必要があります。

　　ア　債務者による執行抗告の申立て

　　<u>債務名義に基づく強制執行の手続における債務者からの不服申立て手段としては</u>，執行抗告（民事執行法10条。なお，執行抗告は，裁判の告知を受けた日から1週間以内に抗告状を原裁判所に提出する必要がある。）の方法がありますが，この手続では，債務者は，手続規律への違反を主張し得るのみであり，債務名義に表示された権利の実体的な存否を主張することは原則としてできません。債務者が債務名義上の債権の不存在又は消滅を主張して執行手続を阻止するには，強制執行事件とは別に，請求異議の訴え（民事執行法35条）を提起し，執行停止の裁判（同法36条）の申立てをすることで，執行停止文書（同法39条）を得る必要があります。

　　<u>これに対し，一般先取特権に基づく担保権実行の手続においては，債務者は，執行抗告の申立てにおいて，一般先取特権の対象となっている権利の実体的な不存在又は消滅を理由とすることができます</u>（民事執行法10条，182条，193条2項）（注）。

　　その意味で，一般先取特権に基づく担保権実行の手続は，債務名義に基づく強制執行の手続に比べて，執行抗告の申立ての際に主張することができる事由が広く，債務者の事後的な手続保障が補充されている側面があります（部会資料24・20頁）。

　　イ　債務者による差押禁止債権の範囲変更の申立て

　　また，債務者は，その生活の状況（例えば，養育費の取決めをした後に収入が大幅に減少して生活が困窮していることなど）を理由として差押禁止

7 養育費の請求権の実効性向上（先取特権の付与）

債権の範囲変更の申立てをすることにより，差押えからの解放を裁判所に求めることができます（民事執行法153条，193条2項）。
（注）　民事執行法の関係条文（なお，193条は本件改正後のもの）
（執行抗告）
第10条　民事執行の手続に関する裁判に対しては，特別の定めがある場合に限り，執行抗告をすることができる。
2　執行抗告は，裁判の告知を受けた日から1週間の不変期間内に，抗告状を原裁判所に提出してしなければならない。
（3項～10項は略）
（開始決定に対する執行抗告等）
第182条　不動産担保権の実行の開始決定に対する執行抗告又は執行異議の申立てにおいては，<u>債務者又は不動産の所有者（不動産とみなされるものにあつては，その権利者。以下同じ。）は，担保権の不存在又は消滅を理由とすることができる。</u>
（債権及びその他の財産権についての担保権の実行の要件等）
第193条　（略）
<u>2　前章第2節第4款第1目（第146条第2項，第152条及び第153条を除く。）及び第182条から第184条までの規定は前項に規定する担保権の実行及び行使について，第146条第2項，第152条及び第153条の規定は前項に規定する一般の先取特権の実行及び行使について，……（中略）……，それぞれ準用する。</u>
（3項は略）

4　一般先取特権者による債務者の給与債権に係る情報の取得（改正民事執行法206条2項）

債務者の給与債権に係る情報の取得に関し，改正民事執行法206条2項は，「執行裁判所は，第197条第2項各号のいずれかに該当するときは，債務者の財産について一般の先取特権（民法第306条第3号に係るものに限る。）を有することを証する文書を提出した債権者の申立てにより，前項各号に掲げる者であつて最高裁判所規則で定めるところにより当該債権者が選択したものに対し，それぞれ当該各号に定める事項について情報の提供をすべき旨を命じなければならない。」と規定しています。

第4　養育費等に関する規律の見直し

これは，子の監護費用について一般の先取特権を有することを証する文書を提出した債権者が先に実施した強制執行等が不奏功であったこと等の場合には，当該債務者の申立てにより，執行裁判所が市町村等に対し，債務者の給与債権に係る情報の提供を命じなければならないことを定めています。

5　本件改正が社会に与える影響

本件改正（改正民法306条3号，308条の2）により，子の監護費用に関する債権（養育費債権）に一般先取特権が付与され（これにより，確定判決等の債務名義がなくても，「養育費債権の存在を証する文書」（民事執行法181条1項4号等）を提出することで，債務者の財産の差押え等が可能となる。），また，当該一般先取特権によって保護される養育費債権の範囲及びその額の算定方法が法定されたことから，その改正の社会的な影響は大きいと考えられます。

6　本件改正規定の施行日

本件改正規定（改正民法306条3号，308条の2）の施行日は，本件改正法附則1条本文により，公布の日（令和6年5月24日）から起算して2年を超えない範囲内において政令で定める日です。

なお，本件改正規定は，本件改正法附則に特別の定めがある場合を除き，本件改正法の施行前に生じた事項にも適用されますが，本件改正法附則1条による改正前の民法の規定により生じた効力は妨げられません（本件改正法附則2条）。

ただし，改正民法306条3号及び308条の2の規定は，①同条に規定する定期金債権のうち本件改正法の施行日以後に生じた各期の定期金についてのみ適用され（本件改正法附則3条1項），また，②改正民法766条の3（改正民法749条，民法771条及び改正民法788条において準用する場合を含む。）の規定は，上記施行日前に離婚し，婚姻が取り消され，又は認知した場合については，適用されません（本件改正法附則3条2項）。

7 養育費の請求権の実効性向上（先取特権の付与）

コラム 5 離婚給付等についての公正証書の記載例

　夫婦間において離婚の合意ができ，かつ，子どもの養育費，子どもとの面会（親子）交流，夫婦間の財産分与・慰謝料が合意できた場合には，夫婦両名で公証役場に赴いて，公証人からこれらの合意の内容を公正証書として作成してもらうことができます。

　ただし，公証人に手数料を支払う必要があるので，その金額等について，事前に公証役場に電話等で聞くとよいと思います（公証役場での相談は無料であり，遠慮なく質問していただきたい。）。

　公正証書を作成する利点は，法律専門家である公証人の意見を参考にできますし，養育費・慰謝料等の金銭債務の支払については，当該公正証書が債務名義になり，これにより強制執行ができるという点です（なお，民法改正により，父母間の養育費の支払合意書については，公正証書によらなくとも，一般先取特権が付与される（改正民法306条3号）。）。

　なお，父母を共同親権者とした上で，母を監護者とした離婚給付等についての公正証書の記載例として，以下のようなものが考えられます（なお，文例は，日本公証人連合会編著「新版　証書の作成と文例　家事関係編〔改訂版〕」（立花書房，2017年）1頁を参考とした。）。

離婚給付等契約公正証書のイメージ例

離婚給付等契約公正証書
（離婚の合意等）
第1条　夫甲野太郎（以下「甲」という。）と妻甲野和子（以下「乙」という。）は本日，甲乙間の未成年の長男一男（令和○年○月○日生・以下「丙」という。）及び長女一子（令和○年○月○日生・以下「丁」という。）の親権者を甲及び乙（共同親権）と，また，丙及び丁の監護者を乙とそれぞれ定め，協議離婚する（以下「本件離婚」という。）こと及びその届出は乙において速やかに行うことを合意し，かつ，本件離婚に伴う給付について以下のとおり合意した。
（養育費）
第2条　甲は，乙に対し，丙及び丁の養育費として，令和○年○月から丙及び丁がそれぞれ満20歳に達する日の属する月まで，各人について月5万円ずつを，毎月末日限り，○○銀行○支店の甲野和子名義の普通預金口座（口座番号000000）に振り込んで支払う。なお，振込手数料は，いずれも甲の負担とする。
（親子交流）

第4　養育費等に関する規律の見直し

　　第3条　乙は，甲に対し，丙及び丁との親子交流を認める。その面会の回数は，1か月2回程度を基準とし，具体的な回数，日時，場所及び方法等については，丙及び丁の利益を最も優先して考慮し，甲及び乙が誠実に協議してこれを定める。
（慰謝料）
第4条　甲は，乙に対し，本件離婚による慰謝料として金300万円の支払義務があることを認め，これを令和○年○月○日限り，上記甲野和子名義の普通預金口座（口座番号000000）に振り込んで支払う。なお，振込手数料は甲の負担とする。
（財産分与）
第5条　甲は，乙に対し，離婚に伴う財産分与として，甲所有名義の次の不動産（以下「本件不動産」という。）を給付することとし，前記財産分与を登記原因として，その所有権移転登記手続をする。登記手続費用は乙の負担とする。
（不動産の表示）
　　(1)　土　　　地
　　　　所　在　　東京都○○区○○二丁目
　　　　地　番　　○番1
　　　　地　目　　宅地
　　　　地　積　　○○.○○㎡
　　(2)　建　　　物
　　　　所　在　　東京都○○区○○二丁目○番地1
　　　　家屋番号　○番1
　　　　種　類　　居宅
　　　　構　造　　鉄骨造陸屋根2階建
　　　　　　　　　1階　○○.○○㎡
　　　　　　　　　2階　○○.○○㎡
（通知）
第6条　甲は，勤務先，住所又は連絡先（電話番号等）を変更したときは，直ちに乙に通知する。また，乙は，住所，連絡先（電話番号等）又は上記金融機関の預金口座等を変更したときは，直ちに甲に通知する。
（清算条項）
第7条　甲及び乙は，本件離婚に関し，上記のほか，相互に債権・債務のないことを確認する。
（強制執行認諾）
第8条　甲が，第2条及び第4条の金銭債務の履行を遅滞したときは，甲は，直ちに強制執行に服する旨陳述した。

　　　　　（甲・乙の署名等の「本旨外要件」については省略）

8 法定養育費の新設（子の監護に要する費用の分担の定めがない場合の特例）

Q 改正民法では，父母が子の監護費用（養育費）の分担の定めをしないで協議離婚をした場合，子の監護費用の負担はどのようになるか説明してください。

A 現行法の解釈として，子の監護費用（養育費）の定めをすることは協議上の離婚の要件とはされていないため，養育費の定めがされないまま協議上の離婚がされることがあります。そのため，離婚後，子の監護をする父又は母が養育費を請求することが困難な事態に陥る場合があると考えられます。

そこで，改正民法では，法定養育費制度を創設し，父母が子の監護費用の分担の定めをすることなく協議離婚をした場合に，離婚時から引き続き子の監護を主として行う父又は母は，他の一方（債務者）に対し，離婚の日から，①「父母がその協議により子の監護に要する費用の分担についての定めをした日」，②「子の監護に要する費用の分担についての審判が確定した日」，③「子が成年に達した日」のいずれか早い日までの間，毎月末に，子の監護費用の分担として，子の最低限度の生活の維持に要する標準的な費用の額その他の事情を勘案して子の数に応じて法務省令で定めるところにより算定した額の支払を請求することができることを定めました（改正民法766条の3）。

法定養育費制度（改正民法766条の3）の概要

父母が子の監護費用の分担の定めをすることなく協議離婚をした場合

▼

離婚時から引き続き子の監護を主として行う父又は母は

▼

他の一方（債務者）に対し，離婚の日から
①「父母がその協議により子の監護に要する費用の分担についての

第4　養育費等に関する規律の見直し

定めをした日」
② 「子の監護に要する費用の分担についての審判が確定した日」
③ 「子が成年に達した日」
のいずれか早い日までの間

▼

毎月末に，子の監護費用の分担として，子の最低限度の生活の維持に要する標準的な費用の額等を勘案して子の数に応じて法務省令で定めるところにより算定した額（法定養育費）の支払請求ができる。

関係条文　（注）

改正民法

（子の監護に要する費用の分担の定めがない場合の特例）

第766条の3　父母が子の監護に要する費用の分担についての定めをすることなく協議上の離婚をした場合には，父母の一方であって離婚の時から引き続きその子の監護を主として行うものは，他の一方に対し，離婚の日から，次に掲げる日のいずれか早い日までの間，毎月末に，その子の監護に要する費用の分担として，父母の扶養を受けるべき子の最低限度の生活の維持に要する標準的な費用の額その他の事情を勘案して子の数に応じて法務省令で定めるところにより算定した額の支払を請求することができる。ただし，当該他の一方は，支払能力を欠くためにその支払をすることができないこと又はその支払をすることによってその生活が著しく窮迫することを証明したときは，その全部又は一部の支払を拒むことができる。

一　父母がその協議により子の監護に要する費用の分担についての定めをした日

二　子の監護に要する費用の分担についての審判が確定した日

三　子が成年に達した日

2　離婚の日の属する月又は前項各号に掲げる日のいずれか早い日の属する月における同項の額は，法務省令で定めるところにより日割りで計算する。

3　家庭裁判所は，第766条第2項又は第3項の規定により子の監護に要する費用の分担についての定めをし又はその定めを変更する場合には，第1

8 法定養育費の新設（子の監護に要する費用の分担の定めがない場合の特例）

項の規定による債務を負う他の一方の支払能力を考慮して，当該債務の全部若しくは一部の免除又は支払の猶予その他相当な処分を命ずることができる。

【現行民法】
※第766条の3は新設規定※

(注) 本問に関係する，改正（現行）民法306条，改正民法308条の2の条文については，Q7の「関係条文」を参照してください。

| 改正民事執行法 |

(扶養義務等に係る定期金債権を請求する場合の特例)
第151条の2　債権者が次に掲げる義務に係る確定期限の定めのある定期金債権を有する場合において，その一部に不履行があるときは，第30条第1項の規定にかかわらず，当該定期金債権のうち確定期限が到来していないものについても，債権執行を開始することができる。
一　民法第752条の規定による夫婦間の協力及び扶助の義務
二　民法第760条の規定による婚姻から生ずる費用の分担の義務
三　民法第766条及び第766条の3（これらの規定を同法第749条，第771条及び第788条において準用する場合を含む。）の規定による子の監護に関する義務
四　民法第877条から第880条までの規定による扶養の義務
2　前項の規定により開始する債権執行においては，各定期金債権について，その確定期限の到来後に弁済期が到来する給料その他継続的給付に係る債権のみを差し押さえることができる。

(債権及びその他の財産権についての担保権の実行の要件等)
第193条　第143条に規定する債権及び第167条第1項に規定する財産権（以下この項において「その他の財産権」という。）を目的とする担保権の実行は，担保権の存在を証する文書（権利の移転について登記等を要するその他の財産権を目的とする担保権で一般の先取特権以外のものについては，第181条第1項第1号から第3号まで，第2項又は第3項に規定する文書）が提出されたときに限り，開始する。担保権を有する者が目的物の売却，賃貸，滅失若しくは損傷又は目的物に対する物権の設定若しくは土地収用法（昭和26年法律第219号）による収用その他の行政処分により債務者が受けるべき金銭その他の物に対して民法その他の法律の規定によつ

第4　養育費等に関する規律の見直し

てするその権利の行使についても，同様とする。
2　前章第2節第4款第1目（第146条第2項，第152条及び第153条を除く。）及び第182条から第184条までの規定は前項に規定する担保権の実行及び行使について，第146条第2項，第152条及び第153条の規定は前項に規定する一般の先取特権の実行及び行使について，<u>第167条の17の規定は債務者の財産について一般の先取特権（民法第306条第3号に係るものに限る。）を有することを証する文書を提出した債権者が第197条第2項の申立て又は第206条第2項の申立てをした場合について</u>，それぞれ準用する。
<u>3</u>　前項において準用する第145条第2項の規定にかかわらず，債権者が民法第766条の3（同法第749条，第771条及び第788条において準用する場合を含む。）の規定による子の監護に関する義務に係る金銭債権を請求する場合には，執行裁判所は，一般の先取特権（同法第306条第3号に係るものに限る。）の実行としての差押命令を発するに際し，必要があると認めるときは，債務者を審尋することができる。

【現行民事執行法】
（扶養義務等に係る定期金債権を請求する場合の特例）
第151条の2　債権者が次に掲げる義務に係る確定期限の定めのある定期金債権を有する場合において，その一部に不履行があるときは，第30条第1項の規定にかかわらず，当該定期金債権のうち確定期限が到来していないものについても，債権執行を開始することができる。
　一・二　（同上）
　三　民法<u>第766条</u>（同法第749条，第771条及び第788条において準用する場合を含む。）の規定による子の監護に関する義務
　四　（同上）
2　（同上）
（債権及びその他の財産権についての担保権の実行の要件等）
第193条　（同上）
2　前章第2節第4款第1目（第146条第2項，第152条及び第153条を除く。）及び第182条から第184条までの規定は前項に規定する担保権の実行及び行使について，第146条第2項，第152条及び第153条の規定は前項に規定する一般の先取特権の実行及び行使について準用する。
※第3項は新設規定※

8 法定養育費の新設（子の監護に要する費用の分担の定めがない場合の特例）

■ 解 説 ■

1 法定養育費を認める必要性と改正民法の内容

(1) 現行民法の内容とそれに対する指摘（現行民法に法定養育費の規定なし）

ア　現行民法によれば，父母は，その婚姻関係の有無や親権等の有無にかかわらず，未成熟の子を扶養する義務を負います。そして，その扶養の具体的な程度・方法について，扶養権利者（子）と扶養義務者（父母）の協議が調わないとき，又は協議をすることができないときは，家庭裁判所がこれを定めるものとされています。

また，父母が協議上の離婚をするときは，いわゆる養育費を含めた子の監護について必要な事項を父母の協議によって定めるものとし，協議が調わないとき，又は協議をすることができないときは，家庭裁判所がこれを定めるものとされています（民法766条）。

そして，父母の離婚の際に養育費を含めた子の監護について必要な事項が適切に取り決められ，それが円滑に実現されることが，子の利益のために望ましいものと考えられます。

しかし，現行法の解釈として，養育費の定めをすることは協議上の離婚の要件とはされていないため，養育費の定めがされないまま協議上の離婚がされることがあります。

そして，この場合においては，父母の一方が離婚後に他の一方に対して養育費の請求をしようとしても，当該他の一方がその養育費の額等を争うなどしてその支払を拒絶したときは，①家庭裁判所における家事調停又は家事審判の手続によりその養育費の額を確定させ，債務名義を取得した上で，②地方裁判所における民事執行の手続により債務者の財産を差し押さえる必要があります（部会資料29・4頁）。

イ　このことに対しては，経済的苦境にあって養育費を必要とする程度の強い世帯にとってその裁判手続の負担は小さくなく，また，その手続にも一定の時間を要することから，養育費の請求を断念せざるを得なくなる原因の1つとなっているのではないかとの指摘があり得ます。

特に，DV等の事情により離婚に至った事案の中には，父母が子の

第4　養育費等に関する規律の見直し

　　監護に関する協議を直ちに行うことが困難で，父母の協議によって養育費の定めがされることを現実的に期待し難い事案もあるほか，DV等の被害者がDV等の加害者を相手として，養育費の支払を求めるために必要となる上記の裁判手続を直ちにとることができないこともあると考えられます。

　　このように婚姻中の父母の関係に由来する経済的影響を父母の離婚後も子が受けることは，子にとって不利益なものであるといえます。また，裁判実務上は，扶養料請求や養育費分担の始期について，請求時より前に遡った過去の扶養料や養育費については原則として認められないとの考え方があり，この考え方によれば，協議上の離婚の際に養育費の定めをすることができなかった場面では，事実上，離婚の時から相当期間が経過するまでの間の期間に対応する扶養料や養育費を請求することが極めて困難な事態に陥る場合があると考えられます（部会資料29・4頁以下）。

(2)　**法定養育費に関する改正民法の内容**（改正民法766条の3。子の監護に要する費用の分担の定めがない場合の特例）

　そこで，改正民法では，父母が養育費の額を定めることなく協議上の離婚をした場合に対応するための補充的なものであって，その定めをすることができるような状態までの間の暫定的な養育費の額を定める応急の措置として，法定養育費制度を創設しました。

　すなわち，改正民法766条の3第1項は，「父母が子の監護に要する費用の分担についての定めをすることなく協議上の離婚をした場合には，父母の一方であって離婚の時から引き続きその子の監護を主として行うものは，他の一方に対し，離婚の日から，次に掲げる日のいずれか早い日までの間，毎月末に，その子の監護に要する費用の分担として，<u>父母の扶養を受けるべき子の最低限度の生活の維持に要する標準的な費用の額その他の事情を勘案して子の数に応じて法務省令で定めるところにより算定した額の支払を請求することができる</u>。ただし，当該他の一方は，支払能力を欠くためにその支払をすることができないこと又はその支払をすることによってその生活が著しく窮迫することを証明したときは，その全部又は一部の支払

8 法定養育費の新設（子の監護に要する費用の分担の定めがない場合の特例）

を拒むことができる。
　一　父母がその協議により子の監護に要する費用の分担についての定めをした日
　二　子の監護に要する費用の分担についての審判が確定した日
　三　子が成年に達した日」（下線は筆者）と規定しました。

　なお，同項ただし書は，債務者の負担に配慮し，債務者が支払能力を欠く場合における法定養育費の全部又は一部の支払拒絶権を認めたものです。

　また，同条2項は，「離婚の日の属する月又は前項各号に掲げる日のいずれか早い日の属する月における同項の額は，法務省令で定めるところにより日割りで計算する。」と規定し，離婚日や法定養育費の支払最終日が月の途中である場合は，日割り計算をすることを定めます。

　さらに，同条3項は，「家庭裁判所は，第766条第2項又は第3項の規定により子の監護に要する費用の分担についての定めをし又はその定めを変更する場合には，第1項の規定による債務を負う他の一方の支払能力を考慮して，当該債務の全部若しくは一部の免除又は支払の猶予その他相当な処分を命ずることができる。」と規定し，債務者の法定養育費の負担がその収入等に見合わない過大なものとならないようにするため，家庭裁判所による法定養育費の額の減免等の処分が認められます。

　以下，法定養育費の要件・効果等について，説明します。

2 法定養育費の要件及び効果等について（改正民法766条の3）

(1) 法定養育費制度の利用しやすさの観点からの検討の必要性

ア　要件の単純性及び請求手続の簡便性の必要性

　法定養育費制度は，父母が養育費の額を定めることなく協議上の離婚をした場合に対応するための補充的・応急的な措置であり，養育費を真に必要としている者にとって，複雑な裁判手続を行うことは大きな負担となると考えられるため，法定養育費の要件や請求手続が過度に複雑なものとなってしまうと，事実上その請求を断念せざるを得なくなるのではないかとの懸念があります。

　そこで，法定養育費を構想する上では，可能な限り単純な要件の下

第4　養育費等に関する規律の見直し

で簡便な手続によりその請求をすることができるようにする必要があるとの指摘があり得ます（部会資料29・9頁）。

　イ　債務者の負担に配慮する観点からの検討の必要性

　法定養育費が特に必要となる場面の一例としては，父母の離婚後に，その一方が親権者と定められて子と同居してその養育をしているが，当該一方（同居親）の収入が乏しく，他の一方（別居親）には十分な収入があるような場面が想定され得ます。

　他方で，事案によっては，同居親に十分な収入があり，他の一方（別居親）の収入が乏しいということも生じ得ます。

　法定養育費を認めると，こういった事案においても一律に法定額の債権債務関係が生ずる結果となり，場合によっては，当該他の一方（別居親）に反論の機会がない帰結として，当該他の一方（別居親）が負担すべき本来の養育費の額（各当事者の個別的な事情を考慮した父母の協議により定められた場合又は家庭裁判所の手続がされた場合に算定されるであろう養育費の額）よりも高額の債務を負わせることとなりかねないとの懸念もあります。

　そのため，法定養育費について検討する上では，別居親の収入等が乏しい場面もあり得ることを踏まえた上で，債務者の負担に適切に配慮する必要があることに留意すべきであるとの指摘があり得ます（部会資料29・9頁）。

　以上のような指摘を踏まえ，改正民法766条の3で定めた法定養育費の要件及び効果等について検討します。

(2)　**法定養育費の請求のための要件及び効果について**（改正民法766条の3第1項）

　ア　法定養育費を請求するための要件（「父母が養育費の定めをすることなく協議離婚をしたこと」）

　法定養育費が飽くまでも父母の協議等により養育費の額を定めることができない場合に対応するための補充的なものと理解すると，法定養育費を請求するための要件として，例えば，DV等の事情により，その協議をすることや家事審判や家事調停の申立てをすることが困難

8 法定養育費の新設（子の監護に要する費用の分担の定めがない場合の特例）

であることを要求すべきであるとの考え方もあり得ると思われます。中間試案に対するパブリック・コメントの手続においても，このような観点から請求することができる要件を限定すべきであるとの意見もありました。

しかし，離婚時に養育費の定めがされない理由は事案によって様々であり，場合によっては「DV等の事情によりその協議をすることが困難である」かどうかについて各父母の認識に大きな隔たりがあることもあり得ます。

この場合に法定養育費の請求者が当該事情の存在を立証しなければならないこととすると，事実上その請求権を行使することが困難となりかねません。上記パブリック・コメントの手続においても，可能な限り形式的で立証しやすいものとすることを求める意見があり，その理由として，上記の点に加え，法定養育費に先取特権を付与した場合には執行手続の過程で迅速にその要件を審査する必要があることを指摘するものもありました（なお，実際に，改正民法308条の2第3号は，法定養育費請求の債権に一般先取特権を付与している。）。

そこで，改正民法766条の3第1項本文は，「父母が子の監護に要する費用の分担についての定めをすることなく協議上の離婚をした場合」を要件とし，その定めをしなかった理由を問わないこととしています（部会資料29・10頁参照）。

イ　法定養育費の行使主体（「父母の一方で子を主に監護する者」）

(ｱ)　中間試案においては，法定養育費の権利行使主体としては，①「子が権利者であるとする考え方」と，②「親権者（監護者が定められた場合には監護者）が権利者であるとする考え方」を併記しており，上記パブリック・コメントの手続においても，各案に対して賛否双方の意見が寄せられました。

このうち，法定養育費の帰属主体ないし行使主体を子と整理する意見は，養育費は「子のための費用」であり，その法的な本質は子が父母に対して扶養料を求める請求権であるとの理解を重視するものであると考えられます。

第4　養育費等に関する規律の見直し

　しかし，未成年の子は自ら単独で（法定代理人の関与なく）財産管理や財産上の請求をすることができないのが原則であるため，仮に法定養育費の請求権者を子であるとした場合には，その法定代理人が子を代理してその請求のための裁判手続を担うこととせざるを得ず，また，法定養育費の支払義務者が親権者である場合には，利益相反の問題が出てきて（民法826条），家庭裁判所の別途の手続により特別代理人を選任することが必要となるなど，その請求のための手続が複雑で技巧的なものとならざるを得ません。

　そこで，改正民法766条の3第1項は，第一次的に，法定養育費の請求権の行使主体を「父母」としています（部会資料29・10頁以下参照）。

(イ)　そして，法定養育費の制度が特に必要となる場面の一例としては，父母の離婚後に，専らその一方のみが子と同居してその監護をしている場面が想定されるものの，事案によっては，父母の離婚後に，その双方が親権者となり子の監護を分担することもあり得ます。

　このように離婚後の父母双方が親権者となる場面で父母のいずれが法定養育費の請求権者となるかが問題となりますが，このような監護の分担がされている場合であっても，実際上，父母の一方が子を主に監護する形態となることがあると予想されます。

　その場合の法定養育費の請求権の行使主体は，親権の帰属や監護者の定めの有無ではなく，実際に子と同居するなどして物理的な子の養育を主に担当するのが父母のどちらかという観点で定まるものとすることが考えられます（なお，離婚後の父母双方が同一の割合で子の監護を分担するような事案において，監護費用の分担が父母の協議等によって定められていないといったことは通常は想定し難いように考えられる。）。

　そこで，改正民法766条の3第1項では，「父母の一方であって離婚の時から引き続きその子の監護を主として行うもの」を請求の主体としています（部会資料29・11頁参照）。

　なお，法定養育費の請求主体を父母の一方としますが，そのことは，法定養育費として支払われた金銭を父母の一方が自らの遊興な

8 法定養育費の新設（子の監護に要する費用の分担の定めがない場合の特例）

どのために費消することを許容する趣旨ではなく，そもそもそれが子の監護のための費用に充てられるべきであるとの考え方を前提としています（部会資料30-2・19頁）。

ウ　法定養育費の額の定めが及ぶ期間
　(ア)　法定養育費の始期（離婚の時）
　　現行の裁判実務においては，扶養料請求や養育費の分担の始期については，請求時より前に遡って過去の扶養料や養育費を請求することは原則としてできないとの考え方があります（注）。

　　このような考え方の背景には，請求時以前の過去の扶養料等の支払義務を義務者に負わせることが，過酷ではないかとの考慮もあるように思われます。

　　<u>そして，法定養育費が特に必要となるのは，父母の協議等により養育費の額を定めることができない場合であり，DV等の事情により請求権者が直ちにその請求をすることが期待できないことも想定されます。</u>

　　<u>そこで，改正民法766条の3第1項では，法定養育費の始期を「離婚の時」とすると定めました</u>（部会資料29・12頁参照）。

　　なお，法定養育費の発生の始期や終期が月の初日（又は末日）でない場合は当該月の法定養育費の額を日割り計算で算出する必要があります（改正民法766条の3第2項）。

（注）　過去の婚姻費用及び養育費の始期
　　過去の婚姻費用及び養育費については，判例上，いずれも過去に遡ってその支払を命じることができるとされています（婚姻費用につき最決昭和40年6月30日民集19巻4号1114頁，養育費につき最判平成19年3月30日家月59巻7号120頁）。しかし，家庭裁判所や高等裁判所の実務上，過去の婚姻費用や養育費を認めるかどうかは，裁判所の裁量によって決せられるとされており，現実には，過去に遡って多額の負担を命じることが債務者に酷との考えから，請求時から認めるとの考えを前提として，①家事調停又は家事審判申立時からとするものや，②内容証明郵便やメール等でした請求時からとする家事調停例や家事審判例が多いようです（水野有子「Q＆A家事事件手続法下の離婚調停―人事訴訟と家事審判を踏まえて―」（日本

131

第4 養育費等に関する規律の見直し

加除出版，2016年）252頁以下）。

　(イ)　法定養育費の終期（最終終期は「子が成年に達した日」）

　　法定養育費は，父母の協議等による定めがない場面を補完するための規定として理解すべきであるから，父母の協議等による定めがされない限り，子が成年に達するまで法定養育費を請求することができるようにすべきであると考えられます（部会資料30-2・19頁参照）。

　　そこで，<u>改正民法766条の3第1項では，成年に達した日を最終の終期であることを前提として，①「父母がその協議により子の監護に要する費用の分担についての定めをした日」，②「子の監護に要する費用の分担についての審判が確定した日」，③「子が成年に達した日」のいずれか早い日を終期としています。</u>

　　なお，このように法定養育費の終期を「子が成年に達した日」と定めたとしても，これは，飽くまでも法定養育費の終期に関するものであり，養育費（父母の協議又は審判によって定められる養育費）の終期に関する現行法の解釈や実務運用に影響を与えるものではありません。一般に，養育費の取決め等がされる際には，その支払期間が必ずしも子が未成年である間に限定されるわけではなく，その支払義務の有無や程度は，子が自ら稼働して経済的に自立することが期待できない場合に，両親の経済状況等の個別の事情を踏まえて判断されることとなるとされています（部会資料37-2・4頁以下）。

　エ　法定養育費の額（子の最低限度の生活費用額等を勘案して子の数に応じて法務省令により算定した額）

　　本部会では，法定養育費の額について，①「最低限度の額を定めるべきであるとの考え方」と，②「標準的な父母の生活実態を参考とした金額を定めるべきであるとの考え方」が提示されました。

　　本部会第29回会議（令和5年7月18日開催）では，②の考え方を支持する意見もありましたが，他方，法定養育費の正当化根拠や債務者側の負担に留意する観点からは，債務者の実際の扶養能力と無関係に一律に定められる法定養育費の額は比較的低額とならざるを得ないのではないかとの意見や，法定養育費の額としては最低限度額を定める一

8 法定養育費の新設（子の監護に要する費用の分担の定めがない場合の特例）

方で，それ以上の額を請求する場面では当事者間の協議等に委ねるのが相当であるとの意見などが示されました（部会資料30-2・19頁以下）。

また，法定養育費の支払義務は，父母が養育費の定めをすることなく離婚したという事実により，債務者の実際の収入等を離れて生じるものであることから，債務者に実際の支払能力を超える債務を負担させる可能性があり，後記(4)のような債務者の減免措置を設けたとしても，資力の乏しい債務者にとって支払能力に見合った養育費の設定を求める裁判手続の負担は大きいとの懸念もあります（部会資料35-2・13頁）。

そこで，改正民法766条の3第1項は，法定養育費の額につき，「父母の扶養を受けるべき子の最低限度の生活の維持に要する標準的な費用の額その他の事情を勘案して子の数に応じて法務省令で定めるところにより算定した額」と規定しました。

オ　債務者の資力が乏しい場合における全部又は一部の支払拒絶権
（改正民法766条の3第1項ただし書）

債務者が法定養育費の支払能力を欠くためにその支払をすることができないことや，その支払をすることによってその生活が著しく窮迫する場合も想定されます。

そこで，改正民法766条の3第1項ただし書は，債務者の法定養育費の支払につき，「当該他の一方は，支払能力を欠くためにその支払をすることができないこと又はその支払をすることによってその生活が著しく窮迫することを証明したときは，その全部又は一部の支払を拒むことができる。」（下線は筆者）と規定し，債務者による全部又は一部の支払拒絶権を認めました。

なお，一部の支払拒絶については，債務者の収入等によれば法定養育費の全部を支払うことはできないもののその一部を支払うことが適当であるケースがあることを踏まえたものです（部会資料37-2・4頁）。

また，同項ただし書は，飽くまでも債務者側の資力を理由として「法定養育費」としての支払を拒むことができる要件を定めるものであるため，この要件に該当する場合であっても，同居親側の資力そ

第4　養育費等に関する規律の見直し

他の事情を考慮した結果として，父母の協議又は家庭裁判所の審判等において，別居親に一定の養育費の支払義務を負わせる旨の定めがされることはあり得ると考えられます（部会資料35-2・13頁以下）。

(3)　**法定養育費の日割り計算**（改正民法766条の3第2項）

　法定養育費の発生の始期や終期が月の初日（又は末日）でない場合は当該月の法定養育費の額を日割り計算で算出する必要があります（部会資料37-2・4頁）。

　そこで，改正民法766条の3第2項は，「離婚の日の属する月又は前項各号に掲げる日のいずれか早い日の属する月における同項の額は，法務省令で定めるところにより日割りで計算する。」と規定しました。

(4)　**家庭裁判所の手続における減免等の処分**（改正民法766条の3第3項）

　法定養育費は，債務者の実際の収入等を個別的に考慮することなく，法令で暫定的な一定額を定めるものであるため，事案によっては，債務者が負担すべき本来の額よりも高額となり得ることも想定されます。そのため，このような場合に債務者の負担がその収入等に見合わない過大なものとならないようにするため，家庭裁判所による法定養育費の額の減免等の処分が認められるようにしておく必要があると考えられます。

　そこで，改正民法766条の3第3項は，「家庭裁判所は，第766条第2項又は第3項の規定により子の監護に要する費用の分担についての定めをし又はその定めを変更する場合には，第1項の規定による債務を負う他の一方の支払能力を考慮して，当該債務の全部若しくは一部の免除又は支払の猶予その他相当な処分を命ずることができる。」と規定しました。すなわち，同項は，<u>家庭裁判所が子の監護に関する費用の分担についての定めをし又はその定めを変更する場合には，法定養育費による債務を負う他の一方の支払能力を考慮して，当該債務の全部・一部の免除又は支払の猶予等の処分を命ずることができることを定めています。</u>

　なお，同項の運用について，本部会第33回会議（令和5年11月14日開催）では，この規律は債務者の「支払能力」を考慮して離婚時から当該裁判時までの過去の期間に対応する未払の法定養育費の減免等を想定したものであり，債務者が法定養育費の全部又は一部を支払った後に当該既払部分の

8 法定養育費の新設（子の監護に要する費用の分担の定めがない場合の特例）

支払義務を減免してその返還を命ずる旨の判断をすることについては慎重な検討を要するとの指摘がありました。この点については，法定養育費の請求権が実体法上の権利として発生することからすれば，債務者が法定養育費の全部又は一部について支払った場合には，法定養育費に係る債務はその範囲で消滅し，家庭裁判所がその後の審判において裁量により既払部分の減免等を命じる余地はないのではないかとの指摘もあり得ます（部会資料35-2・15頁参照）。

3 改正民法766条の3の規定の婚姻の取消し，裁判上の離婚，父の認知への準用

改正民法766条の3（法定養育費）の規定は，改正民法766条が準用されている他の場面（婚姻の取消し（改正民法749条），裁判上の離婚（民法771条），認知（改正民法788条））においても同様に準用される必要があります。

そこで，改正民法766条の3の規定は，改正民法749条，民法771条及び改正民法788条によって準用されています。

なお，改正民法766条の3の規定が改正民法788条（父の認知の場合）に準用される際には，「協議上の離婚をした場合には」が「父が認知をした場合には」に当然に読み替えられることとなるため，認知の場合の法定養育費の発生始期は「父の認知の日から」となります（部会資料37-2・5頁参照）。

4 法定養育費に対する一般先取特権の付与等（改正民法308条の2第3号）

(1) 一般先取特権（民法306条3号）の付与

改正民法308条の2は，子の監護の費用の先取特権は，①「民法752条の規定による夫婦間の協力・扶助の義務」，②「民法760条の規定による婚姻費用の分担の義務」，③「民法766条及び766の3（民法749条，771条及び788条において準用する場合を含む。）の規定による子の監護に関する義務」，④「民法877条から880条までの規定による扶養の義務」に係る確定期限の定めのある定期金債権の各期における定期金のうち子の監護に要する費用として相当な額（子の監護に要する標準的な費用その他の事情を勘案して当該定期金により扶養を受けるべき子の数に応じて法務省令で定めるところにより算定した額）につい

135

第4　養育費等に関する規律の見直し

て存在する旨規定しています。

　このように法定養育費（改正民法766条の3）に一般先取特権（改正民法306条3号）が付与されることから，法定養育費を請求する債権者は，債務者の財産について民法等の規定に従い他の債権者に先立って弁済を受ける権利を有することとなります。また，一般先取特権を有する債権者は，別途の裁判手続により債務名義を取得しなくても，その一般先取特権の存在を証する文書を執行機関に提出することにより，債務者の財産の差押えや財産開示手続や第三者からの情報取得手続の申立てをすることができることとなります（なお，一般先取特権に基づく執行手続の概要については，Q10，コラム7参照）。

　なお，「一般先取特権の存在を証する文書」としては，法定養育費の額が債務者の具体的な収入等にかかわらず一定の法定額であることから，債権者は，その執行手続の申立てに当たり，債務者の収入等に関する事項を記載した文書を提出する必要はないこととなると考えられます（部会資料29・16頁参照）。

(2) **債務者への手続保障**

　ア　民事執行に対する債務者の不服申立て（執行抗告等）

　　法定養育費は当事者間の協議等を経ずに額が定まるものであり，また，一般先取特権に基づく債務者の財産の差押えは，債務者の審尋を経ることなく差押命令が発令されることとなるため，法定養育費に一般先取特権を付与することに対しては，債務者の手続保障の観点から慎重に検討すべきではないかとの懸念があり得ます（特に，債務者が法定養育費を支払う能力を持たない場合に問題となる。)。

　　この点については，①一般先取特権に基づく担保権実行としての債権執行の手続においては，債務者は，執行抗告の申立てにおいて，一般先取特権の対象となっている権利の実体的な不存在又は消滅を理由とすることができるとされており（なお，動産の差押えの場合は，執行異議においても，一般先取特権の対象となっている権利の実体的な不存在又は消滅を理由とすることができる。民事執行法10条，11条，182条，191条，193条2項)，また，②債務者は，この執行抗告の手続において，執行停止の申立て

8 法定養育費の新設（子の監護に要する費用の分担の定めがない場合の特例）

をすることができます（同法10条6項）。そのため、例えば、父母の離婚時に法定養育費額よりも低額の養育費が合意されていた（すなわち、法定養育費を請求することができない）にもかかわらず、その一方が法定養育費を請求債権とする不当な担保権実行手続の申立てをした際には、他の一方は、父母の離婚時の養育費の合意の存在を理由として執行抗告をするとともに、その執行手続の停止を求めることとなると考えられます（部会資料29・17頁）。

イ　執行裁判所による債務者への審尋（改正民事執行法193条3項）

　民事執行法145条2項は、差押命令を発するに当たり、差押えの密行性の観点から、債務者及び第三債務者を審尋することを要しないことを規定しています。

　しかし、改正民事執行法193条3項は、債権者が改正民法766条の3（同法749条、771条及び788条において準用する場合を含む。）の規定による子の監護に関する義務に係る金銭債権を請求する場合には、執行裁判所は、一般の先取特権（改正民法306条3号（子の監護費用）に係るものに限る。）の実行としての差押命令を発するに際し、<u>必要があると認めるときは、債務者を審尋することができる</u>旨を規定しています。

　これは、執行裁判所が、法定養育費について一般の先取特権の実行としての差押命令を発するに際し、債務者への不意打ちを避ける観点から、必要があると認めるときは、債務者を審尋できるとしています。

　この点に関し、執行裁判所が差押命令の発令前に債務者審尋を行うかどうかは、個別具体的な事案における事実関係等を踏まえて判断すべきですが、例えば、離婚成立から差押命令の申立てまでの期間の長さやその間の法定養育費の一部支払の有無、差し押さえるべき債権の内容等を考慮して、債務者に反論の機会を与える必要性の程度と債務者による財産隠匿のおそれの程度を踏まえて判断することになると考えられます（部会資料35-2・15頁）。

5　本件改正が社会に与える影響

　本件改正により、法定養育費制度が新設され、当事者間の協議を経ずに

第4　養育費等に関する規律の見直し

債務者の実際の収入等を個別的に考慮することなく，法令で暫定的な一定額の養育費が定められることになることから，本件改正の社会的な影響は大きいと考えられます。

6 本件改正規定の施行日

　本件改正規定の施行日は，本件改正法附則1条本文により，公布の日（令和6年5月24日）から起算して2年を超えない範囲内において政令で定める日です。

　なお，本件改正規定は，本件改正法附則に特別の定めがある場合を除き，本件改正法の施行前に生じた事項にも適用されますが，本件改正法附則1条による改正前の民法の規定により生じた効力は妨げられません（本件改正法附則2条）。

　ただし，改正民法306条3号及び308条の2の規定は，①同条に規定する定期金債権のうち本件改正法の施行日以後に生じた各期の定期金についてのみ適用され（本件改正法附則3条1項），また，②改正民法766条の3（改正民法749条，771条及び788条において準用する場合を含む。）の規定は，上記施行日前に離婚し，婚姻が取り消され，又は認知した場合については，適用されません（本件改正法附則3条2項）。

9 養育費等の請求の裁判手続における情報開示義務

Q 改正家事事件手続法及び改正人事訴訟法においては，養育費等の請求について，どのような情報開示義務が認められるか説明してください。

A 改正家事事件手続法及び改正人事訴訟法においては，養育費等の請求権の実効性を図る観点から，調停・審判事件や離婚等の訴訟において，裁判所は，当事者に対し，その収入及び資産の状況に関する情報を開示するよう命じることができる制度（情報開示命令）を新設しています。

また，当該情報開示を命じられた当事者が，正当な理由なくその情報を開示せず，又は虚偽の情報を開示したときは，家庭裁判所は，10万円以下の過料に処します。

養育費等の請求の裁判手続における情報開示義務

養育費等の請求権の実効性確保の観点から

▼

調停・審判事件や離婚等の訴訟において，裁判所は，申立てにより又は職権で，当事者に対し，収入・資産の状況に関する情報の開示を命じることができる。

▼

正当な理由なく，情報開示命令に違反した当事者は過料10万円以下に処される。

第4　養育費等に関する規律の見直し

> **関係条文**

改正家事事件手続法

（情報開示命令）

第152条の2　家庭裁判所は，次に掲げる審判事件において，必要があると認めるときは，申立てにより又は職権で，当事者に対し，その収入及び資産の状況に関する情報を開示することを命ずることができる。
一　夫婦間の協力扶助に関する処分の審判事件
二　婚姻費用の分担に関する処分の審判事件
三　子の監護に関する処分の審判事件（子の監護に要する費用の分担に関する処分の審判事件に限る。）

2　家庭裁判所は，財産の分与に関する処分の審判事件において，必要があると認めるときは，申立てにより又は職権で，当事者に対し，その財産の状況に関する情報を開示することを命ずることができる。

3　前二項の規定により情報の開示を命じられた当事者が，正当な理由なくその情報を開示せず，又は虚偽の情報を開示したときは，家庭裁判所は，10万円以下の過料に処する。

（管轄）

第182条　（略）

2　（略）

3　扶養の順位の決定及びその決定の変更又は取消しの審判事件（別表第二の九の項の事項についての審判事件をいう。）並びに扶養の程度又は方法についての決定及びその決定の変更又は取消しの審判事件（同表の十の項の事項についての審判事件をいう。第184条の2第1項において同じ。）は，相手方（数人に対する申立てに係るものにあっては，そのうちの一人）の住所地を管轄する家庭裁判所の管轄に属する。

（情報開示命令）

第184条の2　家庭裁判所は，扶養の程度又は方法についての決定及びその決定の変更又は取消しの審判事件において，必要があると認めるときは，申立てにより又は職権で，当事者に対し，その収入及び資産の状況に関する情報を開示することを命ずることができる。

2　前項の規定により情報の開示を命じられた当事者が，正当な理由なくその情報を開示せず，又は虚偽の情報を開示したときは，家庭裁判所は，10万円以下の過料に処する。

9 養育費等の請求の裁判手続における情報開示義務

(家事審判の手続の規定の準用等)
第258条 (略)
2 (略)
<u>3 第152条の2の規定は夫婦間の協力扶助に関する処分の調停事件，婚姻費用の分担に関する処分の調停事件（別表第二の二の項の事項についての調停事件をいう。），子の監護に関する処分の調停事件（子の監護に要する費用の分担に関する処分の調停事件に限る。），財産の分与に関する処分の調停事件（同表の四の項の事項についての調停事件をいう。）及び離婚についての調停事件について，第152条の3の規定は子の監護に関する処分の調停事件（子の監護に要する費用の分担に関する処分の調停事件を除く。）及び離婚についての調停事件について，第184条の2の規定は扶養の程度又は方法についての決定及びその決定の変更又は取消しの調停事件（同表の十の項の事項についての調停事件をいう。）について，それぞれ準用する。</u>

【現行家事事件手続法】
※第152条の2は新設規定※
(管轄)
第182条 (同上)
2 (同上)
3 扶養の順位の決定及びその決定の変更又は取消しの審判事件（別表第二の九の項の事項についての審判事件をいう。）並びに扶養の程度又は方法についての決定及びその決定の変更又は取消しの審判事件（同表の十の項の事項についての審判事件をいう。）<u>は，相手方（数人に対する申立てに係るものにあっては，そのうちの一人）</u>の住所地を管轄する家庭裁判所の管轄に属する。
※第184条の2は新設規定※
第258条 (同上)
2 (同上)
※第3項は新設規定※

改正人事訴訟法

(附帯処分についての裁判等)
第32条 裁判所は，申立てにより，夫婦の一方が他の一方に対して提起した婚姻の取消し又は離婚の訴えに係る請求を認容する判決において，子の監護者の指定その他の子の監護に関する処分，財産の分与に関する処分，<u>親</u>

第4　養育費等に関する規律の見直し

権行使者（民法第824条の2第3項の規定により単独で親権を行使する者をいう。第4項において同じ。）の指定（婚姻の取消し又は離婚に伴って親権を行う必要がある事項に係るものに限る。同項において同じ。）又は厚生年金保険法（昭和29年法律第115号）第78条の2第2項の規定による処分（以下「附帯処分」と総称する。）についての裁判をしなければならない。

2・3　（略）

4　裁判所は，第1項の子の監護者の指定その他の子の監護に関する処分についての裁判若しくは親権行使者の指定についての裁判又は前項の親権者の指定についての裁判をするに当たっては，子が15歳以上であるときは，その子の陳述を聴かなければならない。

（情報開示命令）

第34条の3　裁判所は，第32条第1項の子の監護に関する処分（子の監護に要する費用の分担に関する処分に限る。）の申立てがされている場合において，必要があると認めるときは，申立てにより又は職権で，当事者に対し，その収入及び資産の状況に関する情報を開示することを命ずることができる。

2　裁判所は，第32条第1項の財産の分与に関する処分の申立てがされている場合において，必要があると認めるときは，申立てにより又は職権で，当事者に対し，その財産の状況に関する情報を開示することを命ずることができる。

3　前二項の規定により情報の開示を命じられた当事者が，正当な理由なくその情報を開示せず，又は虚偽の情報を開示したときは，裁判所は，決定で，10万円以下の過料に処する。

【現行人事訴訟法】
（附帯処分についての裁判等）

第32条　裁判所は，申立てにより，夫婦の一方が他の一方に対して提起した婚姻の取消し又は離婚の訴えに係る請求を認容する判決において，子の監護者の指定その他の子の監護に関する処分，財産の分与に関する処分又は厚生年金保険法（昭和29年法律第115号）第78条の2第2項の規定による処分（以下「附帯処分」と総称する。）についての裁判をしなければならない。

2・3　（同上）

4　裁判所は，第1項の子の監護者の指定その他の子の監護に関する処分についての裁判又は前項の親権者の指定についての裁判をするに当たっては，子が15歳以

9 養育費等の請求の裁判手続における情報開示義務

上であるときは、その子の陳述を聴かなければならない。
※第34条の３は新設規定※

解　説

1　養育費等の請求の裁判手続における情報開示義務

　現在の裁判実務では、養育費等の額は、権利者及び義務者の双方の収入を基礎として算定されています。しかし、義務者から収入に関する資料が任意に提出されない場合には、権利者において義務者の収入に関する資料を提出する必要がありますが、特に別居から時間が経過している場合には、権利者においてそのような資料を提出することが困難な場合が多いと思われます。

　このような場合に、家庭裁判所から、市区町村に対して、義務者の所得等についての調査嘱託がされることがありますが、守秘義務等を根拠に回答が拒まれることも少なくないとされています。

　このように、現行法においては、収入に関する資料収集等に困難が伴うことに起因して、適正な養育費等の額の認定が困難となるとともに、裁判の長期化にもつながっているとして、収入に関する情報を可及的に把握できるようにするための規律を設けるべきとの指摘がありました。

　また、民法766条によれば、養育費の額等は、第一次的には、父母の協議により定めるものとされており、裁判手続に先行して当事者間の協議が行われることが多いと思われますが、その際においても、それぞれの収入を把握できるようにすることが、当事者間における養育費等の金額の適正な算定を可能とし、ひいては当事者間の合意が促進され、子の利益の確保や裁判による紛争防止につながると考えられます。

　その一方で、収入に関する情報は、プライバシー性の高い情報であり、その開示義務に関する規律を検討するに当たっては、プライバシー保護の観点にも留意する必要があります（部会資料24・26頁以下参照）。

　このような事情を踏まえ、改正家事事件手続法及び改正人事訴訟法においては、以下のとおり、養育費等の請求について情報開示義務を認める規律を新設しています。

第4　養育費等に関する規律の見直し

2　家事事件手続における情報開示義務（改正家事事件手続法152条の2，184条の2，258条）

(1)　家事事件手続法の規律の新設

ア　家事審判事件に関する規律

改正家事事件手続法152条の2第1項は，家庭裁判所は，①夫婦間の協力扶助に関する処分の審判事件，②婚姻費用の分担に関する処分の審判事件，③子の監護に関する処分の審判事件（子の監護に要する費用の分担に関する処分の審判事件に限る。）において，<u>必要があると認めるとき</u>は，申立てにより又は職権で，当事者に対し，その収入及び資産の状況に関する情報を開示することを命ずることができる旨規定し，当事者の収入・資産についての情報開示義務を認めています。なお，同項は，当事者のプライバシー保護の観点から，家庭裁判所が「必要があると認めるとき」に，当事者にその収入・財産に関する情報開示を命じることができることを定めています。

また，同条3項は，「前二項の規定により情報の開示を命じられた当事者が，正当な理由なくその情報を開示せず，又は虚偽の情報を開示したときは，家庭裁判所は，10万円以下の過料に処する。」と規定し，当事者の情報開示命令違反等に対して10万円以下の過料の制裁を課しています（なお，同条2項は，財産分与に関する情報開示義務を定めた規定である。）。

さらに，扶養請求についても，同様に，改正家事事件手続法184条の2第1項は，「家庭裁判所は，扶養の程度又は方法についての決定及びその決定の変更又は取消しの審判事件において，必要があると認めるときは，申立てにより又は職権で，当事者に対し，その収入及び資産の状況に関する情報を開示することを命ずることができる。」と，また，同条2項は，「前項の規定により情報の開示を命じられた当事者が，正当な理由なくその情報を開示せず，又は虚偽の情報を開示したときは，家庭裁判所は，10万円以下の過料に処する。」とそれぞれ規定しています。

9　養育費等の請求の裁判手続における情報開示義務

イ　家事調停事件への準用

　改正家事事件手続法152条の2及び184条の2の各規定は，家事調停事件に準用されています。

　すなわち，改正家事事件手続法258条3項は，「第152条の2の規定は夫婦間の協力扶助に関する処分の調停事件，婚姻費用の分担に関する処分の調停事件（別表第二の二の項の事項についての調停事件をいう。），子の監護に関する処分の調停事件（子の監護に要する費用の分担に関する処分の調停事件に限る。），財産の分与に関する処分の調停事件（同表の四の項の事項についての調停事件をいう。）及び離婚についての調停事件について，……（中略）……第184条の2の規定は扶養の程度又は方法についての決定及びその決定の変更又は取消しの調停事件（同表の十の項の事項についての調停事件をいう。）について，それぞれ準用する。」と規定し，①夫婦間の協力扶助に関する処分の調停事件，②婚姻費用の分担に関する処分の調停事件，③子の監護に関する処分の調停事件（子の監護に要する費用の分担に関する処分の調停事件に限る。），④離婚についての調停事件（なお，離婚調停においても，子の監護費用の分担が問題となる。），⑤扶養の程度又は方法についての決定及びその決定の変更又は取消しの調停事件について準用されています。

　以下，改正家事事件手続法152条の2及び184条の2の各規定の内容等について説明します。

(2)　**情報開示義務を認める債権及び手続の種別**

ア　債権の種別

　情報開示義務を認める目的は，適正な養育費を確保することによって，未成年の子の安定的な生活の保護を図ることにあるところ，未成年の子の養育に要する費用の請求が問題となる場面は，民法766条（子の監護に要する費用の分担に関する処分（養育費）に限る。）の適用場面のほか，民法752条による夫婦間の協力及び扶助の義務又は民法760条による婚姻費用分担義務の履行請求や，民法877条から880条までの規定による扶養義務の履行請求の場面が考えられます。

　そして，現行法上，婚姻費用の分担は，生活扶助義務ではなく，生

第4　養育費等に関する規律の見直し

活保持義務と解されており，また，扶養請求についても，少なくとも未成年の子に対する父母の義務の程度は生活保持義務であると解されています。さらに，これらの親族関係から生ずる扶養の義務については，いずれも，近年の民事執行法改正においても，同列に扱われています（民事執行法151条の2（扶養義務等に係る定期金債権を請求する場合の特例）参照）。また，未成年の子の生活の保護は，父母の離婚後の場面に限らず，婚姻中の父母の別居時においても，その重要性に差異はありません。

以上の観点から，情報開示義務を認める債権の種別について，改正家事事件手続法152条の2は，①民法752条による夫婦間の協力及び扶助の義務に基づく履行請求権，②民法第760条による婚姻費用分担義務に基づく履行請求権，③民法第766条に基づく子の監護に関する費用の分担に基づく請求権（養育費請求権）を規定し，また，改正家事事件手続法184条の2は，④民法877条から880条までの規定に基づく扶養義務の履行請求権を規定しています（部会資料24・28頁以下参照）。

イ　裁判手続の種別

養育費等の請求権に係る裁判手続としては，①家事審判事件，②家事調停事件，③婚姻の取消し又は離婚の訴え（子の監護に要する費用の分担に係る附帯処分を申し立てている場合に限る。）が挙げられます。

この点，上記①から③までのいずれの手続においても，資料収集を当事者のみに委ねるのではなく，裁判所が自ら必要と認める資料を収集する必要性があることは，変わるところはないといえます（職権主義。家事事件手続法56条1項，258条1項，人事訴訟法20条参照）。

このような観点から，改正家事事件手続法258条3項は，家事調停事件について，同法152条の2及び184条の2の規定を準用しています。

改正家事事件手続法258条3項は，①改正家事事件手続法152条の2の規定については(a)夫婦間の協力扶助に関する処分の調停事件，(b)婚姻費用の分担に関する処分の調停事件，(c)子の監護に関する処分の調停事件（子の監護に要する費用の分担に関する処分の調停事件に限る。）及び(d)離婚についての調停事件（なお，離婚調停においても，子の監護費用の分担

9　養育費等の請求の裁判手続における情報開示義務

が問題となる。）について，また，②改正家事事件手続法184条の2の規定については扶養の程度又は方法についての決定及びその決定の変更又は取消しの調停事件について，それぞれ準用する旨規定しています（部会資料24・29頁参照）。

　なお，離婚の訴え又は婚姻の取消しの訴え（子の監護に要する費用の分担に係る附帯処分を申し立てている場合に限る。）への準用については，後記3（人事訴訟法の規律の新設）を参照してください。

(3)　情報開示義務の対象

　現在の実務では，養育費等の算定を行うために，源泉徴収票，給与支払明細書，所得証明書，確定申告書などの客観的資料を基礎とした上で，個別具体的な事情を考慮して，当事者の収入額を認定しており，そのような客観的資料が存在しない場合には，生活実態から推定するなどの方法により収入額を認定しています。

　ところで，現行法上，家事審判手続・家事調停手続・人事訴訟手続においても，裁判所は，証拠調べ手続の1つとして，当事者に対して，その所持する文書（いわゆる準文書を含む。以下同じ。）の提出を命じることができるとされています（文書提出命令。家事事件手続法64条1項，同法258条1項，人事訴訟法19条1項，民事訴訟法223条）（注1）。

　しかし，養育費等に関する事件において，適正迅速な審理判断を実現するためには当事者の収入に関する裁判資料を幅広く収集する必要があるところ，そのような収集を実現する方法は，証拠調べの手続のみではないから，当事者に開示義務を課す新たな手続を証拠調べの手続の枠内のみで構想すべき必然性はないとの指摘があり得ます。また，裁判所が当事者の収入及び資産を認定（判断）するに当たり有用となる裁判資料は，当事者が所持している文書のような客観的資料に限られず，当事者に対して文書の開示義務を課したとしても十分な資料収集に至らない場合も想定されるため，開示義務の対象を文書に限るのではなく，より幅広く収入及び資産に関する情報を収集することが適正迅速な審理判断にとって有意義であるとの指摘もあり得ます（注2）。

　そこで，改正家事事件手続法152条の2第1項及び184条の2第1項では，

第4　養育費等に関する規律の見直し

当事者が開示義務を負う対象を「収入及び資産の状況に関する情報」と規定しています（部会資料24・30頁参照）。
　(注1)　文書提出命令による証拠収集
　　　　文書提出命令の申立ては，証拠調べとしての「書証」の申出であり（民事訴訟法219条），その性質上当然に，命令の対象は（準）文書に限定されます。しかし，給与支払明細書などの収入に関する文書が作成されていない場合や，給与支払明細書などの文書が一旦は作成されていたとしても，当事者がそれを廃棄しており，かつ，勤務先が明らかでない場合などには，文書提出命令によっても，有用な証拠収集に至らない事態が想定され得ます（部会資料24・30頁以下）。
　(注2)　改正家事事件手続法上の情報開示義務と民事執行法上の財産開示手続との相違点
　　　　類似の制度として，当事者に対して，財産状況の開示を義務付ける民事執行法上の財産開示手続（同法196条以下）があります。しかし，改正家事事件手続法152条の2及び184条の2の各規定は，債務名義取得後ではなく，本案審理段階である家事事件・人事訴訟において適用することを想定しています（部会資料24・31頁参照）。

(4)　当事者の情報開示拒否等と過料制裁

　裁判所から収入及び財産の状況に関する情報の開示を命じられた当事者が，正当な理由なくその情報開示に応じない場合や虚偽の情報を開示した場合には，適正な養育費の算定が困難になることから，一定の制裁を課するのが相当であると考えられます。
　そこで，改正家事事件手続法152条の2第3項及び184条の2第2項は，いずれも，同法152条の2第1項（・2項）又は184条の2第1項の規定により情報開示命令を受けた当事者が正当な理由なくその情報を開示せず，又は虚偽の情報を開示したときは，家庭裁判所が10万円以下の過料に処する旨を規定しています。
　なお，家庭裁判所が養育費，財産分与額等の算定の基礎となる当事者の収入や財産分与の対象となる財産の額等について判断するに当たり，情報の不開示や虚偽情報の開示といった手続経過をも手続の全趣旨として考慮して事実認定をすることは，新たな規定を設けるまでもなく，当然に行う

ことができると考えられます（部会資料37-2・5頁）。

3　人事訴訟法の規律の新設（改正人事訴訟法34条の3第1項・3項）

離婚の訴え又は婚姻の取消しの訴えにおいて，附帯処分として子の監護に関する処分（子の監護に要する費用の分担に関する処分に限る。）の申立てがされている場合（改正人事訴訟法32条1項）についても，当事者に対し，その収入・資産の状況に関する情報開示義務を認めるべきです。

そこで，改正人事訴訟法34条の3第1項は，「裁判所は，第32条第1項の子の監護に関する処分（子の監護に要する費用の分担に関する処分に限る。）の申立てがされている場合において，必要があると認めるときは，申立てにより又は職権で，当事者に対し，その収入及び資産の状況に関する情報を開示することを命ずることができる。」と規定し，当事者の情報開示義務を認め，また，同条3項は，「前二項の規定により情報の開示を命じられた当事者が，正当な理由なくその情報を開示せず，又は虚偽の情報を開示したときは，裁判所は，決定で，10万円以下の過料に処する。」と規定し，当事者の情報提供拒否等に対して過料の制裁を課しています（なお，同条2項は，財産分与に関する情報開示義務を定めた規定である。）。

4　本件改正が社会に与える影響

養育費等の請求権の実効性確保の観点から，調停・審判等の事件において，当事者に対する収入及び資産の状況に関する情報の開示義務が新設されたことから，本件改正の社会的な影響は大きいと考えられます。

5　本件改正規定の施行日

本件改正規定の施行日は，本件改正法附則1条本文により，公布の日（令和6年5月24日）から起算して2年を超えない範囲内において政令で定める日です。

なお，本件改正規定は，本件改正法の施行前に生じた事項にも適用されますが，本件改正法附則1条による改正前の民法の規定により生じた効力は妨げられません（本件改正法附則2条）。

第4　養育費等に関する規律の見直し

10 養育費等の請求についての民事執行手続における負担軽減特例（執行手続のワンストップ化）

Q 改正民事執行法では、養育費等の請求について、債権者の執行手続においてどのような負担軽減措置を講じているか説明してください。

A 現行法では、民事執行の手続ごとに、それぞれ当事者による申立て等が必要となり、法律の専門家でない者が各手続を自ら適切に申し立てることは容易なことではなく、弁護士への委任等をするとすれば、費用や時間がかかり、このことが養育費（子の監護費用）等の債権者にとって大きな負担となっていると言われています。

そこで、改正民事執行法では、養育費等の請求権について執行力のある債務名義の正本を有する債権者が、①財産開示手続の申立てをした場合には、開示された財産（債務者の給与債権に限る。）について、また、②債務者の給与債権に係る情報取得の申立てをした場合には、情報が開示された給与債権について、いずれも債権者が反対の意思を表示したのでない限り、差押命令の申立てをしたものとみなされることになりました（同法167条の17）。すなわち、執行の連続性（執行手続のワンストップ化）が認められました。

さらに、上記改正民事執行法167条の17の規定は、債務者の財産について一般の先取特権（子の監護費用（養育費）に係るものに限る。）を有することを証する文書（例えば、父母間の養育費支払の合意書）を提出した債権者が、財産開示手続の実施決定の申立て、又は債務者の給与債権の情報提供命令の申立てをした場合において準用されます（改正民事執行法193条2項）。

養育費等の請求についての執行手続における負担軽減（ワンストップ化）

1　養育費（子の監護費用）等の請求権について執行力のある債務名義の正本を有する債権者が
①　財産開示手続の申立てをした場合

10 養育費等の請求についての民事執行手続における負担軽減特例（執行手続のワンストップ化）

→開示された財産（債務者の給与債権に限る。）について，債権者の反対の意思表示がない限り，差押命令の申立てをしたものとみなされる。
② 債務者の給与債権に係る情報取得の申立てをした場合
→情報開示された給与債権について，債権者が反対の意思を示したのでない限り，差押命令の申立てをしたものとみなされる（改正民事執行法167条の17）。
2 債務者の財産について一般の先取特権（養育費に限る。）を有することを証する文書（例えば，父母間の養育費支払の合意書）を提出した債権者に対しても，上記改正民事執行法167条の17の規定が準用される（改正民事執行法193条2項）。

関係条文 （注）

改正民事執行法
（扶養義務等に係る債権に基づく財産開示手続等の申立ての特例） 第167条の17　第151条の2第1項各号に掲げる義務に係る請求権について執行力のある債務名義の正本を有する債権者が次の各号に掲げる申立てをした場合には，当該申立てと同時に，当該各号に定める申立てをしたものとみなす。ただし，当該債権者が当該各号に掲げる申立ての際に反対の意思を表示したときは，この限りでない。 一　第197条第1項の申立て　当該申立てに係る手続において債務者（債務者に法定代理人がある場合にあつては，当該法定代理人）が開示した債権（第206条第1項各号に規定する債権に限る。）又は次項の規定によりその情報が提供された債権に対する差押命令の申立て 二　第206条第1項の申立て　当該申立てに係る手続において同項各号に掲げる者がその情報を提供した同項各号に規定する債権に対する差押命令の申立て 2　前項に規定する場合（同項第1号に掲げる申立てをした場合に限る。）において，執行裁判所の呼出しを受けた債務者（債務者に法定代理人がある場合にあつては，当該法定代理人）がその財産を開示しなかつたときは，債権者が別段の意思を表示した場合を除き，執行裁判所は，債務者の

第4　養育費等に関する規律の見直し

住所のある市町村（特別区を含む。第206条第1項第1号において同じ。）に対し、同号に定める事項について情報の提供をすべき旨を命じなければならない。
3　第205条第3項から第5項までの規定は前項の規定による裁判について、第208条の規定は当該裁判により命じられた情報の提供について、それぞれ準用する。
4　財産開示事件の記録中前項において準用する第208条第1項の情報の提供に関する部分についての第17条の規定による請求は、次に掲げる者に限り、することができる。
　一　申立人
　二　債務者に対する第151条の2第1項各号に掲げる義務に係る請求権又は人の生命若しくは身体の侵害による損害賠償請求権について執行力のある債務名義の正本を有する債権者
　三　債務者の財産について一般の先取特権（民法第306条第3号に係るものに限る。）を有することを証する文書を提出した債権者
　四　債務者
　五　当該情報の提供をした者
5　第210条第2項の規定は、前項第2号又は第3号に掲げる者であつて、財産開示事件の記録中の第3項において準用する第208条第1項の情報の提供に関する部分の情報を得たものについて準用する。
6　第1項の規定により債権に対する差押命令の申立てがされたものとみなされた場合において、執行裁判所が第197条第3項に規定する財産開示期日における手続の実施又は第2項若しくは第206条第1項の規定による裁判をしてもなお差し押さえるべき債権を特定することができないときは、執行裁判所は、債権者に対し、相当の期間を定め、その期間内に差し押さえるべき債権を特定するために必要な事項の申出をすべきことを命ずることができる。この場合において、債権者がその期間内に差し押さえるべき債権を特定するために必要な事項の申出をしないときは、差押命令の申立ては、取り下げたものとみなす。

（債務者の給与債権に係る情報の取得）
第206条　執行裁判所は、第197条第1項各号のいずれかに該当するときは、第151条の2第1項各号に掲げる義務に係る請求権又は人の生命若しくは身体の侵害による損害賠償請求権について執行力のある債務名義の正本を有する債権者の申立てにより、次の各号に掲げる者であつて最高裁判所規

10　養育費等の請求についての民事執行手続における負担軽減特例（執行手続のワンストップ化）

則で定めるところにより当該債権者が選択したものに対し，それぞれ当該各号に定める事項について情報の提供をすべき旨を命じなければならない。ただし，当該執行力のある債務名義の正本に基づく強制執行を開始することができないときは，この限りでない。

一　市町村	債務者が支払を受ける地方税法（昭和25年法律第226号）第317条の2第1項ただし書に規定する給与に係る債権に対する強制執行又は担保権の実行の申立てをするのに必要となる事項として最高裁判所規則で定めるもの（当該市町村が債務者の市町村民税（特別区民税を含む。）に係る事務に関して知り得たものに限る。）
二　日本年金機構，国家公務員共済組合，国家公務員共済組合連合会，地方公務員共済組合，全国市町村職員共済組合連合会又は日本私立学校振興・共済事業団	債務者（厚生年金保険の被保険者であるものに限る。以下この号において同じ。）が支払を受ける厚生年金保険法（昭和29年法律第115号）第3条第1項第3号に規定する報酬又は同項第4号に規定する賞与に係る債権に対する強制執行又は担保権の実行の申立てをするのに必要となる事項として最高裁判所規則で定めるもの（情報の提供を命じられた者が債務者の厚生年金保険に係る事務に関して知り得たものに限る。）

<u>2</u>　執行裁判所は，第197条第2項各号のいずれかに該当するときは，<u>債務者の財産について一般の先取特権（民法第306条第3号に係るものに限る。）を有することを証する文書を提出した債権者の申立てにより，前項各号に掲げる者であつて最高裁判所規則で定めるところにより当該債権者が選択したものに対し，それぞれ当該各号に定める事項について情報の提供をすべき旨を命じなければならない。</u>

<u>3</u>　前条第2項から第5項までの規定は，<u>前二項</u>の申立て及び当該申立てについての裁判について準用する。

（情報の提供の方法等）
第208条　第205条第1項，第206条第1項<u>若しくは第2項又は前条第1項若しくは第2項</u>の申立てを認容する決定により命じられた情報の提供は，執行裁判所に対し，書面でしなければならない。

2　前項の情報の提供がされたときは，執行裁判所は，最高裁判所規則で定めるところにより，申立人に同項の書面の写しを送付し，かつ，債務者に

第4　養育費等に関する規律の見直し

対し，同項に規定する決定に基づいてその財産に関する情報の提供がされた旨を通知しなければならない。
（第三者からの情報取得手続に係る事件の記録の閲覧等の制限）
第209条　第205条又は第207条の規定による第三者からの情報取得手続に係る事件の記録中前条第1項の情報の提供に関する部分についての第17条の規定による請求は，次に掲げる者に限り，することができる。
　一　申立人
　二　債務者に対する金銭債権について執行力のある債務名義の正本を有する債権者
　三　債務者の財産について一般の先取特権を有することを証する文書を提出した債権者
　四　債務者
　五　当該情報の提供をした者
2　第206条の規定による第三者からの情報取得手続に係る事件の記録中前条第1項の情報の提供に関する部分についての第17条の規定による請求は，次に掲げる者に限り，することができる。
　一　申立人
　二　債務者に対する第151条の2第1項各号に掲げる義務に係る請求権又は人の生命若しくは身体の侵害による損害賠償請求権について執行力のある債務名義の正本を有する債権者
　三　債務者の財産について一般の先取特権（民法第306条第3号に係るものに限る。）を有することを証する文書を提出した債権者
　四　債務者
　五　当該情報の提供をした者
（第三者からの情報取得手続に係る事件に関する情報の目的外利用の制限）
第210条　申立人は，第三者からの情報取得手続において得られた債務者の財産に関する情報を，当該債務者に対する債権をその本旨に従って行使する目的以外の目的のために利用し，又は提供してはならない。
2　前条第1項第2号若しくは第3号又は第2項第2号若しくは第3号に掲げる者であつて，第三者からの情報取得手続に係る事件の記録中の第208条第1項の情報の提供に関する部分の情報を得たものは，当該情報を当該事件の債務者に対する債権をその本旨に従って行使する目的以外の目的のために利用し，又は提供してはならない。
（過料に処すべき場合）

10　養育費等の請求についての民事執行手続における負担軽減特例（執行手続のワンストップ化）

第214条　第202条の規定に違反して，同条の情報を同条に規定する目的以外の目的のために利用し，又は提供した者は，30万円以下の過料に処する。

2　<u>第210条第1項の規定又は同条第2項（第167条の17第5項（第193条第2項において準用する場合を含む。）において準用する場合を含む。）</u>の規定に違反して，<u>これらの規定の情報</u>を<u>これらの規定</u>に規定する目的以外の目的のために利用し，又は提供した者も，前項と同様とする。

【現行民事執行法】
※第167条の17は新設規定※
（債務者の給与債権に係る情報の取得）
第206条　執行裁判所は，第197条第1項各号のいずれかに該当するときは，第151条の2第1項各号に掲げる義務に係る請求権又は人の生命若しくは身体の侵害による損害賠償請求権について執行力のある債務名義の正本を有する債権者の申立てにより，次の各号に掲げる者であつて最高裁判所規則で定めるところにより当該債権者が選択したものに対し，それぞれ当該各号に定める事項について情報の提供をすべき旨を命じなければならない。ただし，当該執行力のある債務名義の正本に基づく強制執行を開始することができないときは，この限りでない。
　一　市町村（特別区を含む。以下この号において同じ。）　債務者が支払を受ける地方税法（昭和25年法律第226号）第317条の2第1項ただし書に規定する給与に係る債権に対する強制執行又は担保権の実行の申立てをするのに必要となる事項として最高裁判所規則で定めるもの（当該市町村が債務者の市町村民税（特別区民税を含む。）に係る事務に関して知り得たものに限る。）
　二　（同上）
※第2項は新設規定※
<u>2</u>　（→第3項に移設）　前条第2項から第5項までの規定は，前項の申立て及び当該申立てについての裁判について準用する。
（情報の提供の方法等）
第208条　第205条第1項，第206条第1項又は前条第1項若しくは第2項の申立てを認容する決定により命じられた情報の提供は，執行裁判所に対し，書面でしなければならない。
2　（同上）
（第三者からの情報取得手続に係る事件の記録の閲覧等の制限）
第209条　（同上）
2　第206条の規定による第三者からの情報取得手続に係る事件の記録中前条第1項の情報の提供に関する部分についての第17条の規定による請求は，次に掲げる者に限り，することができる。
　一・二　（同上）

第4　養育費等に関する規律の見直し

※第3号は新設規定※
　三・四　（→それぞれ第4号・第5号に移設）（同上）
（第三者からの情報取得手続に係る事件に関する情報の目的外利用の制限）
第210条　（同上）
2　前条第1項第2号若しくは第3号又は第2項第2号に掲げる者であつて，第三者からの情報取得手続に係る事件の記録中の第208条第1項の情報の提供に関する部分の情報を得たものは，当該情報を当該事件の債務者に対する債権をその本旨に従つて行使する目的以外の目的のために利用し，又は提供してはならない。
（過料に処すべき場合）
第214条　（同上）
2　第210条の規定に違反して，同条の情報を同条に規定する目的以外の目的のために利用し，又は提供した者も，前項と同様とする。

（注）　本問に関係する，改正（現行）民事執行法193条の条文については，Q8の「関係条文」を参照してください。

解　説

1　民事執行手続における債権者の負担軽減の必要性

　養育費，婚姻費用の分担及び扶養義務（以下「養育費等」という。）に係る金銭債権の債務名義を有している債権者は，債務者（養育費等の支払義務者）から任意に弁済がされない場合には，債権の満足を得るために，裁判所に対して民事執行を申し立てることができます。

　そして，民事執行には様々な手続があるため，債権者は，必要に応じて順次，適切と思われる手続を選択した上，裁判所に対して，それぞれの申立てをすることとなります。

　例えば，債権者が債務者の財産状況等を一切把握しておらず，差し押さえるべき財産が不明である場合には，債権者は，債務者の財産を調査する手続として，財産開示手続（民事執行法196条以下）や，第三者からの情報取得手続（同法204条以下）を裁判所に申し立てることが考えられます。そして，それらの手続において債務者が有している財産が明らかになった場合には，債権者は，財産調査手続で判明した財産の種類，数，経済的価値を踏まえた上で，いわゆる費用倒れになる可能性や実効性等の観点から強制執行の対象から除外することなども含め，適切と思料する強制執行の手続を選択

して，裁判所に申し立てることとなります。

このように，現行法では，民事執行の手続ごとに，それぞれ当事者による申立て等が必要となるところ，法律の専門家でない者が各手続を自ら適切に申し立てることは容易なことではない上，弁護士への委任等をするとすれば，その分時間と費用を要することとなり，このことが養育費等の債権者にとって大きな負担となっているとの指摘があります（部会資料29・18頁以下）。

このような事情を踏まえ，改正民事執行法では，以下のような改正が行われています。

2 扶養義務等に係る債権に基づく財産開示手続等の申立ての特例（改正民事執行法167条の17）

養育費等の請求権の執行に関して，債権者の負担軽減のため，以下のとおり，改正民事執行法167条の17の特則規定を新設しています。

(1) **財産開示手続等の申立てによる差押命令の申立ての擬制**（執行手続のワンストップ化。1項）

改正民事執行法167条の17第1項は，「（筆者注：家事事件手続法）第151条の2第1項各号に掲げる義務（筆者注：1号「夫婦間の協力・扶助義務」，2号「婚姻費用分担義務」，3号「子の監護義務」，4号「扶養義務」）に係る請求権について執行力のある債務名義の正本を有する債権者が次の各号に掲げる申立てをした場合には，当該申立てと同時に，当該各号に定める申立てをしたものとみなす。ただし，当該債権者が当該各号に掲げる申立ての際に反対の意思を表示したときは，この限りでない。

一　第197条第1項（筆者注：財産開示手続の実施決定）の申立て　当該申立てに係る手続において債務者（債務者に法定代理人がある場合にあつては，当該法定代理人）が開示した債権（第206条第1項各号に規定する債権（筆者注：債務者の給与債権）に限る。）又は次項の規定によりその情報が提供された債権に対する差押命令の申立て

二　第206条第1項（筆者注：債務者の給与債権に係る情報取得）の申立て　当該申立てに係る手続において同項各号に掲げる者がその情報を提供

第4　養育費等に関する規律の見直し

した同項各号に規定する債権に対する差押命令の申立て」と規定しています。

すなわち，改正民事執行法167条の17第1項は，養育費（子の監護費用）等の請求権について執行力のある債務名義の正本を有する債権者が，①財産開示手続の申立てをした場合には，開示された財産（債務者の給与債権に限る。）について，また，②債務者の給与債権に係る情報取得の申立てをした場合には，情報が開示された給与債権について，いずれも債権者が反対の意思を示したのでない限り，差押命令の申立てをしたものとみなされることを定めています（執行手続のワンストップ化）。

なお，このような規律の対象となる債権の種類に関しては，本部会第33回会議（令和5年11月14日開催）において，預貯金債権をその対象に含めた場合に生ずる懸念等が示されたこと（つまり，預貯金債権については，その預貯金残高が少額の場合には債権者にとって費用倒れになるなど，不利益となる場合が生じる可能性がある（本部会第33回会議議事録（PDF版）4頁以下の向井幹事発言））を踏まえ，給与債権（民事執行法206条1項参照）に限るものとしました（部会資料35-2・16頁参照）。

(2) **債務者が財産開示期日に財産開示をしなかった場合の執行裁判所の措置（2項）**

次に，改正民事執行法167条の17第2項は，「前項に規定する場合（同項第1号に掲げる申立て（筆者注：財産開示手続の申立て）をした場合に限る。）において，執行裁判所の呼出しを受けた債務者（債務者に法定代理人がある場合にあつては，当該法定代理人）がその財産を開示しなかつたときは，債権者が別段の意思を表示した場合を除き，執行裁判所は，債務者の住所のある市町村（特別区を含む。第206条第1項第1号において同じ。）に対し，同号に定める事項について情報の提供をすべき旨を命じなければならない。」と規定しました。

すなわち，同項は，上記財産開示手続において，財産開示期日に出頭した債務者が財産を開示しなかった場合には，債権者が別段の意思を表示した場合を除き，執行裁判所が，債務者の住所のある市町村（特別区を含む。）に対し，民事執行法206条1項1号に定める事項（債務者が支払を受ける給与

債権）について情報の提供をすべき旨を命じなければならないものと定めました。

これにより，情報提供がされた給与債権に対する差押命令の手続に移行することができることになります（部会資料35－2・16頁）。

(3) **民事執行法205条３項から５項までの規定及び208条の規定の前項の裁判等への準用**（３項）

改正民事執行法167条の17第３項は，「第205条第３項から第５項までの規定は前項の規定による裁判について，第208条の規定は当該裁判により命じられた情報の提供について，それぞれ準用する。」と規定しています。

すなわち，改正民事執行法167条の17第３項は，①債務者の不動産に係る情報の取得について規定した民事執行法205条３項（当該情報取得の申立ての認容決定は債務者へ送達することを要すること），４項（当該情報取得の申立ての裁判に対して執行抗告ができること）及び５項（当該情報取得の申立ての認容決定は確定しなければ効力を生じないこと）の各規定は，改正民事執行法167条の17第２項の裁判（執行裁判所による債務者の給与債権の情報開示命令）について，また，②民事執行法208条（情報提供は，執行裁判所に対して書面ですること）の規定は当該裁判により命じられた情報の提供について，それぞれ準用することとしています。

(4) **情報提供に関する部分の閲覧・謄写等の請求権者**（４項）

改正民事執行法167条の17第４項は，「財産開示事件の記録中前項において準用する第208条第１項の情報（筆者注：債務者の給与債権等の情報）の提供に関する部分についての第17条の規定による請求（筆者注：利害関係者による民事執行の事件記録の閲覧・謄写権等）は，次に掲げる者に限り，することができる。

一　申立人

二　債務者に対する第151条の２第１項各号に掲げる義務に係る請求権又は人の生命若しくは身体の侵害による損害賠償請求権について執行力のある債務名義の正本を有する債権者

三　債務者の財産について一般の先取特権（民法第306条第３号（筆者注：子の監護費用）に係るものに限る。）を有することを証する文書を提出した

第4　養育費等に関する規律の見直し

　　債権者
　四　債務者
　五　当該情報の提供をした者」と規定しています。

　すなわち，改正民事執行法167条の17第4項は，財産開示事件の記録中の債務者の給与債権等の情報については，①申立人，②債務者に対する第151条の2第1項各号に掲げる養育費等の請求権又は人の生命若しくは身体の侵害による損害賠償請求権について執行力のある債務名義の正本を有する債権者，③債務者の財産について一般の先取特権（民法306条3号に係るものに限る。）を有することを証する文書を提出した債権者，④債務者，⑤当該情報の提供者のみがその記録の閲覧・謄写権等を有することを定めました。

(5) 債権者による提供情報の目的外利用等の禁止（5項）

　改正民事執行法167条の17第5項は，「第210条第2項（筆者注：債権者による提供情報の目的外利用等の禁止）の規定は，前項第2号（筆者注：債務者に対する養育費等の請求権等について執行力のある債務名義の正本を有する債権者）又は第3号（筆者注：債務者の財産に一般の先取特権を有することを証する文書を提出した債権者）に掲げる者であつて，財産開示事件の記録中の第3項において準用する第208条第1項の情報（筆者注：債務者の給与債権等の情報）の提供に関する部分の情報を得たものについて準用する。」と規定しています。

　すなわち，改正民事執行法167条の17第5項は，改正民事執行法210条2項の準用により，債務者の給与債権等の情報の提供を受けた債権者が当該情報をその債権の行使以外の目的に利用・提供することなどを禁止しています。

(6) 財産開示手続等を実施しても，なお差押債権を特定することができない場合の執行裁判所の措置（差押命令申立ての取下げの擬制。6項）

　改正民事執行法167条の17第1項は，上記のように財産開示手続等の申立てにより，差押命令の申立てがされたものとみなされることを規定していますが，この場合，財産開示手続等を実施したにもかかわらず差し押さえるべき債務者の財産を特定することができなかった場合には，差押命令の手続を実施することができず，上記差押命令の申立ての取下げの擬制を

認めるべきです。

そこで，同条6項は，「第1項の規定により債権に対する差押命令の申立てがされたものとみなされた場合において，執行裁判所が第197条第3項に規定する財産開示期日における手続の実施又は第2項若しくは第206条第1項の規定による裁判をしてもなお差し押さえるべき債権を特定することができないときは，執行裁判所は，債権者に対し，相当の期間を定め，その期間内に差し押さえるべき債権を特定するために必要な事項の申出をすべきことを命ずることができる。<u>この場合において，債権者がその期間内に差し押さえるべき債権を特定するために必要な事項の申出をしないときは，差押命令の申立ては，取り下げたものとみなす。</u>」（下線は筆者）と規定しました。

すなわち，改正民事執行法167条の17第6項は，例えば，財産開示手続等を実施してもなお差し押さえるべき債権を特定することができない場合には，執行裁判所は，債権者に対し，相当の期間を定め，その期間内に差し押さえるべき債権を特定するために必要な事項の申出をすべきことを命じ，債権者がその期間内に差し押さえるべき債権を特定するために必要な事項の申出をしないときは，差押命令の申立ては，取り下げたものとみなすものとしています。

(7) **改正民事執行法193条2項による同法167条の17の準用等**

改正民事執行法193条2項は，「……第167条の17の規定は債務者の財産について一般の先取特権（民法第306条第3号に係るものに限る。）を有することを証する文書を提出した債権者が第197条第2項の申立て（筆者注：一般の先取特権（子の監護費用（養育費債権）に限る。）を有することを証する文書を提出した債権者による財産開示手続の実施決定の申立て）又は第206条第2項の申立て（筆者注：当該一般の先取特権者による債務者の給与債権の情報提供命令の申立て）をした場合について，それぞれ準用する。」規定しています。

すなわち，改正民事執行法167条の17の規定が，改正民事執行法193条2項により，「一般の先取特権（子の監護費用（養育費債権）に限る。）を有することを証する文書（例えば，父母間の養育費支払の合意書）を提出した債権者による財産開示手続の実施決定の申立て」や「当該一般先取特権者による

債務者の給与債権の情報提供命令の申立て」をした場合において準用されます（執行手続のワンストップ化）。

なお，民事執行法145条2項は，差押命令を発するに当たり，差押えの密行性の観点から，債務者及び第三債務者を審尋することを要しないことを規定していますが，改正民事執行法193条3項は，債権者が改正民法766条の3（同法749条，771条及び788条において準用する場合を含む。）の規定による子の監護に関する義務に係る金銭債権を請求する場合には，執行裁判所は，一般の先取特権（改正民法306条3号（子の監護費用）に係るものに限る。）の実行としての差押命令を発するに際し，必要があると認めるときは，債務者を審尋することができる旨を規定しています。すなわち執行裁判所が，子の監護費用について一般の先取特権の実行としての差押命令を発するに際し，債務者への不意打ちを避ける観点から，債務者を審尋することができることとしています。

3 提供された情報の目的外利用・提供者に対する過料の制裁（改正民事執行法214条2項）

改正民事執行法167条の17第5項は，改正民事執行法210条2項（筆者注：債権者による提供情報の目的外利用等の禁止）の準用により，債務者の給与債権等の情報の提供を受けた債権者が当該情報をその債権の行使以外の目的に利用・提供することを禁止しています。

そして，改正民事執行法214条2項は，「第210条第1項の規定又は同条第2項（第167条の17第5項（第193条第2項において準用する場合を含む。）において準用する場合を含む。）の規定に違反して，これらの規定の情報をこれらの規定に規定する目的以外の目的のために利用し，又は提供した者も，前項（筆者注：30万円以下の過料に処する。）と同様とする。」（下線は筆者）と規定し，債権者が提供された情報をその債権の行使以外の目的に利用・提供した場合に30万円以下の過料に処することを定めています。

4 その他の主な民事執行法の改正について

(1) 債務者の給与債権に係る情報の取得

債務者の給与債権に係る情報の取得に関し，改正民事執行法206条2項は，「執行裁判所は，第197条第2項各号のいずれかに該当するときは，債務者の財産について一般の先取特権（民法第306条第3号に係るものに限る。）を有することを証する文書を提出した債権者の申立てにより，前項各号に掲げる者であつて最高裁判所規則で定めるところにより当該債権者が選択したものに対し，それぞれ当該各号に定める事項について情報の提供をすべき旨を命じなければならない。」と規定しています。

すなわち，改正民事執行法206条2項は，子の監護費用について一般の先取特権を有することを証する文書を提出した債権者が先に実施した強制執行等が不奏功であったこと等の場合には，当該債権者の申立てにより，執行裁判所が市町村等に対し，債務者の給与債権に係る情報の提供を命じなければならないことを定めています。

(2) 第三者からの情報取得手続に係る事件の記録の閲覧等の制限

改正民事執行法209条2項は，「第206条（筆者注：債務者の給与債権に係る情報の取得）の規定による第三者からの情報取得手続に係る事件の記録中前条第1項の情報の提供に関する部分についての第17条の規定による請求（筆者注：利害関係者による民事執行の事件記録の閲覧・謄写権等）は，次に掲げる者に限り，することができる。

一　申立人

二　債務者に対する第151条の2第1項各号に掲げる義務に係る請求権又は人の生命若しくは身体の侵害による損害賠償請求権について執行力のある債務名義の正本を有する債権者

<u>三　債務者の財産について一般の先取特権（民法第306条第3号に係るものに限る。）を有することを証する文書を提出した債権者</u>

四　債務者

五　当該情報の提供をした者」（下線は筆者）と規定し，本件改正により，債務者の給与債権に係る情報の提供に関する部分（書面）の閲覧・謄写権者に，新たに3号の「債務者の財産について一般の先取特権（民法第306条

第4　養育費等に関する規律の見直し

第3号（筆者注：子の監護費用）に係るものに限る。）を有することを証する文書を提出した債権者」を付加しています。

(3) **第三者からの情報取得手続に係る事件に関する情報の目的外利用の制限**

改正民事執行法210条2項は，「前条第1項第2号若しくは第3号又は第2項第2号若しくは第3号に掲げる者であつて，第三者からの情報取得手続に係る事件の記録中の第208条第1項の情報の提供に関する部分の情報を得たものは，当該情報を当該事件の債務者に対する債権をその本旨に従つて行使する目的以外の目的のために利用し，又は提供してはならない。」（下線は筆者）と規定し，一般の先取特権者等が取得した債務者の給与債権等に係る情報を債権行使以外の目的に利用・提供することを禁止しています。

なお，これに違反して当該情報を債権行使以外の目的に利用・提供した者は，30万円以下の過料に処されます（改正民事執行法214条2項）。

5　本件改正が社会に与える影響

本件改正により，「養育費等の請求権について執行力のある債務名義の正本を有する債権者」又は「債務者の財産について一般の先取特権（改正民法306条3項（養育費）に係るものに限る。）を有することを証する文書を提出した債権者」が，①財産開示手続の申立てをした場合には，開示された財産（債務者の給与債権に限る。）について，また，②債務者の給与債権に係る情報取得の申立てをした場合には，情報が開示された給与債権について，いずれも債権者が反対の意思を表示したのでない限り，差押命令の申立てをしたものとみなされる（改正民事執行法167条の17，193条2項）ことになるなど，執行の連続性が認められることになったことから，本件改正の社会的な影響は大きいと考えられます。

6　本件改正規定の施行日

本件改正規定の施行日は，本件改正法附則1条本文により，公布の日（令和6年5月24日）から起算して2年を超えない範囲内において政令で定

める日です。

なお，本件改正規定は，本件改正法附則に特別の定めがある場合を除き，本件改正法の施行前に生じた事項にも適用されますが，本件改正法附則1条による改正前の民法の規定により生じた効力は妨げられません（本件改正法附則2条）。

ただし，改正民事執行法167条の17（同法193条2項において準用する場合を含む。）の規定は，施行日以後に申し立てられる民事執行の事件について適用し，施行日前に申し立てられた民事執行の事件については，なお従前の例によります（本件改正法附則7条）。

コラム6　現行民事執行法下の「財産開示手続」及び「第三者からの情報取得手続」についての概要

1　総説

養育費等の金銭債権の満足を図るには，債権者が，裁判所に対し，執行の対象となる債務者の財産を特定して差押えの申立てをする必要がありますが，債務者の財産の所在が不明である場合には，差押えができないことになります。

また，債権者個人が債務者の財産の所在を突き止めることも，困難を伴うことが多くあります。

このような事態に対処するため，民事執行法では，「財産開示手続」及び「第三者からの情報取得手続」を設けています。

以下，これらの制度の概要について説明します。

「財産開示手続」及び「第三者からの情報取得手続」の概要

※①申立権者：執行力のある債務名義の正本を有する金銭債権の債権者（確定判決のほか，仮執行宣言付判決，執行調書を有する債権者を含む。）
　②罰則：債務者が財産開示期日に正当な理由なく，出頭せず又は虚偽陳述等をした場合には，「6か月以下の懲役又は50万円以下の罰金」に処する。

第4　養育費等に関する規律の見直し

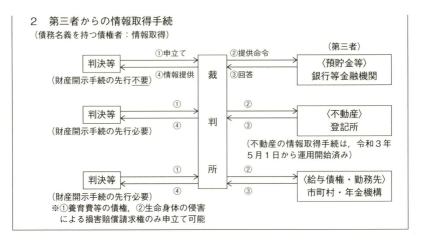

2　財産開示手続の概要（民事執行法196条以下）

　財産開示手続とは，裁判所が債務者に対して財産の開示を命ずる手続であり，債務者の財産に関する情報を債務者自身の陳述により取得する手続です（民事執行法196条以下）。

　財産開示手続は平成15年改正民事執行法により新設されましたが，令和元年改正民事執行法（令和2年4月1日施行）により，①財産開示手続の申立権者の範囲が拡大され，確定判決等を有する金銭債権の債権者のほか，執行力のある債務名義の正本を有する金銭債権の債権者（例えば，仮執行宣言付判決，執行証書等を有する債権者）であれば，当該申立てが可能となり（民事執行法197条1項），また，②債務者が財産開示期日に正当な理由なく，出頭せず又は虚偽陳述等をした場合の罰則が，過料30万円から「6か月以下の懲役又は50万円以下の罰金」に強化されています（民事執行法213条5号・6号）。

　なお，民事執行法197条1項は，財産開示手続の実施を求める要件について，
①　執行力のある債務名義の正本を有する金銭債権の債権者（確定判決のほか，仮執行宣言付判決，執行調書を有する債権者を含む。）であることのほか，
②　(a)強制執行又は担保権の実行における配当等の手続（申立日より6か月以上前に終了したものを除く。）において，申立人が当該金銭債権の完全な弁済を得ることができなかったこと（1号），又は(b)知れている財産に対する強制執行を実施しても，申立人が当該金銭債権の完全な弁済を得られないことの疎明があったこと（2号）のいずれかの要件を満たすこと
　　（以下，これらの要件を「先に実施した強制執行の不奏功等の要件」という。）
を必要としています。

3　債務者以外の第三者からの情報取得手続

　令和元年改正民事執行法により，債務者以外の第三者から債務者財産に関する情報を取得する制度が新設されました。すなわち，①銀行等の金融機関から預貯金債権等に関する情報を取得できる手続，②登記所から土地・建物に関する情報を取得できる手続，③市町村，日本年金機構等から給与債権（勤務先）に関する情報を取得できる手続が新設されました。なお，この情報取得手続の申立てには，上記2②の「先に実施した強制執行の不奏功等の要件」が必要となります。以下の概要を説明します。

　(1)　預貯金債権等に関する情報取得手続（民事執行法207条）

　預貯金債権に対して強制執行をするには，第三債務者となる銀行等の支店を具体的に特定する必要がありますが，これを把握することは容易ではありません。また，債務者が保有する上場株式や国債等についても，債務者が取引をしている振替機関が分からなければ，強制執行ができないことになりますが，口座管理機関は極めて多数存在することから，その特定は容易ではないというのが実情です。

　そこで，民事執行法207条は，金銭債権の債務名義を有する者が，裁判所に申立てをし，銀行，信用金庫，労働金庫，信用協同組合，農業協同組合，証券会社等の金融機関から，債務者の預貯金債権，上場株式，国債等に関する情報を取得できる手続を設けています。

　この場合，これら預貯金債権等の性質上，その処分が容易であることから，情報取得の密行性に配慮する必要性があるので，事前に財産開示手続を執る必要はないとされています。

　(2)　不動産に関する情報取得手続（民事執行法205条）

　不動産は，一般に換価価値が高く，債権回収のために債務者の不動産に対する強制執行をする必要性の高いことが多いと考えられます。しかし，債権者が債務者名義の不動産の調査をすることは事実上困難な場合が多いといえます。

　そこで，民事執行法205条は，金銭債権の債務名義を有する者が，裁判所に申立てをし，登記所から土地・建物に関する情報を取得できる手続を新設しています。

　この場合は，事前に財産開示手続をとる必要があります。

　(3)　給与債権に関する情報取得手続（民事執行法206条）

　債務者が給与所得者である場合，給与債権が債務者の唯一の財産であることが多く，これに対する強制執行をする必要性の高いことが多いといえます。しかし，この強制執行の申立てには，第三債務者となる「勤務先の名称・住所等」を具体的に特定する必要がありますが，債務者が転職したりした場合，そ

第4　養育費等に関する規律の見直し

の勤務先を把握することは容易ではないことがあります。

　他方，債務者の勤務先情報は，債務者の生活基盤にも関わる秘匿性の高い情報であることから，特に要保護性が高いと考えられる「民事執行法151条の2第1項各号に掲げる義務に係る請求権（養育費等の請求権）」又は「人の生命若しくは身体の侵害による損害賠償請求権」について執行力のある債務名義の正本を有する債権者に限って，給与債権に係る情報取得を認めるべきであると考えられます。

　そこで，民事執行法206条は，「民事執行法151条の2第1項各号に掲げる義務に係る請求権」又は「人の生命若しくは身体の侵害による損害賠償請求権」について執行力のある債務名義の正本を有する者が，裁判所に申立てをし，市町村（特別区を含む。）及び厚生年金保険の実施機関等から，債務者の給与債権に係る情報を取得できる手続を設けました。

　この場合も，事前に財産開示手続をとる必要があります。

　ここで，「民事執行法151条の2第1項各号に掲げる義務に係る請求権」とは，①夫婦間の協力・扶助義務に係る請求権（1号），②婚姻費用分担義務に係る請求権（2号），③子の監護義務に係る請求権（養育費債権）（3号），④扶養義務に係る請求権（4号）をいいます。また，情報提供義務者は，「市町村（特別区を含む。）」及び「厚生年金保険の実施機関等」ですが（民事執行法206条1項1号・2号），このうち厚生年金の実施機関等としては，日本年金機構，国家公務員共済組合，国家公務員共済組合連合会，地方公務員共済組合，全国市町村職員共済組合連合会，日本私立学校振興・共済事業団が規定されています（同項2号上段）。

コラム7　改正民法・改正民事執行法による，一般先取特権に基づく債権差押命令申立書・財産開示手続申立書・第三者からの情報取得手続申立書の各イメージ例

　改正民法306条3号により，子の監護費用（養育費）は，共益費用，雇用関係に次いで，第3順位の一般の先取特権が付与されました。これにより，子の監護費用に関する債権者（養育費の債権者）は，①民法等の規定に従い，他の債権者に先立って自己の債権の弁済を受ける権利を得る結果として，強制執行が競合した場面等において現状よりも多くの回収が図られることとなり，また，②確定判決等の債務名義がなくても，「その存在を証する文書」（例えば，父母間の養育費支払の合意書。民事執行法181条1項4号等）を提出することにより，

10　養育費等の請求についての民事執行手続における負担軽減特例（執行手続のワンストップ化）

債務者の財産の差押え等が可能となりました。
　また，改正民事執行法167条の17は，養育費（子の監護費用）等の請求権について執行力のある債務名義の正本を有する債権者が，①財産開示手続の申立てをした場合には，開示された財産（債務者の給与債権に限る。）について，また，②債務者の給与債権に係る情報取得の申立てをした場合には，情報が開示された給与債権について，いずれも債権者が反対の意思を表示したのでない限り，差押命令の申立てをしたものとみなされることを規定し，執行の連続性（執行手続のワンストップ化）が認められることになりました。
　そして，上記改正民事執行法167条の17の規定は，債務者の財産について一般の先取特権（子の監護費用に係るものに限る。）を有することを証する文書（例えば，父母間の養育費支払の合意書）を提出した債権者が，財産開示手続の実施決定の申立て，又は債務者の給与債権の情報提供命令の申立てをした場合において準用されます（改正民事執行法193条2項）。
　なお，上記改正民法や改正民事執行法による，子の監護費用についての一般先取特権に基づく債権差押命令申立書・財産開示手続申立書・第三者からの情報取得手続申立書の記載例は，本件改正法の施行日までに裁判所から示されると思われますが，現在の東京地方裁判所のウェブサイト（https://www.courts.go.jp/tokyo/saiban/minzi_section21/mousitatesyosiki_saiken/index.html，https://www.courts.go.jp/tokyo/saiban/minzi_section21/zaisankaizi/index.html，https://www.courts.go.jp/tokyo/saiban/minzi_section21/dai3shajyouhoushutoku/index.html）上での記載例を参考にし，下記の「養育費支払の合意書の記載例」を基に，それらのイメージ例を作成すると，以下のような例が考えられると思われます（なお，債権差押命令申立書の差押債権目録は「債務者の給与債権」とし，また，第三者からの情報取得手続申立書の当事者目録の第三者は「債務者の勤務先情報」とした。）。

養育費支払の合意書の記載例

養育費支払の合意書

　夫甲野太郎（以下「甲」という。）と妻甲野花子（以下「乙」という。）は，協議離婚するに当たり，長女一子（平成○年○月○日生。以下「丙」という。）及び長男一男（令和○年○月○日生。以下「丁」という。）の養育費の支払について，下記のとおり合意した。
記
　甲は，乙に対し，丙及び丁の養育費として，令和6年○月から丙及び丁

第4　養育費等に関する規律の見直し

> がそれぞれ満20歳に達する日の属する月まで，毎月各金5万円を，毎月末日限り，○○銀行○○支店の甲野花子名義の普通預金口座（口座番号○○○○○○○）に振り込んで支払う。なお，振込手数料は甲の負担とする。
>
> 令和6年○月○日
> 　　　　　　　（甲）　東京都目黒区目黒本町○丁目○番○号
> 　　　　　　　　　　　　　　　　　甲野　太郎　印
> 　　　　　　　（乙）　東京都目黒区目黒本町○丁目○番○号
> 　　　　　　　　　　　　　　　　　甲野　花子　印（注）

（注）　離婚後に「甲野花子」は「乙野花子」に復氏したとします。

一般先取特権に基づく債権差押命令申立書のイメージ例

> 　　　　　　　債　権　差　押　命　令　申　立　書
> 　　　　　　（扶養義務等に係る定期金債権による差押え）
>
> 東京地方裁判所民事第21部　御中
> 令和○年○月○日
> 　　　　　　　　　　　　　　債権者　乙　野　花　子　印
> 　　　　　　　　　　　　　　電　話　03－1234－5678
> 　　　　　　　　　　　　　　ＦＡＸ　03－2345－6789
>
> 　　　　　当事者　　　　別紙目録記載のとおり
>
> 　　　　　担保権
> 　　　　　被担保債権　　別紙担保権・被担保債権・請求債権
> 　　　　　請求債権　　　目録記載のとおり
>
> 　　　　　差押債権　　　別紙目録記載のとおり
>
> 　債権者は，債務者に対し，別紙担保権・被担保債権・請求債権目録記載の一般先取特権の存在を証する文書に基づく請求債権を有しているが，債務者がその支払をしないので，債務者が第三債務者に対して有する別紙差押債権目録記載の債権の差押命令を求める。
> 　　☑　第三債務者に対し，陳述催告の申立て（民事執行法147条1項）をする。
>
> 添付書類
> 1　（改正）民法306条3号に基づく一般先取特権の存在を証する文書（債権者と債務者間の養育費支払合意書）　　1通

10 養育費等の請求についての民事執行手続における負担軽減特例（執行手続のワンストップ化）

```
2  資格証明書            1通
3  戸籍謄本              1通
4  住民票               1通
```

当事者目録

〒000-0000　東京都千代田区霞が関○丁目○番○号
（一般先取特権の存在を証する文書上の住所）東京都目黒区目黒本町○丁目○番○号
　　　　　　　申立人　　　　　　乙　野　花　子
（一般先取特権の存在を証する文書上の氏名）　　甲　野　花　子

〒000-0000　東京都目黒区目黒本町○丁目○番○号
　　　　　　　債務者　　　　　　甲　野　太　郎

〒000-0000　東京都○区○町○丁目○番○号
　　　　　　　第三債務者　　　　○○電気株式会社
　　　　　　　代表者代表取締役　丙　野　次　郎

担保権・被担保債権・請求債権目録

1　担保権
　　債権者と債務者間の養育費支払合意書に基づく債権者の債務者に対する養育費請求債権の一般先取特権（（改正）民法306条3号）
2　被担保債権及び請求債権
　(1)　確定期限が到来している債権及び執行費用　金708,796円
　　　ア(ｱ)　金350,000円
　　　　　　ただし，債権者，債務者間の長女一子についての令和○年○月から令和○年○月まで1か月金5万円の養育費の未払分（支払期毎月末日）
　　　　(ｲ)　金350,000円
　　　　　　ただし，債権者，債務者間の長男一男についての令和○年○月から令和○年○月まで1か月金5万円の養育費の未払分（支払期毎月末日）
　　　イ　金8,796円
　　　　　ただし，執行費用
　　　　　（内訳）　本申立手数料　　　　　　金4,000円
　　　　　　　　　　本申立書作成及び提出費用　金1,000円
　　　　　　　　　　差押命令正本送達費用　　　金3,196円

第4　養育費等に関する規律の見直し

資格証明書交付手数料　　　金　600円 (2)　確定期限が到来していない各定期金債権 　　ア　令和○年○月から令和○年○月（債権者，債務者間の長女一子が満20歳に達する月）まで，毎月末日限り金５万円ずつの養育費 　　イ　令和○年○月から令和○年○月（債権者，債務者間の長男一男が満20歳に達する月）まで，毎月末日限り金５万円ずつの養育費

差押債権目録 1　金708,796円（担保権・被担保債権・請求債権目録記載の2(1)） 2　(1)　令和○年○月から令和○年○月まで，毎月末日限り金５万円ずつ 　　　（担保権・被担保債権・請求債権目録記載の2(2)ア） 　　(2)　令和○年○月から令和○年○月まで，毎月末日限り金５万円ずつ 　　　（担保権・被担保債権・請求債権目録記載の2(2)イ） 　債務者（○○支店勤務）が第三債務者から支給される，本命令送達日以降支払期の到来する下記債権にして，頭書１及び２の金額に満つるまで 　ただし，頭書２の(1)及び(2)の金額については，その確定期限の到来後に支払期が到来する下記債権に限る。 　　　　　　　　　　　　　　　記 1　給料（基本給と諸手当，ただし通勤手当を除く。）から所得税，住民税及び社会保険料を控除した残額の２分の１（ただし，上記残額が月額66万円を超えるときは，その残額から33万円を控除した金額） 2　賞与から１と同じ税金等を控除した残額の２分の１（ただし，上記残額が66万円を超えるときは，その残額から33万円を控除した金額） 　なお，１及び２により弁済しないうちに退職したときは，退職金から所得税及び住民税を控除した残額の２分の１にして，１及び２と合計して頭書金額に満つるまで

一般先取特権に基づく財産開示手続申立書のイメージ例

財産開示手続申立書 東京地方裁判所民事第21部　御中 　令和○年○月○日 　　　　　　　　　　　　　　　申立人　　乙野　花子　印 　　　　　　　　　　　　　　　電　話　　03－1234－5678 　　　　　　　　　　　　　　　ＦＡＸ　　03－2345－6789 　　　　　　　　　　　　　　　　　　（担当　　　）

10 養育費等の請求についての民事執行手続における負担軽減特例（執行手続のワンストップ化）

　　　　　　　　当事者　　　別紙目録記載のとおり
　　　　　　　　担保権　　　｜
　　　　　　　　被担保債権　｜別紙担保権・被担保債権・請求債権
　　　　　　　　請求債権　　｜目録記載のとおり

　申立人は，債務者に対し，別紙担保権・被担保債権・請求債権目録記載の債権を有するが，債務者がその支払をせず，下記の要件に該当するので，別紙担保権・被担保債権・請求債権目録記載の一般先取特権に基づき，債務者について財産開示手続の実施を求める。

　　　　　　　　　　　　　　記
1　民事執行法197条2項の要件（該当する□に✔を記入してください。）
　　□　強制執行又は担保権の実行における配当等の手続（本件申立ての日より6月以上前に終了したものを除く。）において，当該先取特権の被担保債権の完全な弁済を得ることができなかった（1号）。
　　☑　知れている財産に対する担保権の実行を実施しても，当該先取特権の被担保債権の完全な弁済を得られない（2号）。
2　民事執行法197条3項の要件（該当する□に✔を記入してください。）
　債務者が，本件申立ての日前3年以内に財産開示期日においてその財産について陳述したことを
　　☑　知らない。
　　□　知っている。
（「知っている。」にチェックした場合は，次のいずれかにチェックする。）
　　□　債務者が当該財産開示期日において，一部の財産を開示しなかった（1号）。
　　□　債務者が当該財産開示期日の後に新たに財産を取得した（2号）。
　　　　（取得した財産　　　　　　　　　　　　　　）
　　□　当該財産開示期日の後に債務者と使用者との雇用関係が終了した（3号）。

（添付書類）
　　□　資格証明書　　　　　　通
　　☑　住民票　　　　　　1通
　　☑　戸籍謄本　　　　　1通
　　□　　　　　　　　　　通
（証拠書類）
1　担保権を有することの立証資料（注）
　「財産開示手続を利用する方へ」を参照し，甲号証として提出してください。

第4　養育費等に関する規律の見直し

```
 2  民事執行法197条2項1号の要件立証資料
     □  配当表写し              甲第    号証
     □  弁済金交付計算書写し      甲第    号証
     □  不動産競売開始決定写し    甲第    号証
     □  債権差押命令写し          甲第    号証
     □  配当期日呼出状写し        甲第    号証
     □  甲第    号証
     □  甲第    号証
 3  民事執行法197条2項2号の要件立証資料
     ☑  財産調査結果報告書及び添付資料    甲第○号証～甲第○号証
     □
 4  民事執行法197条3項の要件立証資料
     □  財産開示期日調書写し      甲第    号証
     □  財産調査結果報告書及び添付資料    甲第    号証
     □                          甲第    号証
     □                          甲第    号証
     □                          甲第    号証
```

（注）　本件では，「養育費支払の合意書」がこれに当たります。

当事者目録

〒100—0013　東京都千代田区霞が関○丁目○番○号
（一般先取特権の存在を証する文書上の住所）東京都目黒区目黒本町○丁目○番○号
　　　　　　申立人　　　　乙　野　花　子
（一般先取特権の存在を証する文書上の氏名）　甲　野　花　子

〒152—0002　東京都目黒区目黒本町○丁目○番○号
　　　　　　債務者　　　　甲　野　太　郎

担保権・被担保債権・請求債権目録

1　担保権
　　申立人と債務者間の養育費支払合意書に基づく申立人の債務者に対する養育費請求債権の一般先取特権（(改正)民法306条3号）
2　被担保債権及び請求債権
　(1)　確定期限が到来している債権　　　　金700,000円
　　ア　金350,000円
　　　　ただし，債権者，債務者間の長女一子についての令和○年○月か

10 養育費等の請求についての民事執行手続における負担軽減特例(執行手続のワンストップ化)

　　　　　ら令和○年○月まで１か月金５万円の養育費の未払分(支払期毎月末日)
　　　イ　金350,000円
　　　　　ただし，債権者，債務者間の長男一男についての令和○年○月から令和○年○月まで１か月金５万円の養育費の未払分(支払期毎月末日)
(2)　確定期限が到来していない各定期金債権
　　　ア　令和○年○月から令和○年○月(債権者，債務者間の長女一子が満20歳に達する月)まで，毎月末日限り金５万円ずつの養育費
　　　イ　令和○年○月から令和○年○月(債権者，債務者間の長男一男が満20歳に達する月)まで，毎月末日限り金５万円ずつの養育費

財産調査結果報告書(個人用)

【記載事項】
「1－1　過去３年以内の手続の確認」(１頁目)から「7　その他の財産」及び「住居表示に関する説明書」(６頁目)まであります。文中の指示に従って，必要なものを記入・提出してください。
※不明な点は，別途，説明書面や裏付資料の提出(補正など)を求めることがあります。

【記載上の注意事項】
1　該当する欄の□にレ点を付け，必要な事項を記入してください。
2　欄が足りないときは，適宜の用紙(A4版)を追加してください(その場合には，該当する欄に「別紙のとおり」と記載してください)。

東京地方裁判所民事第21部　御中
　令和○年○月○日
　　　　　　　　　　　　申立人(□代理人)　　乙野花子　　印
　債務者　甲野太郎　の財産を調査した結果(調査方法を含む)は，次のとおりです。
　したがって，私の知っている債務者の財産に対して強制執行を実施しても，請求債権の完全な弁済を得られません。

1－1　過去３年以内の手続の確認
過去３年以内に財産開示又は情報取得が実施されましたか。 該当するものを選択し(□にレ点)を記入してください。
□　　はい 　　　→１－２へ
☑　　いいえ 　　　→２ページ以下に進みすべて記入してください。

	提出する疎明資料 (右記一覧の番号)	疎明資料一覧
1－2　過去３年以内の財産開示または情報取得の結果 次のア，イ，ウ，エのうちから該当するものを選択し(□にレ点)，必要事項を記入してください。		**【過去の手続関係】** A　財産開示期日が実施されたことの証明書
ア□　財産開示手続が行われたが，債務者が期日に出頭せず，財産が判明しなかった。 ※疎明資料として＿＿＿＿＿を提出する。　→１－３へ 〔疎明資料一覧からアルファベットを選択〕	A (B1+B2も可)	B1　財産開示期日調書(写し) B2　財産開示手続実施決定(写し)
イ□　財産開示手続が行われ，債務者が期日に出頭したが，十分な財産は判明しなかった。 ※疎明資料として＿＿＿＿＿を提出する。　→１－３へ 〔疎明資料一覧からアルファベットを選択〕	B1	B3　情報提供命令(写し) B4　全ての情報提供書(写し)
情報取得手続が行われ，その中で，２ページ以下を記入し		

第4　養育費等に関する規律の見直し

ウ☐	た財産調査結果報告書を提出した。 ※疎明資料として_____を提出する。→1-3へ 〔疎明資料一覧からアルファベットを選択〕	B3+B4+B5	B5　情報取得手続時に提出した財産調査結果報告書（写し）
エ☐	ア，イ，ウのいずれにも該当しない。 ※疎明資料として_____を提出する。 〔疎明資料一覧からアルファベットを選択〕 →2ページ以下に進みすべて記入してください。	B3+B4+B5 ※B5は提出した場合のみ	

1-3　その後の事情

以下に該当する場合は，☐にレ点を記入してください。

☐	上記財産開示・情報取得後，債務者は転居していません。
☐	上記財産開示・情報取得後，債務者の新たな財産は判明していません。

上記のうちいずれかに該当しないものがある場合
　　　　　　　　　　→2ページ以下に進みすべて記入してください。
上記両方に該当した場合　→記入は終了です。
　　　　　　　　　　※ただし，追加資料が必要になる場合があります。

	提出する疎明資料 （右記一覧の番号）	疎明資料一覧	
2　債務者の住所地の不動産 次のア，イのうちから該当するものを選択し（☐にレ点），必要事項を記入してください。			**【所有権確認関係】**
		C	不動産登記事項証明書（3か月以内のもの）
ア☑　債務者住所地の不動産（☑土地・☑建物）は，債務者の所有ではない。 ※疎明資料として　C，D　を提出する。 〔疎明資料一覧からアルファベットを選択〕	C（原本）及びD（ただし，住居表示が異なる場合のみ）〔Cが取得できないときは，EかFのいずれか〕	D E F	住居表示に関する説明書（末尾に書式あり） 賃貸借契約書（写し） その他，債務者の所有不動産ではないことを疎明する文書
イ☐　債務者住所地の不動産（☐土地・☐建物）は，債務者の所有であるが，この不動産では完全な弁済を得られない。 　評価額　　　　　　　　円 　被担保債権額　　　　　円 ※疎明資料として_____を提出する。 〔疎明資料一覧からアルファベットを選択〕	C（原本）及びD（ただし，住居表示が異なる場合のみ） G～Iのいずれか	G H I	**【評価額確認関係】** 不動産業者の評価書・査定書（1年以内のもの） 固定資産評価証明書・公課証明書 その他，債務者所有の不動産に競売手続をしても無剰余（※）であることを疎明する文書（※強制執行をしても申立人に配当金が回らない見込みのこと）
3　その他の場所の不動産 次のア，イ，ウのうちから該当するものを選択し（☐にレ点），必要事項を記入してください。 〔6か月以内の転居がある場合は，ア又はイを選択したうえ，旧住所について必ず記載してください。〕			
ア☐　次の（☐土地・☐建物）を調査した結果，債務者の所有でないことが判明した。 　調査した住所（　　　　　　　　　　） 　この場所は債務者の（☐旧住所・☐事業所，店舗・ 　☐　　　　　　　　　）である。 ※疎明資料として_____を提出する。 〔疎明資料一覧からアルファベットを選択〕	C（原本）及びD（ただし，住居表示が異なる場合のみ）		
イ☐　次の（☐土地・☐建物）を調査した結果，債務者の所有であることが判明したが，この不動産では完全な弁済を得られない。 　調査した住所（　　　　　　　　　　） 　この場所は債務者の（☐旧住所・☐事業所，店舗・ 　☐　　　　　　　　　）である。 ※疎明資料として_____を提出する。 〔疎明資料一覧からアルファベットを選択〕			

10　養育費等の請求についての民事執行手続における負担軽減特例（執行手続のワンストップ化）

		提出する疎明資料 (右記一覧の番号)	疎明資料一覧
	評価額　　　　　　　　　　円 被担保債権額　　　　　　　円 ※疎明資料として＿＿＿＿＿を提出する。 〔疎明資料一覧からアルファベットを選択〕	G～Iの いずれか	
ウ☑	次の理由により調査が困難である。 〔理由記入欄〕 債務者と婚姻中に居住していた旧住所は賃貸家屋である。また，令和○年○月○日に，債務者に電話をかけて所有する不動産について聞いたところ，「俺は不動産は所有していない。」と言われた。		

		提出する疎明資料 (右記一覧の番号)	疎明資料一覧
4　債務者の給与（報酬・賃金等） 次のア，イ，ウのうちから一つを選択し（□にレ点），必要事項を記入してください。			【給与（報酬・賃金等）関係】 J　給与の債権差押命令正本（写し），第三債務者からの陳述書（写し） K　債権配当事件の直近の配当表（写し） L　弁護士法照会による勤務先等からの回答書（写し） M　債務者の勤務先等に関する調査報告書その他の疎明資料
ア☐	債務者の給与（報酬・賃金等）は次のとおりである。 　就業場所（所在地）→ 　雇用者（会社名）→ 　給与形態→　年・月・週・日・不明　〔※年収なら「年」に○を付すなど，該当するものに○を付してください。〕 　　約　　　　　　　　円・不明　〔※知っている金額を記載してください。不明の場合は「不明」に○を付してください。〕 ※疎明資料として＿＿＿＿＿を提出する。 〔疎明資料一覧からアルファベットを選択〕	→J～Mのいずれか	
イ☐	次の調査を行ったが，在職していなかった。 ※疎明資料として＿＿＿＿＿を提出する。 〔疎明資料一覧からアルファベットを選択〕 〔調査方法記入欄〕	→J，L，Mのいずれか	
ウ☑	次の理由により調査が困難である。 〔理由記入欄〕 婚姻中の債務者の勤務先に電話連絡したところ，令和○年○月頃に退職していた。その後は債務者とは連絡が取れない。		

		提出する疎明資料 (右記一覧の番号)	疎明資料一覧
5　債務者の預貯金 次のア，イ，ウのうちから一つを選択し（□にレ点），必要事項を記入してください。			【預貯金関係】 N　預貯金の債権差押命令正本（写し），第三債務者からの陳述書（写し） O　債権配当事件の直近の配当表（写し） P　弁護士法照会による金融機関からの回答書（写し） Q　債務者の預貯金に関する調査報告書その他の疎明資料
ア☐	債務者の預貯金は次のとおりである。 〔※欄が足りないときは適宜追加してください。〕 　銀行・信用金庫　　　　支店 　（　年　月　日現在の残高　　　　円） 　銀行・信用金庫　　　　支店 　（　年　月　日現在の残高　　　　円） 　銀行・信用金庫　　　　支店 　（　年　月　日現在の残高　　　　円） ※疎明資料として＿＿＿＿＿を提出する。 〔疎明資料一覧からアルファベットを選択〕	N～Qのいずれか	
イ☑	次の調査を行ったが，預貯金がなかった。 ※疎明資料として　N　を提出する。 〔疎明資料一覧からアルファベットを選択〕 〔調査方法記入欄〕 婚姻中に債務者が使っていた預貯金口座は離婚時に解約しており，その後に開設した口座は，何度連絡しても教えてくれない。	N，P，Qのいずれか	

第4 養育費等に関する規律の見直し

ウ □	次の理由により調査が困難である。 （理由記入欄）

		提出する疎明資料 （右記一覧の番号）	疎明資料一覧
6	債務者の動産（生活必需品を除く） 次のア，イのうちから，一つを選択し（□にレ点），必要事項を記入してください。		【動産関係】 R 動産執行の執行調書謄本（写し） S 動産に対する強制執行手続の配当表写し T 債務者の動産に関する調査報告書その他の疎明資料
ア ☑	債務者の動産については知らない。	R～Tのいずれか（あれば）	
イ □	私の知っている債務者の動産は次のとおりである。 ※疎明資料として_____を提出する。 〔疎明資料一覧からアルファベットを選択〕 （動産の品名・数量等）		

		提出する疎明資料 （右記一覧の番号）	疎明資料一覧
7	債務者のその他の財産（保険金，株式，売掛金，貸付金，暗号資産（仮想通貨）等） 次のア，イのうちから，一つを選択し（□にレ点），必要事項を記入してください。		【その他の財産関係】 U 債務者のその他の財産に関する調査報告書その他の疎明資料
ア ☑	債務者のその他の財産（保険金，株式，売掛金，貸付金，暗号資産（仮想通貨）等）については知らない。	U	
イ □	私の知っている債務者のその他の財産（保険金，売掛金，貸付金，暗号資産（仮想通貨）等）は次のとおりである。 ※疎明資料として_____を提出する。 〔疎明資料一覧からアルファベットを選択〕 （財産の種類，額等）		

(別紙)

疎明資料として提出した「不動産登記事項証明書」の表示と住居表示が異なる場合に作成してください。
次の1～3のうち，該当する項目の□にレ点を入れて，同欄に必要事項を記載してください。
物件ごとに1通作成してください。

住居表示に関する説明書

債務者__甲野太郎__の【☑住所地・□旧住所・□事業所，店舗・□_____】について

☑1 債務者の住所が，住居表示では，
　　「東京都目黒区目黒本町○丁目○番○号　」となっていますが，
　　☑東京法務局　□　　　地方法務局　□　　港区　支局・出張所において，
　　前記住所地の不動産登記事項証明書の交付申請をするべく問い合わせたところ，登記表示の住所では，以下に該当するとの回答があり，以下の所在地の不動産登記事項証明書の交付を受けました。
　　土地　「地番：東京都目黒区目黒本町○丁目○番　　　　　　　　　　　」
　　建物　「所在：東京都目黒区目黒本町○丁目○番地，家屋番号：　目黒本町○丁目○番　」

□2 別添のブルーマップ（　　　　住宅地図）の該当ページによると，
　　住居表示の住所が赤色でマーキングした部分であり，

10　養育費等の請求についての民事執行手続における負担軽減特例（執行手続のワンストップ化）

```
　　　　登記表示の住所が青色でマーキングした部分になります。
□3　以下の方法で，住居表示の「東京都　　　　　　　　　　」は，
　　　登記表示の「東京都　　　　　　　　　」に
　　　該当することを確認しました。
```

一般先取特権に基づく第三者からの情報取得手続申立書（給与）のイメージ例

第三者からの情報取得手続申立書（一般先取特権・給与）

東京地方裁判所民事第21部　御中
　令和○年○月○日

　　　　　　　　　　　　　　　申立人　　乙野　花子　印
　　　　　　　　　　　　　　　電　話　03－1234－5678
　　　　　　　　　　　　　　　ＦＡＸ　03－2345－6789
　　　　　　　　　　　　　　　　　（担当　　　　）

　　　　　　　当事者　　別紙目録記載のとおり
　　　　　　　担保権　　　｝別紙担保権・被担保債権・請求
　　　　　　　被担保債権　　債権目録記載のとおり
　　　　　　　請求債権

　申立人は，債務者に対し，別紙担保権・被担保債権・請求債権目録記載の債権を有するが，債務者がその支払をせず，下記の要件に該当するので，別紙担保権・被担保債権・請求債権目録記載の一般先取特権に基づき，第三者に対し債務者の給与債権に係る情報（民事執行法206条１項）の提供を命じるよう求める。

記

1　民事執行法197条２項の要件（該当する□に✔を記入してください。）
　　□　強制執行又は担保権の実行における配当等の手続（本件申立ての日より６月以上前に終了したものを除く。）において，金銭債権の完全な弁済を得ることができなかった（１号）。
　　✔　知れている財産に対する強制執行を実施しても，金銭債権の完全な弁済を得られない（２号）。
2　（改正）民事執行法206条３項（205条２項の準用）の要件

第4　養育費等に関する規律の見直し

(1)　財産開示事件の事件番号
　　　東京地方裁判所　　平成・㊂○年（財チ）第○○号
(2)　財産開示期日　　平成・㊂○年○月○日
3　（改正）民事執行法206条2項（205条2項の準用）の要件（該当する□に✔を記入してください。）
　債権者は，次の請求権について一般先取特権を有することを証する文書を有する。
　　☑　民事執行法151条の2第1項各号に掲げる義務に係る請求権
　　□　人の生命又は身体の侵害による損害賠償請求権
（添付書類）（該当する□に✔を記入してください。）
　　☑　証拠説明書類　　　　1通
　　□　資格証明書　　　　　　通
　　☑　住民票　　　　　　　1通
　　☑　戸籍謄本　　　　　　1通
　　□　　　　　　　　　　　通
（証拠書類）（該当する□に✔を記入してください。）
1　一般先取特権を有することを証する文書
　　☑　養育費支払の合意書　　　　甲第○号証
　　☑　陳述書　　　　　　　　　　甲第○号証
　　□
2　民事執行法197条2項1号の主張をする場合
　　□　配当表写し　　　　　　　　甲第　　号証
　　□　弁済金交付計算書写し　　　甲第　　号証
　　□　不動産競売開始決定写し　　甲第　　号証
　　□　債権差押命令写し　　　　　甲第　　号証
　　□　配当期日呼出状写し　　　　甲第　　号証
　　□
（（改正）民事執行法206条2項の証明資料）
　　□　財産開示期日が実施されたことの証明書　甲第　　号証
　　□　財産開示期日調書写し　　　　　　　　　甲第　　号証
　　□　財産開示手続実施決定写し　　　　　　　甲第　号　証
　　□
3　民事執行法197条2項2号の主張をする場合
　　☑　財産調査結果報告書及び添付資料　甲第○号証～甲第○号証
　　□
（（改正）民事執行法206条2項の証明資料）
　　□　財産調査結果報告書添付資料のとおり　　甲第　　号証
　　□　財産開示期日が実施されたことの証明書　甲第　　号証

10 養育費等の請求についての民事執行手続における負担軽減特例(執行手続のワンストップ化)

☑ 財産開示期日調書写し　　　　　　　甲第 ○ 号証
□ 財産開示手続実施決定写し　　　　　甲第　　号証
□

当事者目録

〒100-0013　東京都千代田区霞が関○丁目○番○号
(一般先取特権の存在を証する文書上の住所) 東京都目黒区目黒本町○丁目○番○号
　　　　　　　申　立　人　　　乙　野　花　子
(一般先取特権の存在を証する文書上の氏名)　　甲　野　花　子

〒000-0000　東京都○○区△△○丁目○番○号
　　　　　　　第　三　者　　　○○区
　　　　　　　代表者区長　　　内　野　三　郎

〒000-0000　東京都○○市△△○丁目○番○号
　　　　　　　第　三　者　　　○○共済組合
　　　　　　　代表者理事長　　丁　野　四　郎

〒000-0000　東京都目黒区目黒本町○丁目○番○号
　　　　　　　債　務　者　　　甲　野　太　郎
《債務者の特定に資する事項》
(1)　氏名又は名称の振り仮名　　　コウノタロウ
(2)　生年月日　　　　　　　　　　平成○年○月○日
(3)　性別　　　　　　　　　　　　男性
(4)　旧住所　　　　　　　　　　　東京都○○区○○町○丁目○番○号
(5)　旧姓（振り仮名）
(6)　通称（振り仮名）

担保権・被担保債権・請求債権目録

1　担保権
　申立人と債務者間の養育費支払合意書に基づく申立人の債務者に対する養育費請求債権の一般先取特権（(改正)民法306条3号）
2　被担保債権及び請求債権
　(1)　確定期限が到来している債権　　金700,000円
　　ア　金350,000円
　　　ただし，債権者，債務者間の長女一子についての令和○年○月から令和○年○月まで1か月金5万円の養育費の未払分（支払期毎月

第4　養育費等に関する規律の見直し

　　　　　末日）
　　　　イ　金350,000円
　　　　　　ただし，債権者，債務者間の長男一男についての令和○年○月から令和○年○月まで1か月金5万円の養育費の未払分（支払期毎月末日）
　　(2)　確定期限が到来していない各定期金債権
　　　　ア　令和○年○月から令和○年○月（債権者，債務者間の長女一子が満20歳に達する月）まで，毎月末日限り金5万円ずつの養育費
　　　　イ　令和○年○月から令和○年○月（債権者，債務者間の長男一男が満20歳に達する月）まで，毎月末日限り金5万円ずつの養育費

第5 親子交流に関する規律の見直し

11 審判による父母以外の親族と子との交流に関する規律

Q 改正民法では，父母離婚後において，家庭裁判所が父母以外の親族（祖父母等）と子との交流を認めるかについて，どのような改正が行われていますか。

A 改正民法766条の2第1項は，父母の離婚後において，家庭裁判所が，子の利益のために特に必要があると認めるときは，審判で父母以外の親族（祖父母等）との交流を実施する旨を定めることができることを規定しました。

また，同条2項は，この審判の請求（申立て）は，①「父母」（1号）のほか，②「父母以外の子の親族（子の直系尊属及び兄弟姉妹以外の者にあっては，過去に当該子を監護していた者に限る。）であって，その者と子との交流についての定めをするため他に適当な方法がないとき」（2号）にすることができることを規定しました。

家庭裁判所の審判による父母以外の親族と子との交流

1	父母離婚後における父母以外の親族と子との交流（改正民法766条の2第1項）
	家庭裁判所は，子の利益のために特に必要があると認めるときは，父母以外の親族との交流を実施する旨を定めることができる。
2	前項の定めについての審判の申立権者とその要件（同条2項）
	前項の定めについての審判の請求（申立て）は， ① 「父母」（1号）のほか， ② 「父母以外の子の親族（子の直系尊属及び兄弟姉妹以外の者にあっては，過去に当該子を監護していた者に限る。）であって，その者と

第5　親子交流に関する規律の見直し

子との交流についての定めをするため他に適当な方法がないとき」（2号）
にすることができる（なお，最決令和3年3月29日（裁判集民事265号113頁）は，父母以外の第三者の申立権を否定していた。）。

関係条文

改正民法

（離婚の規定の準用）
第749条　第728条第1項，第766条から第769条まで，第790条第1項ただし書並びに第819条第2項，第3項及び第5項から第7項までの規定は，婚姻の取消しについて準用する。

（離婚後の子の監護に関する事項の定め等）
第766条　父母が協議上の離婚をするときは，子の監護をすべき者又は子の監護の分掌，父又は母と子との交流，子の監護に要する費用の分担その他の子の監護について必要な事項は，その協議で定める。この場合においては，子の利益を最も優先して考慮しなければならない。
2　前項の協議が調わないとき，又は協議をすることができないときは，家庭裁判所が，同項の事項を定める。
3　家庭裁判所は，必要があると認めるときは，前二項の規定による定めを変更し，その他子の監護について相当な処分を命ずることができる。
4　前三項の規定によっては，監護の範囲外では，父母の権利義務に変更を生じない。

（審判による父母以外の親族と子との交流の定め）
第766条の2　家庭裁判所は，前条第2項又は第3項の場合において，子の利益のため特に必要があると認めるときは，同条第1項に規定する子の監護について必要な事項として父母以外の親族と子との交流を実施する旨を定めることができる。
2　前項の定めについての前条第2項又は第3項の規定による審判の請求は，次に掲げる者（第2号に掲げる者にあっては，その者と子との交流についての定めをするため他に適当な方法がないときに限る。）がすることができる。
　一　父母
　二　父母以外の子の親族（子の直系尊属及び兄弟姉妹以外の者にあって

は，過去に当該子を監護していた者に限る。）
(認知後の子の監護に関する事項の定め等)
第788条　第766条から第766条の3までの規定は，父が認知する場合について準用する。

【現行民法】
(離婚の規定の準用)
第749条　第728条第1項，第766条から第769条まで，第790条第1項ただし書並びに第819条第2項，第3項，第5項及び第6項の規定は，婚姻の取消しについて準用する。
(離婚後の子の監護に関する事項の定め等)
第766条　父母が協議上の離婚をするときは，子の監護をすべき者，父又は母と子との面会及びその他の交流，子の監護に要する費用の分担その他の子の監護について必要な事項は，その協議で定める。この場合においては，子の利益を最も優先して考慮しなければならない。
2〜4　（同上）
※第766条の2は新設規定※
(認知後の子の監護に関する事項の定め等)
第788条　第766条の規定は，父が認知する場合について準用する。

改正家事事件手続法

(即時抗告)
第156条　次の各号に掲げる審判に対しては，当該各号に定める者は，即時抗告をすることができる。
　一〜三　（略）
　四　子の監護に関する処分の審判及びその申立てを却下する審判　子の父母及び子の監護者
　五・六　（略）
2　子の監護に関する処分の審判（父母以外の親族と子との交流に関する処分の審判に限る。）及びその申立てを却下する審判に対する即時抗告は，民法第766条の2第2項（第2号に係る部分に限る。）の規定による請求をすることができる者及び同法第817条の13第5項の規定による請求をすることができる者もすることができる。
(家事審判の手続の規定の準用等)
第258条　（略）

第5　親子交流に関する規律の見直し

　2　（略）
　<u>3　第152条の2の規定は夫婦間の協力扶助に関する処分の調停事件，婚姻費用の分担に関する処分の調停事件（別表第二の二の項の事項についての調停事件をいう。），子の監護に関する処分の調停事件（子の監護に要する費用の分担に関する処分の調停事件に限る。），財産の分与に関する処分の調停事件（同表の四の項の事項についての調停事件をいう。）及び離婚についての調停事件について，第152条の3の規定は子の監護に関する処分の調停事件（子の監護に要する費用の分担に関する処分の調停事件を除く。）及び離婚についての調停事件について，第184条の2の規定は扶養の程度又は方法についての決定及びその決定の変更又は取消しの調停事件（同表の十の項の事項についての調停事件をいう。）について，それぞれ準用する。</u>

【現行家事事件手続法】
（即時抗告）
第156条　（同上）
※第2項は新設規定※
（家事審判の手続の規定の準用等）
第258条　（同上）
　2　（同上）
※第3項は新設規定※

解　説

1　親子交流に関する裁判実務等について

(1)　総　論

　夫婦が離婚あるいは婚姻中に別居して，子どもと離れて暮らしている父母の一方が子どもと定期的・継続的に，直接会ったり（直接交流），電話やビデオ通話等によって会話をしたり，手紙や電子メールのやり取り等（間接交流）により意思の疎通を図ることを「親子交流」といいます。なお，従前実務では，これを「面会交流」と呼んでいましたが，部会資料では「親子交流」の用語に統一し（なお，その理由につき，「面会」という用語自体がふさわしくなく，また，ビデオ通話等の交流の多様化を踏まえて「親子交流」の用語に統一したものと，参議院法務委員会で法務大臣から説明がなされた。）。また，改正

11　審判による父母以外の親族と子との交流に関する規律

民法においては「（父又は母との）交流」，「（父母以外の親族との）交流」という文言を用いており，面会という用語は用いていません（改正民法766条1項，766条の2参照）。

親子交流は，子どもをめぐる紛争のうち，父母の意見対立が激しい類型の一つであるといわれています。

平成23年改正（平成24年4月1日施行）による現行民法766条1項は，「父母が協議上の離婚をするときは，子の監護をすべき者，父又は母と子との面会及びその他の交流，子の監護に要する費用の分担その他の子の監護について必要な事項は，その協議で定める。この場合においては，子の利益を最も優先して考慮しなければならない。」（下線は筆者）と規定し，親子交流の定めをしています。また同条2項は，父母の協議が調わないとき，又は協議をすることができないときは，家庭裁判所がこれを定めることを規定し，家庭裁判所の関与を認めています。

しかし，それまでは，民法では，親子交流について直接定めた明文の規定はなく，親子交流を認める裁判例が初めて現れたのは昭和39年であったとされています（東京家審昭和39年12月14日家月17巻4号55頁）。この裁判例以後，家庭裁判所の実務においては，米国の学説の影響等を受けて親子交流の実施に慎重な姿勢が主流になった時期があったとされているものの，その後の実証的な研究の積み重ね等によって，そのような親子交流一般に対する慎重な姿勢は弱まり，家庭裁判所の実務においては，個別具体的な事案に応じて子の利益の観点から親子交流を実施することが相当であるか否かを追求するようになっていったとされています（部会資料29・27頁）。

(2)　東京家庭裁判所における新たな運営モデルの公表

このような中で，東京家庭裁判所における面会交流PT（プロジェクトチーム）は，令和元年11月に東京家庭裁判所における新たな運営モデル（以下「新たな運営モデル」という。）を公表しています（細矢郁ほか「東京家庭裁判所における面会交流調停事件の運営方針の確認及び新たな運営モデルについて」家庭の法と裁判26号129頁〔令和2年6月〕参照。コラム8参照）。

この「新たな運営モデル」は，ニュートラル・フラットな立場（同居親と別居親のいずれの立場にも偏ることなく，ひたすら子の利益を最優先に考慮する立

第5　親子交流に関する規律の見直し

場）から，子の利益を最優先としながら，当該子にとって最も望ましい親子交流の在り方を追求するというものです。そして，「新たな運営モデル」では，親子交流の事件において特に重視すべき事情を，(i)安全・安心（児童虐待や子の連れ去りのおそれ，父母間のDV等），(ii)子の状況（子の生活状況，子の年齢や発達状況，心身状況，意向・心情等），(iii)親の状況（同居親及び別居親の心身状況，生活状況，交流についての考え方等），(iv)親子関係（別居前から現在に至るまでの同居親及び別居親と子との関係等），(v)親同士の関係（別居に至る経緯における同居親の傷つき，別居親の悲しみや怒り等を前提とした父母の葛藤状態の程度等），(vi)環境（きょうだい，同居親の再婚など同居親及び別居親を取り巻く環境）という6つのカテゴリーに整理し，その上で，これらを中心として子をめぐる一切の事情を丁寧に聞き取り，必要に応じて，①主張・背景事情の把握，②課題の把握・当事者との共有，③課題の解決に向けた働き掛け・調整，④働き掛け・調整の結果の分析評価等の過程を繰り返していき，円環的検討・調整を行うこととされています（部会資料29・28頁以下参照。なお，部会第6回会議の議事録（PDF版）6～8頁中の細矢委員発言参照）。

2　審判による父母以外の親族と子との交流に関する規律の新設（改正民法766条の2）

(1)　子と父母以外の親族との交流を認められる場合（子の利益のために特に必要があると認めるとき。改正民法766条の2第1項）

ア　現行民法766条は，父母が協議上の離婚をするときは，「父又は母と子との面会及びその他の交流……（中略）……その他の子の監護について必要な事項」を父母の協議で定めることとし，父母の協議が調わない場合等において，家庭裁判所がこれを定めることを規定しています。

これらの規定をめぐっては，①この「子との交流」として，父母以外の親族（第三者）と子との交流について必要な事項を定める旨の協議をすることができるか，②その協議が調わない場合等に当該第三者が家庭裁判所に対して子との交流について必要な事項を定めることを求める申立てをすることができるかが解釈上の論点となります（なお，

上記②の論点については，後記(2)参照)。

　このうちの①の論点（父母以外の親族（第三者）と子との交流）について，学説においては，明文の規定を欠くことを理由にこれを否定する見解と，少なくとも祖父母や兄弟姉妹については，これを積極的に解する見解の双方があります。また，裁判例においても否定例（東京家審昭和49年11月15日家月27巻10号55頁〔生後間もない頃から子を事実上養育していた継母〕）と肯定例（東京高決昭和52年12月9日家月30巻8号42頁〔実母死亡後に子を養育していた祖父母〕）に分かれていました。

イ　しかし，例えば，子が長年にわたって祖父母と同居し，両者の間に愛着関係が形成されていたような場面を想定したときには，父母の協議離婚後においても，引き続き子と祖父母との交流を維持することが子の最善の利益の観点から重要であると考えられます。

　また，仮に父母以外の親族（第三者）が子との交流の主体とはなり得ないとの立場に立ったとしても，親子交流（父又は母と子との交流）の機会において，その方法・態様の一つとして非監護親が子を祖父母等の親族と交流させることは，それが明示的に禁止されている場合を除き，基本的には可能であると考えられます。

　そもそも父母間の協議において，安全・安心な形で祖父母等の親族と適切に交流を行うことを合意する場合にそれを禁止する理由はなく，むしろ，そのような親族との適切な交流を継続することは子の利益の観点からも重要であるといえます。また，本部会における議論では，現在の実務では，父母の協議により親子交流について定める際に，その条件として祖父母等の親族の関与について明示的に定める場合があることも指摘されています（部会資料32-2・18頁参照）。

　他方で，家庭裁判所が父母以外の親族と子との交流を実施する旨を定める場面は，基本的には，父母間又は当該親族と相手方となる父母との間に意見対立があるケースが想定されることになります。

　そうすると，家庭裁判所が（少なくとも一方の）父母の意思に反してでも子と当該親族との交流を実施する旨を定めることが相当であるといえるのは，例えば，子と当該親族との間に親子関係に準じた親密な

関係が形成されているなどして,「子の利益のために特に交流を認める必要がある場合」に限られると考えられます（部会資料35-2・19頁以下参照）。

ウ　そこで，改正民法766条の2第1項は,「家庭裁判所は,前条第2項又は第3項の場合において，子の利益のため特に必要があると認めるときは，同条第1項に規定する子の監護について必要な事項として父母以外の親族と子との交流を実施する旨を定めることができる。」と規定しました。

これにより，<u>父母の協議離婚後においても，子の利益のために特に交流を認める必要がある場合には，祖父母等との交流が家庭裁判所の審判で認められることになります</u>。

なお，同項による「父母以外の親族と子との交流」は，父母以外の親族が主体となって子との交流を実施する場面に対応する規律であり，同項の実体的要件も，親族が主体となる交流を実施する場合の要件として規定されていると考えられます。

他方で，これまでの実務では，親子交流についての定めをするに当たって親族等も含めた第三者の関与について定めがされる場合があるとされていますが，これは飽くまで親子交流を円滑かつ適切に実施するための実施方法や条件として定められるものであって，同項の実体的要件が必要とされる場面ではないと考えられます（部会資料35-2・21頁参照）。

(2) **父母以外の親族に交流の申立権を認める場合の申立権者の範囲等**
（改正民法766条の2第2項）

ア　上記②の論点（父母以外の親族の申立権の有無）について，最高裁令和3年3月29日決定（裁判集民事265号113頁）は，民法766条2項の解釈につき,「同条1項の協議の主体である父母の申立てにより，家庭裁判所が子の監護に関する事項を定めることを予定しているものと解される」一方,「事実上子を監護してきた第三者が，家庭裁判所に上記事項（筆者注：子の監護に関する事項）を定めるよう申し立てることができる旨を定めた規定はな」いこと等を理由として，父母以外の第三者

は，事実上子を監護してきた者であっても，第三者と子との交流について定める審判を申し立てることはできないとしました。

このように，同決定は，上記②の論点について父母以外の第三者の申立権を認めなかったものですが，上記①の論点について子との交流の主体に父母以外の親族が含まれるか否かについては言及しておらず，父母の協議や父母の申立てによる家庭裁判所の審判において，父母以外の親族と子との交流について定めること自体を一切否定するものではないと思われます。また，立法によって，一定の要件を満たす当該親族に，子との交流についての申立権を付与すること自体を否定するものでもないと考えられます（部会資料32-2・18頁以下参照）。

イ　また，父母の離婚後もそれ以前から続いている祖父母等の親族との交流の継続が子の最善の利益に資するといえる事案において，当該親族に申立権を認めないと，父母の同意がない限り，これを実現する手立てがなくなってしまい，結果的に子の利益に反する結果となると考えられます（中間試案の補足説明64頁参照）。

このように祖父母等の親族と子との交流を実施する目的は，既に形成されていた愛着関係を離婚後等も維持することにあると考えられるので，このような場合に当該親族に申立権を認めるべきです。

そして，この申立権者の範囲は，そのような関係性が築かれる素地があるといえる一定の範囲の近親者（子の直系尊属及び兄弟姉妹）や，その他の子の親族であって過去に子を監護していた者に限るのが相当であると考えられます。

また，子との交流に関する申立権者は，原則として父母であるというべきですから，父母以外の親族による申立てができるのは，父母の一方の死亡や行方不明等の事情によって父母間の協議や父母による申立てが期待し難い場合に限定し，「その者と子との交流についての定めをするため他に適当な方法がないとき」（補充性の要件）に限るのが相当であると考えられます（部会資料35-2・20頁以下参照）。

ウ　そこで，改正民法766条の2第2項は，前項の定めについての民法766条2項・3項の規定による審判の請求は，①「父母」（1号）の

第5　親子交流に関する規律の見直し

ほか，②「父母以外の子の親族（子の直系尊属及び兄弟姉妹以外の者にあっては，過去に当該子を監護していた者に限る。）であって，その者と子との交流についての定めをするため他に適当な方法がないとき」（2号）にすることができることを規定しました。

　すなわち，申立権者は，①父母のほか，②「子の直系尊属（祖父母等）」，「子の兄弟姉妹」，「その他の子の親族であって過去に子を監護していた者」ですが，②の者（父母以外の子の親族）については，その者と子との交流についての定めをするため他に適当な方法がないとき（補充性の要件）に限って審判の請求（申立て）ができるとしています。

3　民法第766条が準用されている他の場面（婚姻の取消し，裁判上の離婚，認知）への準用

　改正民法766条の2は，改正民法766条（離婚後の子の監護に関する定め等）と同様に，改正民法749条（婚姻の取消し），民法771条（裁判上の離婚）及び改正民法788条（父の認知）においても準用されています。

4　家事事件手続法の改正（「父母以外の親族」の即時抗告権）

　子との交流は，子の監護に関する処分の審判事件（家事事件手続法別表第二の三の項の事件）として位置付けられますが，同事件において申立てを認容する審判及びこれを却下する審判に対しては，現行家事事件手続法上は，子の父母及び監護者に限り，これに対する即時抗告をすることができます（同法156条1項4号）。

　しかし，父母以外の子の親族にも交流の申立権を認める場合には，同様に，即時抗告権を認めるべきです。

　そこで，改正家事事件手続法156条2項は，「子の監護に関する処分の審判（父母以外の親族と子との交流に関する処分の審判に限る。）及びその申立てを却下する審判に対する即時抗告は，民法第766条の2第2項（第2号に係る部分に限る。）の規定による請求をすることができる者……（中略）……もすることができる。」と規定し，父母以外の子の親族（子の直系尊属及び兄弟姉妹以外の者にあっては，過去に当該子を監護していた者に限る。）にも，即時抗告権

11 審判による父母以外の親族と子との交流に関する規律

が認められています。

5 本件改正が社会に与える影響

改正民法766条の2第1項は，学説や判例が分かれる，子と父母以外の親族との交流の問題につき，家庭裁判所が「子の利益のため特に必要があると認めるとき」は，父母以外の親族と子との交流を実施する旨を定めることができることを規定し，また，同条2項は，前記最高裁令和3年3月29日決定が父母以外の親族による子との交流の申立権を否定した点につき，これを認めることを明文化したものであり，いずれも本件改正の社会的な影響は大きいと考えられます。

6 本件改正規定の施行日

本件改正規定の施行日は，本件改正法附則1条本文により，公布の日（令和6年5月24日）から起算して2年を超えない範囲内において政令で定める日です。

なお，本件改正規定は，本件改正法の施行前に生じた事項にも適用されますが，本件改正法附則1条による改正前の民法の規定により生じた効力は妨げられません（本件改正法附則2条）。

コラム8 東京家庭裁判所における面会交流調停事件の新たな運営モデルの公表について

東京家庭裁判所においては，昨今の面会交流調停事件の増加及び複雑・困難化を受け，平成30年11月，プロジェクトチーム（以下「面会交流PT」という。）を立ち上げ，面会交流調停事件の運営方針についての検討を開始しました。面会交流PTのメンバーは，部総括判事細矢郁氏ほか2名の裁判官及び家庭裁判所調査官5名であり，面会交流調停事件における調停委員会の紛争解決能力を高めるための工夫や改善点を見いだすことを目的として，それぞれの立場から，現状の問題点や課題を出し合いながら議論を重ね，検討を進めました。そして，その検討結果を踏まえ，令和元年11月，東京家裁の調停委員，裁判官，家庭裁

第5 親子交流に関する規律の見直し

判所調査官及び書記官に対し,面会交流調停事件の新たな運営モデルを公表しました(細矢郁ほか「東京家庭裁判所における面会交流調停事件の運営方針の確認及び新たな運営モデルについて」家庭の法と裁判26号129頁〔令和2年6月〕参照)
　この「面会交流調停事件の新たな運営モデル」の基本姿勢は,ニュートラル・フラットな立場(同居親と別居親のいずれの立場にも偏ることなく,ひたすら子の利益を最優先に考慮する立場)から,子の利益を最優先としながら,当該子にとって最も望ましい親子交流の在り方を追求するというものです。

東京家庭裁判所における面会交流調停事件の新たな運営モデル

記
(1)　面会交流調停事件の運営に際しては,ニュートラル・フラットな立場(同居親及び別居親のいずれの側にも偏ることなく,先入観を持つことなく,ひたすら子の利益を最優先に考慮する立場)で臨む。
(2)　面会交流調停事件の運営に際しては,まず,子の利益を最も優先し,「直接交流又は間接交流を実施することにより子の利益に反する事情があるかどうか」について,ニュートラル・フラットな立場で,当事者双方から,主張や背景事情,すなわち,子,同居親及び別居親の安全に関する事情(安全),子の状況に関する事情(子の状況),同居親及び別居親の状況に関する事情(親の状況),同居親及び別居親と子との関係に関する事情(親子関係),同居親及び別居親の関係に関する事情(親同士の関係),子,同居親及び別居親を取り巻く環境に関する事情(環境),その他の子をめぐる一切の事情を丁寧に聴き取り,その聴取結果を具体的かつ総合的に踏まえ,子の利益を最も優先して考慮するとの観点から慎重に検討していく。
　　この検討に際しては,それぞれの事案に応じて,紛争の解決を困難にしている個々の課題を丁寧に把握し,それを明確化して当事者と共有しながら,各事情のうち当該課題に取り組むに当たって優先的にあるいは,重点的に考慮しなければならないものはないか等について常に配慮しつつ(重み付け),必要に応じて,①主張・背景事情の把握,②課題の把握・当事者との共有,③課題の解決に向けた働き掛け・調整,④働き掛け・調整の結果の分析・評価等の過程を円環的に繰り返していく(円環的な検討・調整)。
(3)　前記(2)の検討において,現時点で,直接交流又は間接交流を実施することによって子の利益に反する事情があるといえる場合は,子の利益を最も優先して考慮するとの観点から,直接交流,更には間接交流まで含んだ交流を禁止する必要があるか,禁止するのであれば期間を定めた交流の禁止で足りるか,期間を定めて禁止するのであればどの程度の期間

11　審判による父母以外の親族と子との交流に関する規律

とすべきか，その期間が経過した後の交流はどのような方法によるべきか等の検討・調整を行う（後記(4)を参照）。
　　　　この検討・調整も，前記(2)に記載したように必要に応じて円環的に繰り返して行う。
(4)　前記(2)の検討において，直接交流又は間接交流を実施することによって子の利益に反する事情があるといえない場合は，面会交流の具体的な内容の検討・調整に進む。すなわち，子の利益を最も優先して考慮するとの観点から，直接交流が適当であるといえる場合は，直接交流の在り方（回数，頻度，日時，場所，方法，第三者機関の利用の有無，形態，加えて間接交流を実施するかどうか，実施する場合はどのような方法で実施すべきか等）を，検討し，直接交流が適当であるといえない場合は，間接交流の在り方に加え，間接交流から直接交流に移行するような段階的実施の適否などについても検討し，調整していく。直接交流又は間接交流のいずれであっても継続的で安定した交流を実現するため，当事者において現実的に履行可能な内容となっているかについても検討する。これらの検討・調整も，前記(2)に記載したように必要に応じて円環的に繰り返して行う。
(5)　なお，前記(2)から(4)までの検討・調整の過程においては，全ての段階において，評議を適時適切に行い，家庭裁判所調査官の関与の要否を適切に判断しながら，方針を定める。また，検討・調整の過程においては，その都度どのような交流の方向性が望ましいのか仮説を立てながら行い，この仮説も踏まえて更に必要な事情を聴取する。
　　　　さらに，検討・調整の過程においては，常に方針の修正の可能性を念頭に置き，修正の必要がある場合には，その都度方針を適切に見直し，柔軟に対応する。
(6)　前記(2)から(4)までの検討・調整は，当該事案における当事者の合意点（例えば，直接交流の実施自体には争いがない場合などがある。）が子の利益に反しない場合にはその合意点を前提にし，また，適度なスピード感を意識することで，適正かつ迅速な解決に至ることができるように努める。
(7)　事案によっては，適宜の時期に審判での見通しを踏まえた検討・調整を行い，審判移行後の進行も考慮に入れた進行をする。

第5　親子交流に関する規律の見直し

コラム9　面会（親子）交流についての和解事項例

　離婚後あるいは別居中における面会（親子）交流の調停において，和解が成立する場合が多くあります。

　その際の交流の方法としては，直接交流・間接交流（電話・ビデオ通話等）の方法，第三者（弁護士や民間の親子交流支援団体等）の活用方法等があります。

　その和解事項の一例として以下のようなものが挙げられます。

　なお，法務省は，同省のウェブサイト上に「親子交流支援団体等（面会交流支援団体等）の一覧表について」というページを設け，当事者のみでは親子交流の実施が難しい場合における支援を目的とする親子交流支援団体等に関する参考指針を公表し，利用者の便宜のため，親子交流支援団体等の掲載希望に基づき，その一覧表を公表しています（https://www.moj.go.jp/MINJI/minji07_00286.html。なお，同団体等の利用を検討されている方々は，上記サイト上の注意事項をよくお読みの上，同一覧表を参考にしていただきたい旨の注意書きがある。）。

親子交流についての和解事項例

1　相手方は，申立人が当事者間の長女（平成○年○月○日生。9歳）と次のとおり親子交流することを認める。 　(1)　頻度及び日程　毎月1回，第2日曜日 　(2)　各回の親子交流時間　初回は午前10時から午後2時まで 　　　　　　　　　　　　　2回目は午前10時から午後3時まで 　　　　　　　　　　　　　3回目以降は午前10時から午後4時まで 　(3)　代替日　長女の病気や学校行事などのやむを得ない事情により上記の日程で親子交流を実施できない場合には，第3土曜日 　(4)　連絡方法　当事者双方は，メールその他適宜の方法にて連絡を取り合うこととする。 2　当事者双方は，申立人と長女が，毎月1回（最大30分），ビデオ通話（GoogleMeet）による間接交流をすることに合意する。申立人は，そのビデオ通話の中で，親子交流の場所等について，長女の希望を聴取できるものとする。 3(1)　当事者双方は，当分の間，第1項の親子交流の実施に当たり，第三者機関（公益法人Ｔサポート（仮名））の受渡型を利用することとし，その援助担当者の指導，助言に従う。 　(2)　第1項の親子交流に関し，第三者機関に支払うべき費用は，当事者

双方が折半して負担することとする。
4(1) 当事者双方は，それまでの親子交流の実施状況及び長女の意向等を踏まえて支障がない場合には，長女の夏休み等の長期休暇中に，宿泊を伴う親子交流を行うことについて，協議することとする。
 (2) 当事者双方は，宿泊を伴う親子交流を実施することになった場合，当該月に係る第1項の親子交流は実施しないものとする。
 (3) 当事者双方は，宿泊を伴う親子交流を実施する場合にも，第3項に基づいて実施することとする。
 (4) 当事者双方は，宿泊に伴う親子交流に係る長女の交通費については，当事者双方が折半して負担することとする。
5 当事者双方は，令和〇年〇月頃を目途に，第三者機関の利用の要否等，親子交流の実施方法及び時間の延長について協議することとする。その協議に当たっては，子の福祉に十分配慮することとする。

第5　親子交流に関する規律の見直し

12　父母の婚姻（別居）中の親子交流等に関する規律の新設

父母の婚姻（別居）中においても、子と別居する父又は母その他の親族と当該子との交流について認める規定が新設されたそうですが、その内容を説明してください。

現行の実務においても、別居中の親子交流は認められていました。

改正民法817条の13は、これを整備して明確化するとともに、離婚後の父母以外の親族（祖父母等）と子との交流同様に、同条4項では、父母の別居中において、家庭裁判所が、子の利益のために特に交流を認める必要がある場合には、父母以外の親族（祖父母等）との交流を審判で認めることができることを規定し、また、同条5項では、この審判の請求（申立て）は、「父母」のほか、「父母以外の子の親族（子の直系尊属及び兄弟姉妹以外の者にあっては、過去に当該子を監護していた者に限る。）」も、その者と子との交流についての定めをするため他に適当な方法がないときにすることができることを規定しました。

父母の婚姻（別居）中における別居親その他親族と子との交流（改正民法817条の13）

1　協議による別居中における別居親等と子との交流の定め（1項）
別居親その他の親族と子との交流について必要な事項は、子の利益を最も優先・考慮して、父母の協議で定める。
2　前項の父母の協議が不調等の場合における家庭裁判所の定め等（2項・3項）
・1項の父母の協議が不調等のときは、家庭裁判所は、父・母の請求により、同項の交流事項を定める（2項）。 ・家庭裁判所は、必要があると認めるときは、父・母の請求により、前二項による交流の定めを変更できる（3項）。
3　父母以外の親族（祖父母等）と子との交流の定め（4項）
家庭裁判所は、子の利益のために特に必要があると認めるときに限り、父母以外の親族との交流を実施する旨を定めることができる。

12 父母の婚姻（別居）中の親子交流等に関する規律の新設

4 前項の定めについての審判の申立権者とその要件（5項）

前項の定めについての2項又は3項の規定による審判の請求（申立て）は，「父母」のほか，「父母以外の子の親族（子の直系尊属及び兄弟姉妹以外の者にあっては，過去に当該子を監護していた者に限る。）」も，その者と子との交流についての定めをするため他に適当な方法がないときにすることができる。

関係条文 （注）

改正民法

（親子の交流等）
第817条の13 第766条（第749条，第771条及び第788条において準用する場合を含む。）の場合のほか，子と別居する父又は母その他の親族と当該子との交流について必要な事項は，父母の協議で定める。この場合においては，子の利益を最も優先して考慮しなければならない。
2 前項の協議が調わないとき，又は協議をすることができないときは，家庭裁判所が，父又は母の請求により，同項の事項を定める。
3 家庭裁判所は，必要があると認めるときは，父又は母の請求により，前二項の規定による定めを変更することができる。
4 前二項の請求を受けた家庭裁判所は，子の利益のため特に必要があると認めるときに限り，父母以外の親族と子との交流を実施する旨を定めることができる。
5 前項の定めについての第2項又は第3項の規定による審判の請求は，父母以外の子の親族（子の直系尊属及び兄弟姉妹以外の者にあっては，過去に当該子を監護していた者に限る。）もすることができる。ただし，当該親族と子との交流についての定めをするため他に適当な方法があるときは，この限りでない。

【現行民法】
※第817条の13は新設規定※

（注） 本問に関係する，改正（現行）民法749条，766条，766条の2，788条及び改正（現行）家事事件手続法156条の条文については，Q11の「関係条文」を参照してください。

第5　親子交流に関する規律の見直し

● 解　説 ●

1　父母の婚姻（別居）中における親子交流に関する規律の新設（改正民法817条の13）

（1）　現行民法766条は，父母が協議上の離婚をするときは，子の監護について必要な事項を父母間の協議によって定めるものとし（1項），協議が調わないとき，又は協議をすることができないときは，家庭裁判所がこれを定める（2項）ものと規定しています。

この規定は，婚姻の取消し（同法749条），裁判上の離婚（同法771条），認知（同法788条）においてそれぞれ準用されていますが，いずれも，父母が婚姻関係にない場面を規律するものです。そして，現行民法には，父母の婚姻中の場面における親子交流について直接に規律する明文の規定はありません。

しかし，実際に親子交流が実施される場面は，父母が婚姻関係にない場面に限られるものではなく，協議上の離婚に先立って父母が別居をする際に，別居親と子との交流の方法を父母の協議で取り決めることもあります（注1）。

また，婚姻中の父母間において親子交流の定めについての協議が調わない場合に，父母の一方が家庭裁判所に対して審判等の申立てをすることができるかどうかについては，かつてはこれを否定的に解する学説や裁判例もありましたが，最高裁平成12年5月1日決定（民集54巻5号1607頁）が，別居親と子との交流について民法766条の類推適用を肯定するに至り，現在の実務においては，父母の婚姻中においても家庭裁判所が親子交流についての調停・審判をすることができるとの考え方が定着しています（注2）。

また，親子交流に関する定めをするに当たり，「子の利益を最も優先して考慮しなければならない」（民法766条1項）ことは，離婚後であるか婚姻中であるかによって変わるものではないことから，父母の婚姻中の親子交流においても，同様に「子の利益を最も優先して考慮しなければならない」ことを要件とすべきであると考えられます。この観点から，DVや虐待がある場合に，親子交流を実施することは，「子の利益に反する場合」があると考えられます（部会資料29・25頁以下参照）。

(注1) 別居親との面会交流

協議離婚経験者1000名に対して調査を行った「協議離婚制度に関する調査研究業務」報告書（日本加除出版，令和3年3月）によれば，離婚に先立って別居した者（430名）のうち，別居する前に話合いをしていた者は全体の約66.3％（285名）であり（Q17），そのうち「同居しない親との面会等の仕方」について合意ができたとするのは約38.6％（110名）でした（Q18の4）。（部会資料29・27頁）

(注2) 父母の婚姻中における親子交流につき民法766条を類推適用する根拠

民法766条の類推適用を認める根拠については，様々な考え方があり得ますが，例えば，前掲最決平成12年5月1日の調査官解説では，「面接交渉が認められる実質的根拠が，親と子とは，子の福祉に反すると認められる特段の事情がない限りは，両親が離婚した後であっても，互いに交流を継続することが子にとって望ましいということにあるのであれば，いまだ離婚に至らない場合であっても，両親が別居し，子が一方の親の元にいる場合には，他方の親と子との面接交渉を認める必要性は，離婚が成立した後と比べて優るとも劣らないと考えられる」との説明がされています（部会資料29・27頁）。

(2) このような従前の実務等を踏まえて，①改正民法817条の13第1項は，「第766条（第749条，第771条及び第788条において準用する場合を含む。）の場合のほか，子と別居する父又は母その他の親族と当該子との交流について必要な事項は，父母の協議で定める。この場合においては，子の利益を最も優先して考慮しなければならない。」（下線は筆者）と規定し，別居中の父又は母その他の親族と子との交流を父母の協議で定めることができることを明文化しました。また，②同条2項は，「前項の協議が調わないとき，又は協議をすることができないときは，家庭裁判所が，父又は母の請求により，同項の事項を定める。」と規定し，父母の協議が不調等の場合に，家庭裁判所にその調整の申立てができることを定め，③同条3項は，「家庭裁判所は，必要があると認めるときは，父又は母の請求により，前二項の規定による定めを変更することができる。」と規定し，父母に子との交流の定めの変更申立権を認めています。

また，改正民法766条の2第1項は，離婚後の父母以外の親族と子との交流につき，家庭裁判所が「子の利益のため特に必要があると認めると

第5　親子交流に関する規律の見直し

き」は，父母以外の親族と子との交流を実施する旨を定めることを規定し，また，同条2項は，父母の離婚後において，父母以外の親族が一定の要件の下に，前項の定めについての審判の請求をすることができることを規定していますが，このことは，父母の別居中にも当てはまります。

そこで，④改正民法817条の13第4項は，「前二項の請求を受けた家庭裁判所は，子の利益のため特に必要があると認めるときに限り，父母以外の親族と子との交流を実施する旨を定めることができる。」と規定し，また，⑤同条5項は，「前項の定めについての第2項又は第3項の規定による審判の請求は，父母以外の子の親族（子の直系尊属及び兄弟姉妹以外の者にあっては，過去に当該子を監護していた者に限る。）もすることができる。ただし，当該親族と子との交流についての定めをするため他に適当な方法があるときは，この限りでない。」と規定しました。

2　本部会で検討されたその他の事項（子の意思等を考慮することの明文化の要否（不要））

本部会では，親子交流の判断において，子の意思等を考慮（尊重）することを明記すべきであるとの意見がありました。

確かに，親子交流に当たって，子の意思に関する事情を正確に把握することが重要であることについてはおおむね異論はないものと思われます。

しかし，子の意思等を明示すると，裁判手続に至る前の段階を含めた父母の行動に影響を及ぼしかねないという指摘や，親子交流の定めの判断の責任を子に転嫁する結果となりかねないなどの指摘が考えられますし，また，現行法の下でも，子の監護に関する処分の審判事件（養育費に関するものを除く。）においては，家庭裁判所が，子の意思を把握するように努め，審判をするに当たり，子の年齢及び発達の程度に応じて，その意思を考慮しなければならないこととされており，子が15歳以上である場合には子の陳述を聴かなければならないこととされています（家事事件手続法65条，152条2項）。

このような観点から，改正民法817条の13は，「子の意思等を考慮すること」を明文化していません（部会資料35-2・17頁参照）。

3　家事事件手続法の改正（「父母以外の親族」の即時抗告権）

　子との交流は，子の監護に関する処分の審判事件（家事事件手続法別表第二の三の項の事件）として位置付けられますが，同事件において申立てを認容する審判及びこれを却下する審判に対しては，現行家事事件手続法上は，子の父母及び監護者に限り，これに対する即時抗告をすることができます（同法156条1項4号）。

　しかし，別居中の父母以外の子の親族にも交流の申立権を認める場合には，同様に，即時抗告権を認めるべきです。

　改正家事事件手続法156条2項は，「子の監護に関する処分の審判（父母以外の親族と子との交流に関する処分の審判に限る。）及びその申立てを却下する審判に対する即時抗告は，……（中略）……<u>同法（筆者注：民法）第817条の13第5項の規定による請求をすることができる者もすることができる。</u>」（下線は筆者）と規定し，父母以外の子の親族（子の直系尊属及び兄弟姉妹以外の者にあっては，過去に当該子を監護していた者に限る。）にも，即時抗告権が認められています。

4　本件改正が社会に与える影響

　改正民法817条の13第1項から3項までは，現行の実務の運用を明文化したもので，社会的な影響はさほどないと思われますが，同条4項は，家庭裁判所が父母以外の親族と子との交流を実施する旨を定めることができることを認め（従前，学説や判例が分かれていた。），また，父母以外の親族による子との交流の申立権を認めるものであり（最決令和3年3月29日（裁判集民事265号113頁）が当該申立権を否定していた。），同様の規定を設けている改正民法766条の2と同様に，その改正の社会的な影響は大きいと考えられます。

5　本件改正規定の施行日

　本件改正規定の施行日は，本件改正法附則1条本文により，公布の日（令和6年5月24日）から起算して2年を超えない範囲内において政令で定める日です。

第5　親子交流に関する規律の見直し

　なお，本件改正規定は，本件改正法の施行前に生じた事項にも適用されますが，本件改正法附則1条による改正前の民法の規定により生じた効力は妨げられません（本件改正法附則2条）。

13 裁判手続における親子交流の試行的実施に関する規律の新設

 審判・調停等の裁判手続において，裁判所が親子交流の試行的実施を促す規定が新設されたそうですが，その内容を説明してください。

 現行の実務においても，家庭裁判所が親子交流の試行的実施を行っており，今回の改正は，これを整備して明確化したものといえます。

改正家事事件手続法（152条の3，258条3項）及び改正人事訴訟法（34条の4）により，親子交流の調停・審判及び離婚の訴え等において，裁判所が子の心身の状態に照らして相当でないと認める事情がなく，かつ，事実の調査のため必要があると認めるときに，親子交流の試行的実施を促すことができます。

また，裁判所は，この試行的実施を促すに当たり，交流の方法・日時・場所及び家庭裁判所調査官の立会い等関与の有無を定めるとともに，当事者に条件等を付すことができ，また，当事者に試行的実施の結果の報告（当該試行的実施をしなかったときは，その理由の説明）を求めることができます。

 裁判手続における親子交流の試行的実施に関する規律

現行の実務を整備して明確化したもの
（改正家事事件手続法152条の3，258条3項
及び改正人事訴訟法34条の4）

親子交流の調停・審判及び離婚の訴え等の手続において
① 裁判所が子の心身の状態に照らして相当でないと認める事情がなく，かつ，事実の調査のため必要があると認めるときに，親子交流の試行的実施を促すことができる。
② 裁判所は，上記試行的実施を促すに当たっては，交流の方法・

第5　親子交流に関する規律の見直し

> 日時・場所及び家庭裁判所調査官の立会い等関与の有無を定めるとともに，当事者に条件を付すことができる。
> ③　裁判所は，上記試行的実施を促したときは，当事者に試行的実施の結果の報告（当該試行的実施をしなかったときは，その理由の説明）を求めることができる。

関係条文

改正家事事件手続法

（審判前の親子交流の試行的実施）

第152条の3　家庭裁判所は，子の監護に関する処分の審判事件（子の監護に要する費用の分担に関する処分の審判事件を除く。）において，子の心身の状態に照らして相当でないと認める事情がなく，かつ，事実の調査のため必要があると認めるときは，当事者に対し，子との交流の試行的実施を促すことができる。

2　家庭裁判所は，前項の試行的実施を促すに当たっては，交流の方法，交流をする日時及び場所並びに家庭裁判所調査官その他の者の立会いその他の関与の有無を定めるとともに，当事者に対して子の心身に有害な影響を及ぼす言動を禁止することその他適当と認める条件を付することができる。

3　家庭裁判所は，第1項の試行的実施を促したときは，当事者に対してその結果の報告（当該試行的実施をしなかったときは，その理由の説明）を求めることができる。

（即時抗告）

第156条　次の各号に掲げる審判に対しては，当該各号に定める者は，即時抗告をすることができる。
　一～三　（略）
　四　子の監護に関する処分の審判及びその申立てを却下する審判　子の父母及び子の監護者
　五・六　（略）

2　子の監護に関する処分の審判（父母以外の親族と子との交流に関する処分の審判に限る。）及びその申立てを却下する審判に対する即時抗告は，民法第766条の2第2項（第2号に係る部分に限る。）の規定による請求を

することができる者及び同法第817条の13第5項の規定による請求をすることができる者もすることができる。

(家事審判の手続の規定の準用等)
第258条 （略）
2 （略）
3 第152条の2の規定は夫婦間の協力扶助に関する処分の調停事件，婚姻費用の分担に関する処分の調停事件（別表第二の二の項の事項についての調停事件をいう。），子の監護に関する処分の調停事件（子の監護に要する費用の分担に関する処分の調停事件に限る。），財産の分与に関する処分の調停事件（同表の四の項の事項についての調停事件をいう。）及び離婚についての調停事件について，第152条の3の規定は子の監護に関する処分の調停事件（子の監護に要する費用の分担に関する処分の調停事件を除く。）及び離婚についての調停事件について，第184条の2の規定は扶養の程度又は方法についての決定及びその決定の変更又は取消しの調停事件（同表の十の項の事項についての調停事件をいう。）について，それぞれ準用する。

【現行家事事件手続法】
※第152条の3は新設規定※
(即時抗告)
第156条 （同上）
※第2項は新設規定※
(家事審判の手続の規定の準用等)
第258条 （同上）
2 （同上）
※第3項は新設規定※

改正人事訴訟法

(判決前の親子交流の試行的実施)
第34条の4 裁判所は，第32条第1項の子の監護者の指定その他の子の監護に関する処分（子の監護に要する費用の分担に関する処分を除く。）の申立てがされている場合において，子の心身の状態に照らして相当でないと認める事情がなく，かつ，事実の調査のため必要があると認めるときは，当事者に対し，子との交流の試行的実施を促すことができる。
2 裁判所は，前項の試行的実施を促すに当たっては，交流の方法，交流を

第5　親子交流に関する規律の見直し

する日時及び場所並びに家庭裁判所調査官その他の者の立会いその他の関与の有無を定めるとともに，当事者に対して子の心身に有害な影響を及ぼす言動を禁止することその他適当と認める条件を付することができる。
3　裁判所は，第1項の試行的実施を促したときは，当事者に対してその結果の報告（当該試行的実施をしなかったときは，その理由の説明）を求めることができる。

【現行人事訴訟法】
※第34条の4は新設規定※

解　説

1　試行的面会交流に関する現在の裁判実務について

　現行家事事件手続法においては，家庭裁判所は，職権で事実の調査をしなければならず，当事者は，適切かつ迅速な審理及び審判の実現のため，事実の調査に協力するものとする旨を定め（同法56条），また，家庭裁判所は，家庭裁判所調査官に事実の調査をさせることができ，調査命令を受けた家庭裁判所調査官は，事実の調査の結果を書面又は口頭で家庭裁判所に報告するものとされています（同法58条1項，3項）。

　親子交流に関する裁判手続においては，このような事実の調査の一環として，調停成立前又は審判前の段階で，「試行的面会交流」と呼ばれる調査・調整が実施されることがあります。試行的面会交流は，当事者双方が合意していることを前提に，裁判所内等において，別居親と子との親子交流を試行的に実施することを調整し，その場面を調査官が観察評価するものです。

　この試行的面会交流は，家庭裁判所調査官による調査の一環として行われているものであるから，①そのような目的に照らして，例えば，父母間の紛争性が比較的低く，親子間の関係性も悪くないような事案や，逆に，②客観的な事情等に照らして当該時点において親子交流を実施することが子の利益に反することがうかがわれるような事案等においては，試行的面会交流を実施しないということもあり得るとされています。

　また，試行的面会交流については，その実施が子に与える影響等を慎重

に検討し，入念な準備をした上で，多くの場合では1回のみ実施されています（部会資料29・29頁）。

2 裁判手続における親子交流の試行的実施の定め（改正家事事件手続法153条の3関係）

(1) 別居親と子との交流についての裁判手続の長期化の悪影響と親子交流の試行的実施

ア 裁判手続の長期化の悪影響

親子交流が適切な形で実施されることが子の健全な成長に有益なものであるという点については異論がないものと思われますが，具体的にどのような場合に親子交流を実施することが適切であるかについては，父母の個別的・具体的な事情により，一律に論ずることは困難であるといえます。

このような中で，親子交流に関する裁判手続の在り方を検討するに当たっては，民法766条1項が，「子の利益を最も優先して考慮しなければならない」と定めて，子の利益を最優先としていることが，手続面でも十分に反映されなければならないものと考えられます。

細矢郁ほか「東京家庭裁判所における面会交流調停事件の運営方針の確認及び新たな運営モデルについて」（家庭の法と裁判26号129頁〔令和2年6月〕参照。コラム8参照）では，ニュートラル・フラットな立場から，ひたすら子の利益を追求し，当事者に対する丁寧な聴取や働き掛けを実施するものとしていますが，これも，このような考え方を反映したものであると思われ，そのような審理運営の在り方については，本部会においてもおおむね異論はみられませんでした。

しかし他方，親子交流の調停・審判については，比較的長期化する傾向にあることも指摘されているところです（注）。

親子交流を実施することが本来望ましい事案において，裁判手続に時間を要した結果，別居親が子と会えない期間が長期化することは，子の利益の観点からも好ましいことではなく，可能な限り早期にこれを実現することが望ましいと考えられます。また，別居親と子との関

第5　親子交流に関する規律の見直し

係がその別居期間の長期化により変化してしまうおそれがあるため，別居親と子との交流がない状態での裁判手続の長期化が，その本案の判断の内容に影響を及ぼすのではないかとの懸念もあり得ます（部会資料29・30頁以下）。

（注）　子の監護事件の平均審理期間の長期化
　　　裁判の迅速化に係る検証に関する報告書（第９回）（令和３年７月）によれば，子の監護事件（養育費請求事件等，子の監護者の指定事件，子の引渡し事件，面会交流事件が含まれる。）の平均審理期間は，平成23年が５.２月でしたが，その後一貫して長期化傾向が続いており，令和元年は７.１月，令和２年は７.９月でした。
　　　このような長期化傾向の要因については，「養育費請求事件等よりも相対的に審理が長期化する傾向がある面会交流，子の監護者の指定及び子の引渡しの各事件を合わせたその他の子の監護事件の新受件数が大幅な増加傾向にあること（なお，令和２年の長期化の背景には，新型コロナウイルス感染症の感染拡大及び緊急事態宣言の発出並びにこれらに伴う裁判所業務の縮小の影響もあるものと思われる。）」が挙げられています。
　　　なお，「その他の子の監護事件」の平均審理期間は，令和元年が８.８月，令和２年が９.５月でした（部会資料29・35頁）。

イ　親子交流の試行的実施
　現在の裁判実務においても，上記のとおり，家庭裁判所は，親子交流に関する調停成立前又は審判前の段階において，継続的な親子交流の実施の可否やその方法について調査するため必要があると認めるときに，親子交流の試行的実施を行っているということです。
　この試行的実施は，上記のとおり，家庭裁判所調査官による調査の一環として当事者双方が合意していることを前提に，裁判所内等において，別居親と子との親子交流を試行的に実施することを調整し，その場面を調査官が観察評価するものです。また，家庭裁判所調査官による調査の一環として行われているものであるから，①そのような目的に照らして，例えば，父母間の紛争性が比較的低く，親子間の関係性も悪くないような事案や，逆に，②客観的な事情等に照らして当該

13 裁判手続における親子交流の試行的実施に関する規律の新設

時点において親子交流を実施することが子の利益に反することがうかがわれるような事案等においては，これを実施しないということもあり得るとされています（部会資料29・29頁参照）。

(2) **審判前の親子交流の試行的実施に関する規律の新設等**（改正家事事件手続法152条の3第1項）

ア　規律の新設

このような観点から，改正家事事件手続法152条の3第1項は，「家庭裁判所は，子の監護に関する処分の審判事件（子の監護に要する費用の分担に関する処分の審判事件を除く。）において，子の心身の状態に照らして相当でないと認める事情がなく，かつ，事実の調査のため必要があると認めるときは，当事者に対し，子との交流の試行的実施を促すことができる。」と規定し，審判前における親子交流の試行的実施を明文化しました。

すなわち，同項は，家庭裁判所が子の心身の状態に照らして相当でないと認める事情がなく，かつ，事実の調査のため必要があると認める場合に，当事者に対して親子交流の試行的実施を促すことができるとしています。

なお，家庭裁判所調査官による調査の関与は必須ではなく，家庭裁判所の柔軟の判断に委ねられています（後記(5)参照。なお，現在の家庭裁判所の実務においても，葛藤がそれほど高くない事案について，必ずしも調査官が関与せずとも，当事者同士で調整して期日間に親子交流を実施することを促すことがあると指摘されています（部会資料35-2・18頁参照）。）。

ちなみに，家事事件手続法65条は，家庭裁判所は，未成年者である子がその結果により影響を受ける家事審判の手続においては，子の意思を把握するように努め，審判をするに当たり，子の年齢及び発達の程度に応じて，その意思を考慮しなければならない旨を定めています。事実の調査のための親子交流の試行的実施は審判そのものではありませんが，「当該子の心身に害悪を及ぼすおそれ」の有無を判断するに当たっては，家庭裁判所が，必要に応じて，適切な方法により子の意思・意向を把握することも考えられます（部会資料29・36頁）。

第5　親子交流に関する規律の見直し

　　イ　改正家事事件手続法下における親子交流の試行的実施の運用方法
　　　改正家事事件手続法下における親子交流の試行的実施の運用については，必ずしも現在の実務において試行的面会交流の運用が行われている場面には限定されないとも考えられます。例えば，親子交流を実施すること自体については当事者間の調整が可能であるものの，その頻度や方法等について争いがある事案においては，裁判所内で行うか否かや，家庭裁判所調査官が関与するか否かにかかわらず，手続の早期の段階において，その段階に見合う形で親子交流を実施し，その結果の報告内容を家庭裁判所及び当事者において共有しながら親子交流の頻度や方法等について検討・調整を進めることが有用であると考えられます。
　　　また，事案に応じて1回に限らず複数回にわたって親子交流を実施し，その経過を家庭裁判所が把握するということが有用な場合もあると思われます。
　　　さらに，早期の段階における直接的な交流が困難である場合には，事案に応じて，電話やウェブ会議などによる交流や子の写真，動画等を送付することによる交流（間接交流）を実施して，その結果を踏まえて更なる調整をすることも考えられます。
　　　そこで，現在行われている試行的面会交流の運用に限らず，事案に応じて柔軟に調停成立前又は審判前の親子交流が実施され，更にその状況を調停や審判における調整・判断の資料とすることが可能となると考えられます。
　　　また他方で，親子交流の実施は必ずしも子に対して良い影響を及ぼすとは限らず，特に，子の安全・安心が脅かされたり，子が父母の対立に巻き込まれたりするような場合に親子交流を実施することは，かえって子の心身に悪影響を与えるおそれがあります。そうすると，事実の調査という観点から親子交流を実施する必要性があると認められるとしても，親子交流によって子自身が悪影響を受けるおそれがある場合には，親子交流の試行的実施はされるべきではないことになります（部会資料29・32頁以下参照）。

(3) **家庭裁判所が試行的実施を促すに当たっての交流の方法等の条件設定**（改正家事事件手続法152条の3第2項）

　家庭裁判所が親子交流の試行的実施を促すに当たっては，具体的な交流の方法（直接交流，間接交流の別など）についてあらかじめ家庭裁判所と当事者との間で調整したり，その調整に際して，家庭裁判所調査官その他の者の立会いを求めたり，また，弁護士や民間の親子交流支援団体等を活用したりすることが相当である場合も考えられます（部会資料29・33頁以下参照）。

　また，家庭裁判所は，試行的交流をする父又は母に対して子の心身に有害な影響を及ぼす言動を禁止することその他適当と認める条件を付することができるようにすべきです。

　そこで，改正家事事件手続法152条の3第2項は，「家庭裁判所は，前項の試行的実施を促すに当たっては，交流の方法，交流をする日時及び場所並びに家庭裁判所調査官その他の者の立会いその他の関与の有無を定めるとともに，当事者に対して子の心身に有害な影響を及ぼす言動を禁止することその他適当と認める条件を付することができる。」と規定しています。

　なお，例えば，親子交流の試行的実施において，条件に違反して父母が子の心身に有害な影響を及ぼす言動をした場合には，そのことが，最終的に家庭裁判所の審判に当たって，子の安全に関する事情の一つとして，当該違反をした者に不利益に考慮され得ることになると考えられます。また，再度の試行的実施の可否が問題となった場合には，「子の心身の状態に照らして相当でないと認める事情」の有無の中で同様の考慮がされ得ることになると考えられます。

　このように，その後の手続において違反行為が不利益に考慮され得るということが違反に対する抑止になると考えられます（部会資料35-2・18頁以下）。

(4) **親子交流の試行的実施をした場合の当事者の報告義務等**（改正家事事件手続法152条の3第3項）

　改正家事事件手続法152条の3第1項では，事実の調査のための親子交流の試行的実施について当事者双方の同意を要件としていませんが，この場合，家庭裁判所が親子交流の試行的実施を促したものの，様々な理由に

第5　親子交流に関する規律の見直し

より父母がこれに応じることができないという場面も想定されると考えられます。

　そのような場合，当該父母が，事実の調査のための親子交流の実施に応じることができない理由については，様々な事情があると考えられますが，親子交流の手続で行われる円環的な検討・調整に当たっては，親子交流の実施に当たって父母が抱えている課題を把握して当事者と共有したり，裁判所が父母に対する働きかけの結果を分析することが有用であると考えられます。

　そこで，家庭裁判所が親子交流の試行的実施を促したときは，①当事者に対して，その結果の報告を求めることができるとともに，②当該当事者が当該試行的実施をしなかったときは，その理由の説明を求めることができることとすべきです。

　このような観点から，改正家事事件手続法152条の3第3項は，「家庭裁判所は，第1項の試行的実施を促したときは，当事者に対してその結果の報告（当該試行的実施をしなかったときは，その理由の説明）を求めることができる。」と規定しました（部会資料29・34頁以下参照）。

　なお，当事者から親子交流の実施に応じることができない理由について説明がされた場合，家庭裁判所は，事案に応じて，必要と認められる範囲で，更に具体的な事実関係やその裏付けとなる客観的な資料の有無等について事実の調査等（家事事件手続法56条1項）を行うことが可能であると考えられます（部会資料29・36頁）。

(5)　**家庭裁判所調査官による親子交流の試行的実施への関与は必須か**
　　（必須ではない）

　親子交流の試行的実施が，事実の調査のために行われるものであることからすれば，その実施状況については，家事事件手続法58条1項に基づき家庭裁判所調査官（以下「調査官」という。）に調査を命じることができると考えられます。

　そして，家庭裁判所は，調査官に事実の調査を命じた場合，調査官は，事実の調査の結果を書面又は口頭で家庭裁判所に報告するものとされています（家事事件手続法58条3項）。また，調査官は，その際に意見を付するこ

とができるとされています（同条4項）。

　本部会では，こうした調査官の関与を必須とすべきであるとする意見もありました。確かに，親子交流の実施をめぐって父母間の意見が大きく対立しているような場合には，調査官が関与してその知見を踏まえた検討・調整が行われることが望ましいと考えられます。

　しかし，現在の家庭裁判所の実務においては，葛藤がそれほど高くない事案について，必ずしも調査官が関与せずとも，当事者同士で調整して期日間に親子交流を実施することを促すことがあると指摘されており，そのような運用も事案に応じた調整の方法として有益であると考えられます。また，親子交流の試行的実施の仕組みは，交流の方法として直接交流だけでなく間接交流（ビデオ通話，電話，手紙等による方法）も含むことを前提としているところ，全ての交流について調査官の関与を必須とすることは必ずしも相当でないと考えられます。そこで，<u>改正民法では，調査官の関与を必須とはしていません</u>（部会資料35-2・18頁参照）。

(6) 子の監護に関する処分の調停事件及び離婚についての調停事件への準用

　改正家事事件手続法152条の3は審判事件における親子交流の試行的実施に関する規定ですが，同規定は，子の監護に関する処分の調停事件（子の監護に要する費用の分担に関する処分の調停事件を除く。）及び夫婦関係調整（離婚）調停事件について準用するのが相当であると考えられます。

　そこで，改正家事事件手続法258条3項は，「……第152条の3の規定は子の監護に関する処分の調停事件（子の監護に要する費用の分担に関する処分の調停事件を除く。）及び離婚についての調停事件について，……（中略）……それぞれ準用する。」と規定しました。

3 人事訴訟法の規律の新設（判決前の親子交流の試行的実施。改正人事訴訟法34条の4）

　離婚の訴え等においては，附帯処分として子の監護に関する処分（子の監護に要する費用の分担に関する処分を除く。）の申立てができる（人事訴訟法32条）ことから，人事訴訟法においても，改正家事事件手続法152条の3と

第5　親子交流に関する規律の見直し

同様の規律を設けることが相当であると考えられます。

そこで，改正人事訴訟法34条の4第1項は，「裁判所は，第32条第1項の子の監護者の指定その他の子の監護に関する処分（子の監護に要する費用の分担に関する処分を除く。）の申立てがされている場合において，子の心身の状態に照らして相当でないと認める事情がなく，かつ，事実の調査のため必要があると認めるときは，当事者に対し，子との交流の試行的実施を促すことができる。」と，同条2項は，「裁判所は，前項の試行的実施を促すに当たっては，交流の方法，交流をする日時及び場所並びに家庭裁判所調査官その他の者の立会いその他の関与の有無を定めるとともに，当事者に対して子の心身に有害な影響を及ぼす言動を禁止することその他適当と認める条件を付することができる。」と，同条3項は，「裁判所は，第1項の試行的実施を促したときは，当事者に対してその結果の報告（当該試行的実施をしなかったときは，その理由の説明）を求めることができる。」と，それぞれ規定しました。

4　本件改正が社会に与える影響

改正家事事件手続法152条の3，258条3項及び改正人事訴訟法34条の4は，いずれも裁判手続における親子交流の試行的実施を明文化したものです。現行の実務においても，親子交流の試行的実施が行われていましたが，本件改正法により，裁判所が試行的実施に当たり，当事者に条件（例えば，子の心身に有害な影響を及ぼす言動の禁止の条件等）を付することができ，また，当事者に試行的実施の結果の報告（当該試行的実施をしなかったときは，その理由の説明）を求めることができることから，相当な社会的な影響はあるものと考えられます。

5　本件改正規定の施行日

本件改正規定の施行日は，本件改正法附則1条本文により，公布の日（令和6年5月24日）から起算して2年を超えない範囲内において政令で定める日です。

なお，本件改正規定は，本件改正法の施行前に生じた事項にも適用され

ますが，本件改正法附則1条による改正前の民法の規定により生じた効力は妨げられません（本件改正法附則2条）。

第6 養子に関する規律の見直し

14 養子縁組がされた場合の親権者の明確化，未成年養子縁組及びその離縁の代諾に関する規律

(1) 養子縁組がされた場合の親権者は，誰がなりますか。
(2) 15歳未満の者を養子とする縁組の代諾に関して，どのような改正がされていますか。
(3) 父母が離婚している場合における離縁の代諾（離縁後の親権者の定め）に関して，どのような改正がされていますか。

(1) 子が養子であるときは，①養親（当該子に係る縁組が2以上あるときは，直近の縁組により養親となった者に限る。）（1号），②子の父母であって，上記①（前号）に掲げる養親の配偶者であるもの（2号）が親権者となります（改正民法818条3項）。
(2) 改正民法797条3項は，監護者又は親権停止者が15歳未満の養子縁組に同意しないときは，養子となる者の法定代理人の請求により，家庭裁判所は，子の利益のため特に必要であるときは，その同意に代わる許可を与える審判をすることができる旨を規定しています。

また，同条4項は，15歳未満の養子縁組の代諾について親権者である父母の意見が対立する場合には，家庭裁判所は，当該縁組をすることが子の利益のため特に必要であると認めるときに限り，改正民法824条の2第3項の規定により，父母の一方が単独で親権を行使することができる旨の審判をすることができる旨を規定しています。
(3) 改正民法811条3項は，前項（養子が15歳未満である場合の離縁の協議者が「養親」と「養子の離縁後にその法定代理人となるべき者」である旨の規定）の

219

場合において，養子の父母が離婚しているときは，その協議で，その双方又は一方を養子の離縁後にその親権者となるべき者と定めなければならない旨を規定しています。

また，改正民法811条4項は，前項の協議が不調等の場合には，家庭裁判所は，父・母又は養親の請求により，協議に代わる審判をすることができること，この場合，改正民法819条7項の規定（親権者を父母の双方又は一方に定める際の考慮要素を定めた規定）を準用する旨を規定しています。

養子に関する規律の見直しの概要

1　養子の親権者となるもの（改正民法818条3項）
①　養親（子に係る縁組が2以上あるときは，直近の縁組により養親となった者に限る。）（1号） ②　子の父母であって，前号に掲げる養親の配偶者であるもの（2号）
2　15歳未満の者を養子とする縁組の代諾について
(1)　<u>監護者又は親権停止者が養子縁組に同意しない場合</u>（改正民法797条3項） 　　養子となる者の法定代理人の請求により，家庭裁判所は，子の利益のため特に必要であるときは，その同意に代わる許可を与える審判ができる。 (2)　<u>養子縁組の代諾について親権者である父母の意見が対立する場合</u>（同条4項） 　　家庭裁判所は，当該縁組をすることが子の利益のため特に必要であると認めるときに限り，改正民法824条の2第3項の規定により，父母の一方が単独で親権を行使ができる旨の審判ができる。
3　父母が離婚している場合における，15歳未満の養子の離縁の代諾権者（つまり，離縁後の親権者の定め）について
(1)　養子の父母が離婚している場合の親権者の定め（改正民法797条3項） 　　当該父母の協議で，その双方又は一方を養子の離縁後にその親権者となるべき者と定めなければならない（改正民法811条3項）。 (2)　上記父母の協議が不調又はこれができない場合（改正民法811条4項） 　　家庭裁判所は，父・母又は養親の請求により，協議に代わる審判をすることができる。この場合，改正民法819条7項の規定（親権者を父母の双方又は一方に定める際の考慮要素を定めた規定）を準用する。

14　養子縁組がされた場合の親権者の明確化，未成年養子縁組及びその離縁の代諾に関する規律

関係条文

改正民法

（親権）
第818条　親権は，成年に達しない子について，その子の利益のために行使しなければならない。
2　父母の婚姻中はその双方を親権者とする。
3　子が養子であるときは，次に掲げる者を親権者とする。
　一　養親（当該子を養子とする縁組が二以上あるときは，直近の縁組により養親となった者に限る。）
　二　子の父母であって，前号に掲げる養親の配偶者であるもの

（15歳未満の者を養子とする縁組）
第797条　養子となる者が15歳未満であるときは，その法定代理人が，これに代わって，縁組の承諾をすることができる。
2　法定代理人が前項の承諾をするには，養子となる者の父母でその監護をすべき者であるものが他にあるときは，その同意を得なければならない。養子となる者の父母で親権を停止されているものがあるときも，同様とする。
3　第１項の縁組をすることが子の利益のため特に必要であるにもかかわらず，養子となる者の父母でその監護をすべき者であるものが縁組の同意をしないときは，家庭裁判所は，養子となる者の法定代理人の請求により，その同意に代わる許可を与えることができる。同項の縁組をすることが子の利益のため特に必要であるにもかかわらず，養子となる者の父母で親権を停止されているものが縁組の同意をしないときも，同様とする。
4　第１項の承諾に係る親権の行使について第824条の２第３項に規定する請求を受けた家庭裁判所は，第１項の縁組をすることが子の利益のため特に必要であると認めるときに限り，同条第３項の規定による審判をすることができる。

（協議上の離縁等）
第811条　縁組の当事者は，その協議で，離縁をすることができる。
2　養子が15歳未満であるときは，その離縁は，養親と養子の離縁後にその法定代理人となるべき者との協議でこれをする。
3　前項の場合において，養子の父母が離婚しているときは，その協議で，その双方又は一方を養子の離縁後にその親権者となるべき者と定めなければならない。

第6　養子に関する規律の見直し

4　前項の協議が調わないとき，又は協議をすることができないときは，家庭裁判所は，同項の父若しくは母又は養親の請求によって，協議に代わる審判をすることができる。この場合においては，第819条第7項の規定を準用する。
5　第2項の法定代理人となるべき者がないときは，家庭裁判所は，養子の親族その他の利害関係人の請求によって，養子の離縁後にその未成年後見人となるべき者を選任する。
6　縁組の当事者の一方が死亡した後に生存当事者が離縁をしようとするときは，家庭裁判所の許可を得て，これをすることができる。

【現行民法】
(親権者)
第818条　成年に達しない子は，父母の親権に服する。
2　子が養子であるときは，養親の親権に服する。
3　親権は，父母の婚姻中は，父母が共同して行う。ただし，父母の一方が親権を行うことができないときは，他の一方が行う。
(15歳未満の者を養子とする縁組)
第797条　(同上)
2　(同上)
※第3項・第4項は新設規定※
(協議上の離縁等)
第811条　(同上)
2　(同上)
3　前項の場合において，養子の父母が離婚しているときは，その協議で，その一方を養子の離縁後にその親権者となるべき者と定めなければならない。
4　前項の協議が調わないとき，又は協議をすることができないときは，家庭裁判所は，同項の父若しくは母又は養親の請求によって，協議に代わる審判をすることができる。
5・6　(同上)

改正家事事件手続法

(養子縁組をするについての許可の審判事件等の管轄権)
第3条の5　裁判所は，養子縁組をするについての許可の審判事件(別表第一の六十一の項の事項についての審判事件をいう。第161条第1項及び第2項において同じ。)，養子縁組の承諾をするについての同意に代わる許可の審判事件(同表の六十一の二の項の事項についての審判事件をいう。第

161条の2において同じ。）及び特別養子縁組の成立の審判事件（同表の六十三の項の事項についての審判事件をいう。第164条において同じ。）（特別養子適格の確認の審判事件（同条第２項に規定する特別養子適格の確認についての審判事件をいう。第164条の２第２項及び第４項において同じ。）を含む。）について，養親となるべき者又は養子となるべき者の住所（住所がない場合又は住所が知れない場合には，居所）が日本国内にあるときは，管轄権を有する。

第161条の２　養子縁組の承諾をするについての同意に代わる許可の審判事件は，養子となるべき者の住所地を管轄する家庭裁判所の管轄に属する。
２　第118条の規定は，養子縁組の承諾をするについての同意に代わる許可の審判事件における養子となるべき者の法定代理人，養子となるべき者の父母でその監護をすべき者であるもの及び養子となるべき者の父母で親権を停止されているものについて準用する。
３　家庭裁判所は，養子縁組の承諾をするについての同意に代わる許可の審判をする場合には，養子となるべき者の父母でその監護をすべき者であるもの及び養子となるべき者の父母で親権を停止されているものの陳述を聴かなければならない。
４　養子縁組の承諾をするについての同意に代わる許可の審判は，第74条第１項に規定する者のほか，養子となるべき者の父母でその監護をすべき者であるもの及び養子となるべき者の父母で親権を停止されているものに告知しなければならない。
５　次の各号に掲げる審判に対しては，当該各号に定める者は，即時抗告をすることができる。
　一　養子縁組の承諾をするについての同意に代わる許可の審判　養子となるべき者の父母でその監護をすべき者であるもの及び養子となるべき者の父母で親権を停止されているもの
　二　養子縁組の承諾をするについての同意に代わる許可の申立てを却下する審判　申立人

【現行家事事件手続法】
（養子縁組をするについての許可の審判事件等の管轄権）
第3条の5　裁判所は，養子縁組をするについての許可の審判事件（別表第一の六十一の項の事項についての審判事件をいう。第161条第１項及び第２項において同じ。）及び特別養子縁組の成立の審判事件（同表の六十三の項の事項についての審判事件をいう。第164条において同じ。）（特別養子適格の確認の審判事件

第6　養子に関する規律の見直し

> （同条第2項に規定する特別養子適格の確認についての審判事件をいう。第164条の2第2項及び第4項において同じ。）を含む。）について，養親となるべき者又は養子となるべき者の住所（住所がない場合又は住所が知れない場合には，居所）が日本国内にあるときは，管轄権を有する。
> ※第161条の2は新設規定※

解　説

1　養子縁組がされた場合の親権者の明確化

(1)　現行民法の規律の概要及び整備の必要性

現行民法では，養子縁組がされた場合の親権者に関する規定は，同法818条2項（「子が養子であるときは，養親の親権に服する。」との規定）があるのみであり，その他は，解釈に委ねられています。

このように，未成年養子縁組がされた場合における親権者の規律に関しては，その多くは解釈に委ねられているところですが，これまでの裁判例の蓄積等により実務上定着している解釈について，明文化する必要があると考えられます。

このような観点から，改正民法818条3項は，子が養子であるときは，①養親（当該子に係る縁組が2以上あるときは，直近の縁組により養親となった者に限る。）（1号），②子の父母であって，上記①（前号）に掲げる養親の配偶者であるもの（2号）を親権者とすると規定しています。

以下，同項1号及び2号について説明します。

(2)　改正民法818条3項1号関係（複数回の養子縁組がされた場合の親権者は直近の養親）

現行民法は，1人が複数の人と養子縁組をすることを認めています（養子縁組には，婚姻における重婚禁止（民法732条）のような規定がない。）。

そこで，同一の（養）子について，複数回の養子縁組がされた場合において，誰が親権者となるかという点が問題となり得ますが，現行法の解釈として，直近（最後）の縁組に係る養親が親権者になると一般的に理解されています。

なお，夫婦共同縁組（民法795条）は，1つの縁組を夫婦が共同で行うの

ではなく，夫婦それぞれが各別に縁組を行う（観念的には２つの縁組が成立している）と解されていますが，最後の縁組が夫婦共同縁組であった場合においては，当該夫婦双方が共同して養子を養育しているのが通常であり，その双方が親権者であることが養子の利益にとって望ましい場合が多いと考えられるため，直近の縁組が夫婦共同縁組であった場合には，それらの縁組のいずれもが「最後の縁組」に該当することになります（部会資料28・12頁参照）。

そこで，改正民法818条３項１号は，同一の（養）子について，複数回の養子縁組がされた場合には，直近（最後）の縁組により養親となった者が親権者となると規定しています。

(3) **改正民法818条３項２号関係**（子の父母であって，上記(1)①に掲げる養親の配偶者であるもの）

実父母の離婚後に，当該実父母の一方の再婚相手が，実父母の子を養子とする普通養子縁組（いわゆる連れ子養子）をした場合には，当該養子に対する親権は，養親（再婚相手）及びその配偶者（実父母の一方）が共同して行うと一般に解されています（注）。

これは，このような養子縁組がなされた場合には，実態としては養親とその配偶者である実父母の一方が共同して子を養育することが通常であることを重視した考え方に基づいていると思われます。

また，このことは，子に対する養子縁組が複数回なされており，最後の縁組に係る養親が，従前の縁組に係る養親と婚姻関係にある場合も同様であり，そのような場合には婚姻関係にある前養親と後養親が共同して養子に対する親権を行うと解されています。

なお，養親及びその配偶者が共同して親権を行う場合における親権行使の在り方については，実父母双方が親権者となる場合と比較して異なる扱いとする理由は乏しいと思われるため，実父母双方が親権者となる場合と同様の規律とすべきであると考えられます（部会資料28・12頁参照）。

そこで，改正民法818条３項２号は，子が養子であるときは，子の（実）父母であって，前号に掲げる養親の配偶者であるものを親権者とすると規定しています。

第6　養子に関する規律の見直し

(注)　いわゆる連れ子養子の場合における親権者の解釈の適用場面

　　　いわゆる連れ子養子の場合に養親及びその配偶者（実父母の一方）が共同して親権を行うという解釈は、①養親と実父母の一方との間の婚姻（再婚）に先行して養子縁組がされた場合や、②養親の配偶者（実父母の一方）が実父母の離婚時に親権者と定められなかった者である場合も同様であるとされています（部会資料28・12頁以下）。

2　未成年養子縁組の代諾に関する規律

(1)　未成年養子縁組の代諾について親権者である父母の意見が対立する場合について（改正民法797条4項）

　ア　養子となる者が15歳未満であるときは、その法定代理人が、養子縁組の代諾をすることができます（民法797条1項）。

　この場合の代諾は、父母双方が親権者である場合には、その親権を共同行使することが原則となります（現行民法818条3項）。

　そのため、父母双方が親権者である場合において、その子を養子とする養子縁組をするかどうかについて父母の意見が対立した場合の調整方法が問題となります。

　現行民法には、この点の意見調整のための規定がありません。

　ところで、父母双方が親権者である場合における養子縁組の代諾については、本来であれば、その双方の同意がなければ、養子縁組の成立に慎重であるべきであるとの考え方があり得ます。現行法はこの立場に立っていたと考えられます。

　このような考え方は、養子縁組の成立は、養親と養子との間に法律上の親子関係を生じさせ、養親に親権を付与するという効果にとどまらず、実父母が親権者としての権利義務を失う点で、実質的に親権喪失や（父母の離婚後においては）親権者の変更に類似する効果をも有することを重視するものと整理することができます。

　そこで、このような考え方を重視すれば、養子縁組の代諾については、一律に、改正民法824条の2第3項（特定の事項に係る親権の行使について、父母の意見対立時に裁判所の判断により父母の一方のみが単独で親権を

行うことができる旨の規定）を適用しないものとする規律を設けるべきであるとの考え方があり得ます。そして，このような考え方によれば，父母の意見対立時において，父母の一方が，他の一方の同意なく単独で養子縁組を成立させるためには，当該他の一方について親権喪失の審判を得た上で，養子縁組の代諾をすることや，父母の離婚後の場面では，親権者の変更の手続（改正民法819条6項・7項参照）により父母の一方のみを親権者とする旨の審判を得た上で，養子縁組の代諾をすることが想定されます。

イ しかし，養子縁組の代諾の場面における上記改正民法824条の2第3項の適用の余地を完全に排除すると，本来であれば養子縁組をすることが子の利益の観点から望ましいにもかかわらず，結果的にその実現が困難となる事態が生じかねないと考えられます（部会資料35-2・24頁参照）。

そこで，改正民法797条4項は，「第1項（筆者注：15歳未満の者を養子とする縁組）の承諾に係る親権の行使について第824条の2第3項に規定する請求を受けた家庭裁判所は，第1項の縁組をすることが子の利益のため特に必要であると認めるときに限り，同条第3項の規定による審判をすることができる。」と規定しました。

すなわち，同項では，父母双方が親権者である場合における養子縁組の代諾についての父母の意見対立時においては，養子縁組をすることが子の利益のため「特に必要である」と認められるときに限り，家庭裁判所が改正民法824条の2第3項の規定による裁判（つまり，父母の一方が単独で養子縁組の代諾をすることができる旨の裁判）をすることができるものとしています。

ウ なお，同項の「特に必要である」の解釈に当たっては，養子縁組が成立すると実父母が親権者としての権利義務を失うことを考慮してもなお養子縁組を成立させることが子の利益の観点から必要である事情が必要であると考えられます。

そして，この判断においては，それまでの実父又は実母による子の養育（親権行使のほか，親子交流の実施状況や扶養義務の履行状況等も含まれる

と考えられる。）の状況等も考慮されるべきであり，例えば親権行使の適切性については，不適切な親権行使（又はその行使の懈怠）の有無といった観点での考慮があり得ますが，実父母の親権喪失事由や親権停止事由が絶対的に要求されるというわけではなく，本部会第35回会議（令和5年12月19日開催）では，この必要性の判断に当たっては，実父母による養育と養親による養育とを比較して相対的に判断すべきであるとの指摘がありました（部会資料37-2・6頁）。

(2) 民法797条2項の監護者及び親権停止をされた者の同意権との関係
（改正民法797条3項）

ア 民法797条2項は「法定代理人が前項（筆者注：15歳未満の者を養子とする縁組）の承諾をするには，養子となる者の父母でその監護をすべき者であるものが他にあるときは，その同意を得なければならない。養子となる者の父母で親権を停止されているものがあるときも，同様とする。」と規定し，法定代理人が養子縁組の代諾をするためには「養子となる者の父母でその監護をすべき者であるもの」や「養子となる者の父母で親権を停止されているもの」（以下，これらの者を総称するときは「監護者等」という。）の同意を得なければならないものとされています。

この監護者等についても，法定代理人と監護者等の意見が対立した場合において，改正民法797条4項と同様の理由（つまり，養子縁組をすることが子の利益のため特に必要であるという理由）から，家庭裁判所は，養子となる者の法定代理人の請求により，その同意に代わる許可を与えることができるようにすべきものと考えられます（注）。

イ そこで，改正民法797条3項は，「第1項の縁組をすることが子の利益のため特に必要であるにもかかわらず，養子となる者の父母でその監護をすべき者であるものが縁組の同意をしないときは，家庭裁判所は，養子となる者の法定代理人の請求により，その同意に代わる許可を与えることができる。同項の縁組をすることが子の利益のため特に必要であるにもかかわらず，養子となる者の父母で親権を停止されているものが縁組の同意をしないときも，同様とする。」と規定しま

した。

　すなわち，これにより，家庭裁判所は，監護者等（監護者又は親権を停止されている父母）の同意に代わる審判をすることができ，親権者が監護者等の同意を得ることなく養子縁組の代諾をすることができるようになったわけです（部会資料35-2・24頁以下，部会資料37-2・6頁）。

　なお，同項の「第1項の縁組（筆者注：養子縁組）をすることが子の利益のため特に必要である」ときとは，どのような場合かについては，前記(1)ウを参照してください。

（注）　現行民法797条2項（監護者等（監護者又は親権を停止されている父母）の養子縁組の同意権）の規定の成立の経緯について

①　まず，昭和62年改正前の民法では，法定代理人が養子縁組の代諾をするために，監護者等の同意を得ることは求められていませんでした。このような旧法の規律に対しては，離婚後の父母の一方を親権者と定め，他方を監護者と定めた場合において，親権者の代諾により養子縁組が成立すると，養親が親権者としてその子を監護すべきこととなり（民法818条2項参照），従来の監護者はその地位を失うので，監護者にも縁組が子の利益に合致するかどうかの判断の機会を与え，親権者のみの意思で子の監護に関する父母の合意が変更されるのを防止する必要があるなどの考慮がされた結果として，昭和62年の民法改正の際に，監護者の同意権を規定する同法797条2項が新設されました。

②　また，平成23年の民法改正の際には，親権停止（同法834条の2）の仕組みが新設されましたが，その際に，親権停止の審判がされているということは通常は親子の再統合が期待されている場合であることから，それにもかかわらずその父母の同意なく養子縁組が成立し，養親のみが親権を行うこととなる（実父母との関係では実質的には親権喪失と同一の効果が生ずる）ことは相当ではないなどの指摘があり，民法797条2項の改正により，親権を停止された父母の同意権が規定されました。

③　昭和62年改正や平成23年改正の際には，監護者等が同意の意思表示をすることができない場合や養子縁組の是非をめぐって親権者と監護者等との意見が対立した場合に対応するための特別の規定は設けられませんでした。これらの場合に対応するための方策について，当時の議論においては，家庭裁判所の審判によって監護者指定の変更をすることが可能であることや，親権を停止された父母の同意がなくても養子縁組をすべ

第6　養子に関する規律の見直し

き事案というのは，親権喪失の原因がある場合であるから，改めて親権喪失の審判を得た上で，法定代理人において養子縁組の代諾をすることが考えられることなどの指摘がされました（部会資料35－2・23頁）。

しかし，これでは，本来であれば養子縁組をすることが子の利益の観点から望ましいにもかかわらず，結果的にその実現が困難となる事態が生じかねない場合があり得ると考えられることから，改正民法797条3項が新設されました。

3 養子の父母が離婚している場合における離縁の代諾（離縁後の親権者の定め）に関する規律（改正民法811条3項・4項）

(1)　現行民法811条2項は，養子が15歳未満であるときは，その離縁は，「養親」と「養子の離縁後にその法定代理人となるべき者」との協議でこれをすることを，同条3項は，養子の（実）父母がすでに離婚しているときは，その一方を養子の離縁後にその親権者となるべき者と定めなければならないことを，同条4項は，前項の協議が調わないとき，又は協議をすることができないときは，家庭裁判所が，同項の（実）父又は母・養親の請求によって，協議に代わる審判をすることができることを，それぞれ規定しています。

このような現行法の規定は，父母の離婚後はその一方のみが親権者となる旨を定める現行民法819条（離婚又は認知の場合の親権者）の規定を前提としたものですが，改正民法においては，離婚後の父母双方を親権者とすることができるように改正された（改正民法819条）ことから，民法811条についても同様に，離婚後の（実）父母の「双方」を「養子の離縁後にその親権者となるべき者」と定めることもできるように改正する必要があり，この親権者が養親と離縁の協議をすることになります（部会資料35-2・25頁参照）。

(2)　そこで，改正民法811条3項は，「前項（筆者注：養子が15歳未満である場合の離縁の協議）の場合において，養子の父母が離婚しているときは，その協議で，その双方又は一方を養子の離縁後にその親権者となるべき者と定めなければならない。」（下線は筆者）と規定し，また，改正民法811条4

項は,「前項の協議が調わないとき,又は協議をすることができないときは,家庭裁判所は,同項の父若しくは母又は養親の請求によって,協議に代わる審判をすることができる。この場合においては,第819条第7項の規定を準用する。」と規定しています。

なお,改正民法819条7項は,①前段において,裁判所は,離婚等の裁判において,共同親権にするか,単独親権にするかを判断するに当たっては,子の利益のため,「父母と子との関係」,「父と母との関係」その他一切の事情を考慮しなければならないことを,②後段において,この場合に,裁判所は,(a)父又は母が子の心身に害悪を及ぼすおそれがあると認められるとき,(b)父母の一方が他の一方から身体に対する暴力その他の心身に有害な影響を及ぼす言動(暴力等)を受けるおそれがあるなどの事情を考慮して,父母が共同親権を行うことが困難であると認められるときは,父母の一方を親権者と定めなければならないことを,それぞれ規定しています。

4 家事事件手続法の改正について（養子縁組の承諾をするについての同意に代わる許可の審判に関する管轄等の規律の整備）

改正民法797条3項において,養子縁組の承諾をするについての同意に代わる許可の審判に関する規定が新設されたことから,その管轄等について家事事件手続法を改正しています。

まず,改正家事事件手続法3条の5は,「裁判所は,……(中略)……養子縁組の承諾をするについての同意に代わる許可の審判事件（同表(筆者注:別表第一)の六十一の二の項の事項(筆者注:「事項」養子縁組の承諾をするについての同意に代わる許可,「根拠となる法律の規定」民法第797条第3項)についての審判事件をいう。第161条の2において同じ。)及び特別養子縁組の成立の審判事件……(中略)……について,養親となるべき者又は養子となるべき者の住所(住所がない場合又は住所が知れない場合には,居所)が日本国内にあるときは,管轄権を有する。」と規定し,養親となるべき者又は養子となるべき者の住所(住所がない場合等は,居所)が日本国内にあるときは,我が国に裁判権があることと定めています。

また,改正家事事件手続法161条の2は,養子縁組の承諾をするについ

第6　養子に関する規律の見直し

ての同意に代わる許可の審判事件（以下「本件審判事件」という。）について，以下のように規定しています。すなわち，①同条１項は，本件審判事件は，養子となるべき者の住所地を管轄する家庭裁判所の管轄に属することを，②同条２項は，家事事件手続法118条（手続行為能力）の規定は，本件審判事件における養子となるべき者の法定代理人，養子となるべき者の父母でその監護をすべき者であるもの及び養子となるべき者の父母で親権を停止されているものについて準用することを（注），③同条３項は，家庭裁判所が，本件審判事件の審判をする場合には，養子となるべき者の父母でその監護をすべき者であるもの及び養子となるべき者の父母で親権を停止されているものの陳述を聴かなければならないことを，④同条４項は，本件審判事件の審判は，家事事件手続法74条１項に規定する者（当事者及び利害関係参加人等）のほか，養子となるべき者の父母でその監護をすべき者であるもの及び養子となるべき者の父母で親権を停止されているものに告知しなければならないことを（注），⑤同条５号は，(a)本件審判事件の審判に対しては，養子となるべき者の父母でその監護をすべき者であるもの及び養子となるべき者の父母で親権の停止されているものが（１号），また，(b)養子縁組の承諾をするについての同意に代わる許可の申立てを却下する審判に対しては，申立人が（２号），それぞれ即時抗告をすることができることを，それぞれ規定しています。

（注）　家事事件手続法の関係条文
　　（審判の告知及び効力の発生等）
　　第74条第１項　審判は，特別の定めがある場合を除き，当事者及び利害関係参加人並びにこれらの者以外の審判を受ける者に対し，相当と認める方法で告知しなければならない。
　　（手続行為能力）
　　第118条　次に掲げる審判事件（第１号，第４号及び第６号の審判事件を本案とする保全処分についての審判事件を含む。）においては，成年被後見人となるべき者及び成年被後見人は，第17条第１項において準用する民事訴訟法第31条の規定にかかわらず，法定代理人によらずに，自ら手続行為をすることができる。その者が被保佐人又は被補助人（手続行為をすることにつきその補助人の同意を得ることを要するものに限る。）で

あって，保佐人若しくは保佐監督人又は補助人若しくは補助監督人の同意がない場合も，同様とする。
一　後見開始の審判事件
二～十　（略）

5　本件改正が社会に与える影響

　本件改正規定のうち，養子縁組がされた場合の親権者の明確化に関する改正民法818条3項は，従前の実務上，定着している解釈について明文化したものであることから，社会的な影響は小さいものと思われます。

　これに対し，①養子縁組の承諾をするについての同意（監護者又は親権停止者の同意）に代わる許可の審判に関する改正民法797条3項，②未成年養子縁組の代諾について親権者である父母の意見が対立する場合に関する改正民法797条4項，及び③養子の父母が離婚している場合における離縁の代諾（離縁後の親権者の定め）に関する改正811条3項・4項の各規定は，新設規定等であり，これらの改正の社会的な影響は大きいと考えられます。

6　本件改正規定の施行日

　本件改正規定の施行日は，本件改正法附則1条本文により，公布の日（令和6年5月24日）から起算して2年を超えない範囲内において政令で定める日です。

　なお，本件改正規定は，本件改正法の施行前に生じた事項にも適用されますが，本件改正法附則1条による改正前の民法の規定により生じた効力は妨げられません（本件改正法附則2条）。

第7 財産分与に関する規律の見直し

15 離婚後等の財産分与の期間制限及び財産分与における考慮要素の明確化等

Q 改正民法等では、離婚後等の財産分与について、どのような改正が行われていますか。

A まず、改正民法768条2項ただし書では、財産分与の請求期限（離婚時からの請求期限）につき、2年から5年に伸長されました。

また、同条3項では、家庭裁判所の財産分与における判断の考慮要素について明確化し、「家庭裁判所は、離婚後の当事者間の財産上の衡平を図るため、当事者双方がその婚姻中に取得し、又は維持した財産の額及びその取得又は維持についての各当事者の寄与の程度、婚姻の期間、婚姻中の生活水準、婚姻中の協力及び扶助の状況、各当事者の年齢、心身の状況、職業及び収入その他一切の事情を考慮して、」財産分与の有無、その額等を定めるものとされ、また、婚姻中の財産の取得・維持についての各当事者の寄与の程度が異なることが明らかでないときは、その寄与の程度は相等しいものとされました。

さらに、改正家事事件手続法及び改正人事訴訟法では、財産分与に関する処分の調停（離婚調停を含む。）・審判事件及び離婚等の訴訟において、その実効性を図る観点から、当事者に対し、その財産の状況に関する情報を開示する義務を認めることになりました（改正家事事件手続法152条の2第2項・3項、258条3項、改正人事訴訟法34条の3第2項・3項）。

第7　財産分与に関する規律の見直し

改正民法768条2項ただし書・3項の内容

1　2項ただし書（財産分与の請求制限）
財産分与の請求期限は離婚の時から5年に伸長（現行民法では2年）。
2　3項（財産分与における考慮要素の明確化等）
家庭裁判所は，離婚後の当事者間の財産上の衡平を図るため，①当事者双方がその婚姻中に取得し，又は維持した財産の額及び②その取得又は維持についての各当事者の寄与の程度，③婚姻の期間，④婚姻中の生活水準，⑤婚姻中の協力及び扶助の状況，⑥各当事者の年齢，⑦心身の状況，⑧職業及び収入その他一切の事情を考慮して，財産分与の有無，その額等を定める。 　この場合において，婚姻中の財産の取得・維持についての各当事者の寄与の程度が異なることが明らかでないときは，その寄与の程度は相等しいものとする。

改正家事事件手続法及び改正人事訴訟法における情報開示義務

財産分与の実効性確保の観点から

調停・審判事件や離婚等の訴訟において，
裁判所は，申立てにより又は職権で，当事者に対し，
その財産の状況に関する情報の開示を命じることができる。

正当な理由なく，情報開示命令に違反した当事者は
過料10万円以下に処される。

関係条文　（注）

改正民法

（財産分与）

第768条　協議上の離婚をした者の一方は，相手方に対して財産の分与を請求することができる。

2　前項の規定による財産の分与について，当事者間に協議が調わないと

き，又は協議をすることができないときは，当事者は，家庭裁判所に対して協議に代わる処分を請求することができる。ただし，離婚の時から5年を経過したときは，この限りでない。
3　前項の場合には，家庭裁判所は，離婚後の当事者間の財産上の衡平を図るため，当事者双方がその婚姻中に取得し，又は維持した財産の額及びその取得又は維持についての各当事者の寄与の程度，婚姻の期間，婚姻中の生活水準，婚姻中の協力及び扶助の状況，各当事者の年齢，心身の状況，職業及び収入その他一切の事情を考慮して，分与をさせるべきかどうか並びに分与の額及び方法を定める。この場合において，婚姻中の財産の取得又は維持についての各当事者の寄与の程度は，その程度が異なることが明らかでないときは，相等しいものとする。

【現行民法】
（財産分与）
第768条　協議上の離婚をした者の一方は，相手方に対して財産の分与を請求することができる。
2　前項の規定による財産の分与について，当事者間に協議が調わないとき，又は協議をすることができないときは，当事者は，家庭裁判所に対して協議に代わる処分を請求することができる。ただし，離婚の時から2年を経過したときは，この限りでない。
3　前項の場合には，家庭裁判所は，当事者双方がその協力によって得た財産の額その他一切の事情を考慮して，分与をさせるべきかどうか並びに分与の額及び方法を定める。

（注）　本問に関係する，改正（現行）家事事件手続法及び改正（現行）人事訴訟法の条文については，Ｑ９の「関係条文」を参照してください。

解　説

1　財産分与における考慮要素の明確化等について

（1）　現行民法第768条1項は，「協議上の離婚をした者の一方は，相手方に対して財産の分与を請求することができる。」と，同条2項は，「前項の規定による財産の分与について，当事者間に協議が調わないとき，又は協議をすることができないときは，当事者は，家庭裁判所に対して協議に代わる処分を請求することができる。ただし，離婚の時から2年を経過したときは，この限りでない。」（下線は筆者）と，同条3項は，「前項の場合に

は，家庭裁判所は，当事者双方がその協力によって得た財産の額その他一切の事情を考慮して，分与をさせるべきかどうか並びに分与の額及び方法を定める。」（下線は筆者）とそれぞれ規定しています。そして，同規定は，裁判上の離婚及び婚姻の取消しの場合にも，準用されています（裁判上の離婚については民法771条，婚姻の取消しについては民法749条）。

　ところで，財産分与には，一般に，①婚姻中に形成された夫婦財産関係の清算の要素（清算的要素），②離婚によって経済的に困窮する夫婦の一方に対する扶養の要素（扶養的要素），③離婚に伴う損害賠償（慰謝料）の要素の３つの性質が含まれると解されています。

　しかし，現行民法768条３項は，財産分与の許否及び額の考慮事情として，「当事者双方がその協力によって得た財産の額その他一切の事情を考慮」することとされており，「当事者双方がその協力によって得た財産の額」という清算的要素の一部のみを例示するにとどまっています。

　この点につき，本部会における議論でも，財産分与の法的性質の中心が清算的要素であることについては異論がなかったですが，現行民法上，財産分与の目的や法的性質が明確に規定されていないことから，財産分与の一要素である「離婚後の扶養の要素」が軽視されがちであり，そのために財産分与が少額にとどまるなどの弊害が生じているとの指摘がありました（部会資料24・33頁，中間試案の補足説明90頁）。

　この扶養的要素については，既に親族関係にない元配偶者に対する扶養義務を観念することが難しいとしてこれを否定的に捉える考え方もありますが，夫婦間に収入等の格差があることも少なくない状況に鑑み，経済的に自立できない元配偶者に対する実質的な扶養義務を観念することができるとする考え方もあります（なお，本部会では，離婚後の扶養について，清算的要素と並ぶ独立したものとして，「補償」（補償的要素）の概念を導入すべきとする意見も示された。中間試案の補足説明90頁）。

　この点に関し，中間試案に対するパブリック・コメントの手続では，扶養的要素（補償的要素）を財産分与に含めるべきではないとする立場から，財産分与の目的を「当事者間の財産上の衡平を図るため」と定めることについて消極的な意見もありました。その理由としては，①扶養的要素は，

女性は結婚によって家庭に入るべきとする性的分業観に基づく考え方であって，女性の社会進出が進んだ現在の社会の在り方とはそぐわないこと，②離婚後扶養の考え方は，養育費や年金分割等によっても一定程度実現されていること，③扶養的要素や補償的要素を考慮することによって，一方当事者が自己の収入を超えて過大な債務を負う可能性が生じること等が指摘されていることを挙げています。

　しかし，上記①の指摘は，当事者双方に十分な収入がある場合など財産分与に当たって扶養的要素を考慮する必要が乏しい事案もあることを指摘するものにとどまり，およそ扶養的要素を考慮する必要がないことを示すものではないとも考えられます。また，上記②の指摘についても，養育費の支払や年金分割を考慮してもなお扶養的要素を考慮することが相当である場合もあると思われます。さらに，上記③の指摘については，財産分与に当たって「各当事者の年齢，心身の状況，職業及び収入その他一切の事情」を考慮することとされており，上記③のように過大な債務を負う可能性が直ちに生じるとはいえないという指摘も考えられます（部会資料24・34頁参照）。

　(2)　これらの議論・指摘等を踏まえ，改正民法768条3項は，「前項の場合（筆者注：財産分与について，当事者が家庭裁判所に対して協議に代わる処分を請求した場合）には，家庭裁判所は，離婚後の当事者間の財産上の衡平を図るため，当事者双方がその婚姻中に取得し，又は維持した財産の額及びその取得又は維持についての各当事者の寄与の程度，婚姻の期間，婚姻中の生活水準，婚姻中の協力及び扶助の状況，各当事者の年齢，心身の状況，職業及び収入その他一切の事情を考慮して，分与をさせるべきかどうか並びに分与の額及び方法を定める。この場合において，婚姻中の財産の取得又は維持についての各当事者の寄与の程度は，その程度が異なることが明らかでないときは，相等しいものとする。」と規定しました。

　同項前段部分は，財産分与の中に清算的要素及び扶養的要素があることを明らかにするとともに，その考慮要素を具体的に明示したものです。

　なお，同項後段部分は，当事者間の衡平の見地から，各当事者の寄与の程度が異なることが明らかでない場合には，その寄与程度は相等しいもの

第7　財産分与に関する規律の見直し

としたもので，現行の裁判実務の取扱いを明文化したものです。

以下，同項に規定する考慮要素等について説明することとします。

2　財産分与における考慮要素について

(1)　総論

現行民法768条3項は，家庭裁判所の手続における財産分与の許否及び額の判断について，上記のとおり，「当事者双方がその協力によって得た財産の額」という清算的要素の一部のみを例示するにとどまり，そのほかの考慮要素が明示されていません。

財産分与の目的だけでなく，その許否及び額を判断する際の考慮要素を明らかにすることで，夫婦間の協議や家事調停に際しても当事者の指針としての機能を果たすことが考えられ，財産分与の取決めを促進するため，当事者に対する明確な指針を示すことの意義は大きいと考えられます（中間試案の補足説明91頁）。

(2)　「(離婚後の当事者間の財産上の衡平を図るため，)**当事者双方がその婚姻中に取得し，又は維持した財産の額及びその取得又は維持についての各当事者の寄与の程度**」について

この部分は，清算的要素の考慮事情です。財産分与のうち，婚姻中の財産の清算的要素については，婚姻中にその協力によって形成又は維持された財産について，その形成又は維持に対する寄与に応じて分配することが当事者の衡平に適うと考えられます。

ただし，財産の取得又は維持についての寄与の形態には様々なものがあり，例えば，生計を得るための勤労活動と家計の管理その他の家事労働のように，その性質が異なるために双方の寄与の程度を比較することができない場合もあります。このような場合には，当事者間の衡平の見地から，双方の寄与を対等とすることが相当であると考えられます。中間試案に対するパブリック・コメントの手続においても，この点は，現行の裁判実務の取扱いを明文化するものであることや財産分与の迅速な審理に資することを指摘して，上記提案に賛成する意見がありました。

そこで，改正民法768条3項後段において，「この場合において，婚姻中

の財産の取得又は維持についての各当事者の寄与の程度は，その程度が異なることが明らかでないときは，相等しいものとする。」と規定しました（部会資料24・37頁，部会資料30－2・26頁参照）。

(3) 「婚姻の期間，婚姻中の生活水準，婚姻中の協力及び扶助の状況，各当事者の年齢，心身の状況，職業及び収入」について

　この部分は，扶養的要素（補償的要素）の考慮事情です。

　なお，<u>損害賠償（慰謝料）としての要素は，個別請求も可能であり，考慮要素として具体化することには異論もあり得るため，考慮要素として明文化していません</u>（中間試案の補足説明91頁参照）。

3　財産分与の期間制限に関する規律の見直し（請求期間の伸長：5年）

　現行民法768条2項ただし書は，財産分与請求権について2年の期間制限を定めていますが，離婚前後の様々な事情によって2年以内に財産分与を請求することができなかった場合に，財産分与が請求できないことから，結果的に経済的に困窮するに至っている者がいるとの指摘があります。

　そこで，中間試案では，当該2年の期間制限を伸長することを前提として，法的安定性の要請や他の期間制限の規律も踏まえ，これを「3年とする案」と「5年とする案」が提示されました。

　中間試案のパブリック・コメントの手続においても，財産分与の期間制限を見直すこととした場合の具体的な期間について，これを3年とすべきとする意見と5年とすべき意見とに分かれました。

　①3年を支持する意見の理由としては，(a)離婚に伴う法律関係の早期安定に配慮すべきであること，(b)不法行為に基づく慰謝料請求権の消滅時効期間と合わせるべきであることを挙げるものがありました。

　他方，②5年を支持する意見の理由としては，(a)DV事案等においては被害からの回復に相当な期間を要するため3年の期間では不十分であること，(b)財産分与が夫婦の実質的な共有財産の清算であること，(c)相続回復請求権の期間制限（原則5年：民法884条）や養育費の支払請求権の消滅時効期間（原則5年：同法166条1項1号）等と合わせるべきであることを挙げるものがありました。

第7　財産分与に関する規律の見直し

　本部会では，夫婦間の潜在的共有財産の清算という財産分与の性質や債権一般の消滅時効期間（原則5年：民法166条1項1号）とのバランス等を考慮して，5年に伸長する案を提案しました（部会資料24・37頁以下，部会資料30-2・26頁，要綱案10頁）。
　これを受けて，改正民法768条2項ただし書は，「ただし，離婚の時から5年を経過したときは，この限りでない。」と規定し，財産分与請求権の期間制限を5年に伸長しています。
　なお，参議院法務委員会の附帯決議13項において，以上のように離婚時の財産分与に係る請求期限が2年から5年に伸長されることを踏まえ，原則として2年となっている離婚時の年金分割に係る請求期限（厚生年金保険法78条の2第1項柱書ただし書，同法施行規則78条の3第1項及び2項）についても，同様にその延長について早急に検討を行うことを要請しています。

4　裁判手続における情報開示義務（財産分与における情報開示義務）
(1) 家事事件手続法の規律の新設
ア　家事審判事件の手続における情報開示義務
　離婚当事者間で財産分与について協議をするときは，当事者双方が婚姻中にその協力によって得た財産を申告し，財産分与の対象となる財産を確定させ，これを基礎として，分与の額及び方法を定めることが想定されます。また，家事裁判手続においては，当事者主義的な運用がされており，対象となる財産の存否の把握は当事者の協力に委ねられています。
　しかし，このような運用に対しては，婚姻中から財産の管理は夫婦それぞれが行うような生活様式が増えていることを背景として，お互いに相手方の名義の財産を把握することが困難な場合があるとの指摘があり，また，現行民法及び家事事件手続法には，当事者に対してその財産の状況等を開示すべき義務を課す規定がないことから，裁判手続において当事者双方の財産が明らかとなるまでに時間を要するとの指摘があります（部会資料24・40頁以下）。
　そこで，財産分与の実効性を図る観点から，改正家事事件手続法

152条の2第2項は,「家庭裁判所は,財産の分与に関する処分の審判事件において,必要があると認めるときは,申立てにより又は職権で,当事者に対し,その財産の状況に関する情報を開示することを命ずることができる。」と規定し,家事事件手続における当事者双方の情報開示義務を定めました。

　イ　開示義務の対象となる財産の範囲や裏付資料の開示
　　㋐　上記情報開示義務の対象となる財産の範囲について,特に婚姻前に取得した財産を含めるべきか否かが問題となり得ます。
　　　この点は,夫婦の一方が婚姻前に取得した財産であっても,その財産の維持に他の一方が寄与したという場合には,財産分与の基礎となる財産に含まれることもあると考えられます。
　　　そうすると,具体的にどのような財産の開示を命ずる必要があるかは個別具体的な事案によるものとならざるを得ず,一律にその要件を定めることは困難であると思われます。
　　　そこで,<u>改正家事事件手続法152条の2第2項では,情報開示を命ずるべき財産の範囲について,裁判所の判断に委ねる趣旨で「必要があると認めるとき」に情報開示を命ずることができることとしています。</u>
　　　なお,情報開示の在り方に関しては,当事者がどのような財産を保有しているかがおよそ判明していない場面においては,例えば一覧表等の形で,広くその者が保有する財産の種類や金額等に関する情報を明らかにさせることが有用であると考えられます（部会資料30-2・27頁参照）。
　　㋑　他方で,特定の財産の存否や金額等が問題となっている場面においては,当該財産の内容や金額に係る裏付資料等を開示させることが有用である場合があると考えられます。
　　　このように,どのような情報の開示を命ずることが審理の促進につながるかは,個別具体的な事案の内容や手続の進行状況によって異なるものであると考えられることから,開示すべき情報の内容については事案に応じた柔軟な対応が可能となるような規律が望まし

第7　財産分与に関する規律の見直し

いと考えられます。

そこで，改正家事事件手続法152条の2第2項では，当事者が有する財産の内容や金額に関する情報に加えて，その財産の裏付資料となるべき情報も広く含める趣旨で「財産の状況に関する情報」の開示を命ずることができるものとしています（部会資料30-2・27頁参照）。

ウ　当事者の情報開示拒否等と過料制裁

裁判所から財産の状況に関する情報の開示を命じられた当事者が，正当な理由なくその情報開示に応じない場合や虚偽の情報を開示した場合には，養育費等の審判事件における情報開示拒否等における制裁措置（Q9参照。改正家事事件手続法152条の2第3項・1項）と同様に，10万円以下の過料の制裁を課するのが相当であると考えられます。

そこで，改正家事事件手続法152条の2第3項は，「前二項の規定により情報の開示を命じられた当事者が，正当な理由なくその情報を開示せず，又は虚偽の情報を開示したときは，家庭裁判所は，10万円以下の過料に処する。」と規定し，情報開示の拒否等をした当事者に10万円以下の過料の制裁を課しています。

なお，家庭裁判所が養育費，財産分与額等の算定の基礎となる当事者の収入や財産分与の対象となる財産の額等について判断するに当たり，情報の不開示や虚偽情報の開示といった手続経過をも手続の全趣旨として考慮して事実認定をすることは，審判手続の全趣旨に基づき，収入の額を認定することは，新たな規定を設けるまでもなく，当然に行うことができると考えられます（注）（部会資料37-2・5頁）。

（注）　現行の裁判実務の運用

現行の裁判実務においても，裁判所が事実の調査として財産の開示を求めたにもかかわらず，一方当事者が頑なに財産開示に応じない場合，他方当事者の主張に相応の合理性があれば，手続の全趣旨により，当該主張を前提として財産分与についての判断がされる場合もあることが指摘されています（東京家事事件研究会編「家事事件・人事訴訟事件の実務〜家事事件手続法の趣旨を踏まえて〜」（法曹会，2015）372, 373頁）。

エ　財産分与に関する処分の調停事件及び離婚調停事件への準用

改正家事事件手続法152条の2第2項及び3項の規定は，財産分与に関する処分の調停事件及び夫婦関係調整（離婚）調停事件について準用するのが相当であると考えられます。

そこで，改正家事事件手続法258条3項は，「（家事事件手続法）第152条の2の規定は……（中略）……財産の分与に関する処分の調停事件（同表の四の項の事項についての調停事件をいう。）及び離婚についての調停事件について，……（中略）……それぞれ準用する。」と規定しています。

(2)　人事訴訟法の規律の新設

離婚の訴え等においては，附帯処分として財産分与に関する処分の申立てができる（改正人事訴訟法32条）ことから，改正家事事件手続法152条の2第2項及び3項と同様の規定を設けることが相当であると考えられます。

そこで，①改正人事訴訟法34条の3第2項は，「裁判所は，第32条第1項の財産の分与に関する処分の申立てがされている場合において，必要があると認めるときは，申立てにより又は職権で，当事者に対し，その財産の状況に関する情報を開示することを命ずることができる。」と規定し，当事者の情報開示義務を認め，また，②同条第3項は，「前二項の規定により情報の開示を命じられた当事者が，正当な理由なくその情報を開示せず，又は虚偽の情報を開示したときは，裁判所は，決定で，10万円以下の過料に処する。」と規定し，情報開示の拒否等をした当事者に対して10万円以下の過料の制裁を課しています。

5　本件改正が社会に与える影響

本件改正により，財産分与の請求期限が2年から5年に伸長され，また，家庭裁判所の財産分与における判断の考慮要素が明確化され，さらに，財産分与の実効性確保の観点から，当事者に対する財産状況の情報開示義務が新設されたことから，本件改正の社会的な影響は大きいと考えられます。

第7　財産分与に関する規律の見直し

6　本件改正規定の施行日

　本件改正規定の施行日は，本件改正法附則1条本文により，公布の日（令和6年5月24日）から起算して2年を超えない範囲内において政令で定める日です。

　なお，本件改正規定は，本件改正法の施行前に生じた事項にも適用されますが，本件改正法附則1条による改正前の民法の規定により生じた効力は妨げられません（本件改正法附則2条）。

　ただし，施行日前に離婚し，又は婚姻が取り消された場合における財産の分与に関する処分を家庭裁判所に請求することができる期間の制限については，なお従前の例（つまり，2年）によります（本件改正法附則4条）。

第8 その他（条項の削除）

16 夫婦間の契約の取消権（民法754条）及び裁判上の離婚の一部事由（民法770条1項4号）の削除

(1) 今回の民法改正において、夫婦間でした契約を婚姻中いつでも取り消すことができることを規定する民法754条を削除しますが、その理由について教えてください。

(2) 同様に、配偶者が強度の精神病にかかり回復の見込みがないことを裁判上の離婚の原因と規定する民法770条1項4号を削除しますが、その理由について教えてください。

(1) 民法754条の適用が実際に争われる事例は、夫婦関係が破綻状態にある場合ですが、最高裁判例では、そのような場合には同条の適用がなく、夫婦間の契約を有効とするのが確定判例であり、事実上、同条の存在意義が失われているといえるからです。

(2) 民法770条1項4号については、精神的な障害を有する者に対する差別的な規定であるとの指摘があり、また、最高裁判例によっても、不治の精神病にかかったという一事をもって直ちに離婚原因になると解すべきではないとしており、さらに、近時の裁判実務の傾向としては、同項4号の適用のみによって離婚請求を認容するのではなく、配偶者の精神病の状況を同項5号に係る一事情として考慮し、婚姻を継続し難い重大な事由があるといえるかを判断する傾向があること等の理由から、同号を削除しました。

第8　その他（条項の削除）

関係条文

改正民法

第754条　削除

（裁判上の離婚）

第770条　夫婦の一方は，次に掲げる場合に限り，離婚の訴えを提起することができる。
　一　配偶者に不貞な行為があったとき。
　二　配偶者から悪意で遺棄されたとき。
　三　配偶者の生死が3年以上明らかでないとき。
　　（削る）
　四　その他婚姻を継続し難い重大な事由があるとき。
2　裁判所は，前項第1号から<u>第3号</u>までに掲げる事由がある場合であっても，一切の事情を考慮して婚姻の継続を相当と認めるときは，離婚の請求を棄却することができる。

【現行民法】

（夫婦間の契約の取消権）

<u>**第754条**　夫婦間でした契約は，婚姻中，いつでも，夫婦の一方からこれを取り消すことができる。ただし，第三者の権利を害することはできない。</u>

（裁判上の離婚）

第770条　夫婦の一方は，次に掲げる場合に限り，離婚の訴えを提起することができる。
　一～三　（同上）
　四　<u>配偶者が強度の精神病にかかり，回復の見込みがないとき。</u>　（削る）
　五　（→第4号に移設）
2　裁判所は，前項第1号から<u>第4号</u>までに掲げる事由がある場合であっても，一切の事情を考慮して婚姻の継続を相当と認めるときは，離婚の請求を棄却することができる。

解説

1　夫婦間の契約の取消権（民法754条）の削除理由

　現行民法754条は，「夫婦間でした契約は，婚姻中，いつでも，夫婦の一方からこれを取り消すことができる。ただし，第三者の権利を害することはできない。」と規定し，夫婦間でした契約を婚姻中いつでも取り消すこ

とができることを定めています。

　本条の立法趣旨として挙げられているのは，①婚姻中は，妻が夫に威圧され，若しくは夫が妻の愛におぼれて，自由意思に基づかないで契約が締結されやすいことや，②夫婦間の契約の履行は，当事者の愛情や情誼に委ねるべきで，法的拘束力を認めて，裁判上その履行の強制を許すと，かえって家庭の平和を損なうことになるということです。

　しかし，学説は，いずれの理由も合理性がなく，かえって本条による弊害が大きいと批判していました。

　戦後，最高裁判例も，夫婦関係が破綻状態にあるときに行われた夫婦間の贈与については取り消すことができないとして，本条の適用を否定していますし（最判昭和33年3月6日民集12巻3号414頁），また，最高裁昭和42年2月2日判決（民集21巻1号88頁）は，夫婦関係の円満を図る目的で夫から妻になされた不動産の贈与について，夫婦関係の破綻後に夫が贈与契約を取り消す意思表示があった事案において，本条の「婚姻中」の意味を限定し，「婚姻中」とは単に形式的に婚姻が継続していることではなく，形式的にも実質的にもそれが継続していることをいうと解し，婚姻が実質的に破綻している場合には本条の適用はなく，契約の取り消しはできないと判示しました。

　これが，現在の確定した判例法理であるといわれていますが，そうであれば，本条による取消しが認められるのは，婚姻関係が円満な状態にある場合に限られことになり，実際に本条の適用が争われる事例である夫婦関係が破綻状態にある場合には，本条の適用がないということになり，事実上，その存在意義が失われているといえます（松川正毅・窪田充見編「別冊法学セミナー　新基本法コンメンタール（第2版）親族」（日本評論社，2019年）65頁参照）。

　また，平成8年法制審議会答申においても，「第五　夫婦間の契約取消権　第754条の規定は，削除するものとする。」と示されていました（部会資料30-2・28頁）。

　このような見地から，現行民法754条は，削除されました。

第8　その他（条項の削除）

2　裁判上の離婚の事由中の「強度の精神病」に関する条項（民法770条1項4号）の削除理由

(1)　現行民法770条1項4号の存置理由

現行民法770条1項各号は，夫婦の一方が離婚の訴えを提起するための離婚原因を定めており，同項4号は，配偶者が強度の精神病にかかり，回復の見込みがないことを掲げています。その立法趣旨としては，配偶者が精神病に罹患することで夫婦としての共同関係を維持することができなくなった場合には婚姻が破綻したものといえ，他方配偶者にそうした婚姻の継続を強いることができないとの説明がされています。

(2)　これに対する批判及び本号の削除理由

このような現行民法770条1項4号に対しては，精神的な障害を有する者に対する差別的な規定であるとの指摘がありました。

国連の障害者権利委員会による日本の第1回政府報告に関する総括所見（2022年9月）では，民法770条1項4号が障害者に対する差別的な規定であるとして，これを削除すべきであるとの勧告がされました。

また，法制審議会総会が平成8年2月に決定した民法の一部を改正する法律案要綱においても，現行の民法770条1項4号を削除することを含む改正案が提案されています。

ところで，判例（最判昭和33年7月25日民集12巻12号1823頁）は，「民法は単に夫婦の一方が不治の精神病にかかった一事をもって直ちに離婚の訴訟を理由ありとするものと解すべきでな」いとした上で，「病者の今後の療養，生活等についてできるかぎりの具体的方途を講じ，ある程度において，前途に，その方途の見込のついた上でなければ，ただちに婚姻関係を廃絶することは不相当」であるとして，現行民法770条1項4号による離婚請求が認められる範囲を実質的に制限しています。

他方で，現行民法770条1項4号による離婚請求が認められない場合であっても，配偶者の精神病の状況のほか諸般の事情を考慮して，婚姻を継続し難い重大な事由があると認められれば，同項5号による離婚請求が認められる余地があります。公刊されている裁判例をみる限り，近時の裁判実務の傾向としては，同項4号の適用のみによって離婚請求を認容するの

ではなく，配偶者の精神病の状況を同項5号に係る一事情として考慮し，婚姻を継続し難い重大な事由があるといえるかを判断する傾向があるように思われます。

　このような裁判実務の傾向を踏まえると，現行民法770条1項4号を存置し続けなくとも，同項5号の「婚姻を継続し難い重大な事由」の有無を判断するに当たって，配偶者の精神病の状況などの諸般の事情を考慮することとするのが適当であるとの考え方もあり得ます。

　そこで，民法770条1項4号を削除しました（部会資料23・1頁以下参照）。

3　本件各規定の削除が社会に与える影響

　本件各規定は，既に最高裁判例によって，その適用が制限されてきているので，これらを削除しても，社会的な影響は小さいと考えられます。

4　本件改正規定の施行日

　本件改正規定の施行日は，本件改正法附則1条本文により，公布の日（令和6年5月24日）から起算して2年を超えない範囲内において政令で定める日です。

　なお，本件改正規定は，本件改正法の施行前に生じた事項にも適用されますが，本件改正法附則1条による改正前の民法の規定により生じた効力は妨げられません（本件改正法附則2条）。

　なお，離婚原因に関する経過措置として，離婚の訴えに係る事件であって，本件改正法の施行日前に，控訴審の口頭弁論が終結したもの又は第1審の判決に対して上告をする権利を留保して控訴をしない旨の合意をしたものについての離婚の訴えを提起することができる事由については，なお従前の例によります（本件改正法附則5条）。

事項索引

あ行

い 一般先取特権
　　——に基づく債権差押命令申立書 …………… 170
　　——に基づく財産開示手続申立書 …………… 172
　　——に基づく執行手続 ……… 113
　　——に基づく第三者からの情報取得手続申立書（給与） …………… 179
　　——の付与 ………… 108, 135
う 氏の変更 ………………………… 52
お 親子交流の試行的実施 ……… 209
　　親子（面会）交流についての和解事項例 ……… 196

か行

か 改正法の附則 …………………… 7
　家族法制改正
　　——の概要 ………………… 1, 4
　　——の経緯 ………………… 2
　監護及び教育に関する日常の行為 …………………………… 48
き 急迫の事情 …………………… 48
　給与債権 …………………… 163
　共同親権制度 ………………… 59
　強度の精神病 ……………… 250
　居所指定権 ……………… 33, 94
こ 子と父母以外の親族との交流 ……………………………… 188
　子の監護
　　——の分掌 ……… 49, 92, 98

　　——費用 …………… 108, 135
　子の手続代理人制度 ………… 83
　子の養育と扶養の違い ……… 20

さ行

さ 財産開示手続 ………… 157, 165
　財産開示手続等の申立て ……… 157
　財産管理権 ………………… 32, 34
　財産調査結果報告書 ……… 175
　財産分与
　　——における考慮要素 …… 237
　　——における情報開示義務 …………………………… 242
　　——の期間制限 ………… 241
　裁判上の離婚の事由中の「強度の精神病」 ……… 250
　債務者の給与債権に係る情報の取得 ……………… 163
　差押債権目録 ……………… 172
　参議院法務委員会における附帯決議 ………………… 12
し 試行的面会交流 …………… 208
　執行手続のワンストップ化 ……………………………… 157
　衆議院法務委員会における附帯決議 ………………… 10
　15歳未満の子の氏の変更 …… 52
　情報開示義務 ……………… 143
　職業許可権 …………………… 33
　人格尊重・協力義務 ………… 25
　親権
　　——の主な内容 …………… 32

253

──の共同行使の原則 ………… 41
　　　──の性質の明確化 …………… 29
　　　──の単独行使 ………… 35, 41
　　　──の用語の見直しの検
　　　　　討 ……………………………… 30
　　親権者指定の審判又は調停
　　　申立ての取下げの制限 ……… 73
　　親権者の権利と義務 …………… 32
　　人工妊娠中絶 …………………… 47
　　身上監護権 ……………………… 32

た行

た　第三者からの情報取得手続
　　 ………………………………… 166
　　担保権・被担保権・請求
　　債権目録 ………… 171, 174, 181
と　当事者目録 ……… 171, 174, 181

な行

に　日常の行為，急迫の事情等
　　の具体例 ……………………… 47

は行

は　パスポートの取得 …………… 47
ふ　夫婦間の契約の取消権 ……… 248
　　夫婦共同縁組 ………………… 224
　　附則 ……………………………… 7
　　附帯決議
　　　──衆議院法務委員会 …… 10
　　　──参議院法務委員会 …… 12
　　父母相互の人格尊重・協力
　　　義務 …………………………… 25
　　父母の婚姻（別居）中にお
　　　ける親子交流 ………… 186, 200
　　父母の責務等の明確化 ……… 17
　　父母の離婚後における共同
　　　親権制度 ……………………… 59
　　扶養 ……………………………… 20
　　扶養の程度の明確化 …………… 24
ほ　法定養育費 …………………… 125
　　　──に対する一般先取特
　　　　　権の付与 ………………… 135
　　　──の額 ……………………… 132
　　　──の行使主体 ……………… 129
　　　──の始期 …………………… 131
　　　──の終期 …………………… 132
　　　──の日割り計算 …………… 134

ま行

み　未成年養子縁組の代諾 ……… 226
　　身分上の行為の代理権 ……… 33
　　民事執行手続における債権
　　　者の負担軽減 ………………… 156
め　面会（親子）交流について
　　の和解事項例 ………………… 196

や行

よ　養育 ……………………………… 20
　　養育費支払の合意書 …… 115, 169
　　養育費等の請求の裁判手続
　　　における情報開示義務 …… 143
　　養育費の請求権 ……………… 105
　　養子縁組 ……………………… 224

ら行

り　利益相反行為における特別
　　　代理人の選任の請求 ……… 34
　　離婚給付等契約公正証書 …… 119
　　離婚後の子の監護 …………… 90
　　離婚の届書の記載事項 ……… 75
　　離婚の届出 …………………… 72
　　旅券の取得 …………………… 47

改正法の条文掲載頁一覧

改正民法，改正民事執行法，改正人事訴訟法，改正家事事件手続法，改正戸籍法，民法等の一部を改正する法律（令和6年5月24日法律第33号）附則

1 改正民法

306条	（一般の先取特権）	102
308条の2	（子の監護費用の先取特権）	102
749条	（離婚の規定の準用）	184
754条	削除	248
765条	（離婚の届出の受理）	56
766条	（離婚後の子の監護に関する事項の定め等）	88, 184
766条の2	（審判による父母以外の親族と子との交流の定め）	184
766条の3	（子の監護に要する費用の分担の定めがない場合の特例）	103, 122
768条	（財産分与）	236
770条	（裁判上の離婚）	248
788条	（認知後の子の監護に関する事項の定め等）	185
797条	（15歳未満の者を養子とする縁組）	221
811条	（協議上の離縁等）	221
817条の12	（親の責務等）	16
817条の13	（親子の交流等）	199
818条	（親権）	17, 29, 221
819条	（離婚又は認知の場合の親権者）	55
824条の2	（親権の行使方法等）	36, 88
824条の3	（監護者の権利義務）	88
833条	（子に代わる親権の行使）	29

2 改正民事執行法

151条の2	（扶養義務等に係る定期金債権を請求する場合の特例）	104, 123
167条の17	（扶養義務等に係る債権に基づく財産開示手続等の申立ての特例）	151
193条	（債権及びその他の財産権についての担保権の実行の要件等）	123
206条	（債務者の給与債権に係る情報の取得）	104, 152
208条	（情報の提供の方法等）	153
209条	（第三者からの情報取得手続に係る事件の記録の閲覧等の制

	限)	154
210条	(第三者からの情報取得手続に係る事件に関する情報の目的外利用の制限)	154
214条	(過料に処すべき場合)	154

3 改正人事訴訟法

32条	(附帯処分についての裁判等)	39, 141
34条の3	(情報開示命令)	142
34条の4	(判決前の親子交流の試行的実施)	207

4 改正家事事件手続法

3条の5	(養子縁組をするについての許可の審判事件等の管轄権)	222
3条の8	(親権に関する審判事件等の管轄権)	37
152条の2	(情報開示命令)	140
152条の3	(審判前の親子交流の試行的実施)	206
154条	(給付命令等)	89
156条	(即時抗告)	185, 206
161条の2		223
167条	(管轄)	37
168条	(手続行為能力)	37
169条	(陳述の聴取)	37
169条の2	(申立ての取下げの制限)	57
169条の3	(離婚が成立しない場合の申立ての却下)	57
171条	(引渡命令等)	37
172条	(即時抗告)	38
175条	(親権者の指定又は変更の審判事件等を本案とする保全処分)	38
182条	(管轄)	140
184条の2	(情報開示命令)	140
258条	(家事審判の手続の規定の準用等)	141, 185, 207
273条	(家事調停の申立ての取下げ)	58

5 改正戸籍法

76条	58
77条	58
78条	58
79条	58

6　民法等の一部を改正する法律（令和6年5月24日法律第33号）附則

1条（施行期日） ·· 7
2条（民法の一部改正に伴う経過措置の原則） ··· 7
3条（子の監護費用に関する経過措置） ·· 7
4条（財産分与に関する経過措置） ··· 7
5条（離婚原因に関する経過措置） ··· 7
6条（親権者の変更の請求に関する経過措置） ··· 7
7条（民事執行法の一部改正に伴う経過措置） ··· 8
8条（戸籍法の一部改正） ·· 8
9条（住民基本台帳法の一部改正） ··· 8
10条（民事訴訟費用等に関する法律の一部改正） ··· 8
16条（政令への委任） ·· 9
17条（啓発活動） ··· 9
18条（周知） ··· 9
19条（検討） ··· 9

著者略歴

安達　敏男（あだち　としお）

　東京アライズ法律事務所パートナー弁護士。昭和51年検事任官の後，東京地方検察庁検事のほか，司法研修所教官，札幌法務局訟務部長，福岡法務局長，名古屋法務局長等を歴任し，最高検察庁検事を最後に退官。新潟公証人合同役場公証人を経て，平成20年弁護士登録（東京弁護士会）。平成22年税理士登録，平成23年4月から平成30年3月まで足立区公益監察員，平成31年4月から令和3年3月まで東証上場会社の社外役員。

　主著として，『民法改正で変わる！親子法実務ガイドブック（共著）』『代襲相続・再転相続・数次相続の法律と実務（共著）』『改正民法・不動産登記法実務ガイドブック（共著）』『3訂終活にまつわる法律相談（遺言・相続・相続税）（共著）』『相続実務が変わる！相続法改正ガイドブック（共著）』『実務への影響まるわかり！徹底解説民法改正〈債権関係〉（共著）』『企業法務はここを押さえる！令和元年会社法改正ガイドブック（共著）』『（第2版）消費者法実務ハンドブック（共著）』『（第2版）一人でつくれる契約書・内容証明郵便の文例集（共著）』『（第2版）一人でできる定款作成から会社設立登記まで（共著）』『国家賠償法実務ハンドブック（共著）』（いずれも日本加除出版）など。

吉川　樹士（きっかわ　たつひと）

　東京アライズ法律事務所パートナー弁護士。東京弁護士会所属，令和6年度日本弁護士連合会代議員及び東京弁護士会常議員，中央大学法科大学院法務研究科卒。

　社会福祉施設や一般企業の企業法務のほか，遺産分割等の相続関係訴訟，交通事故訴訟，一般事件の訴訟等を手掛けている。

　主著・論稿として，『民法改正で変わる！親子法実務ガイドブック』『代襲相続・再転相続・数次相続の法律と実務（共著）』『改正民法・不動産登記法実務ガイドブック（共著）』『3訂終活にまつわる法律相談（遺言・相続・相続税）（共著）』『相続実務が変わる！相続法改正ガイドブック（共著）』『実務への影響まるわかり！徹底解説民法改正〈債権関係〉（共著）』『企業法務はここを押さえる！令和元年会社法改正ガイドブック（共著）』『（第2版）消費者法実務ハンドブック（共著）』『（第2版）一人でつくれる契約書・内容証明郵便の文例集（共著）』『（第2版）一人でできる定款作成から会社設立登記まで（共著）』『国家賠償法実務ハンドブック（共著）』（いずれも日本加除出版）「普通養子縁

著者略歴

組と特別養子縁組について－妹を養子にできるか？配偶者の連れ子を特別養子とできるか？」（戸籍時報699号78頁）「相続人が存在しない場合における被相続人の財産は，どのように処理されるか？」（戸籍時報702号87頁）など。

【執筆協力者】

吉川　康代（きっかわ　やすよ）

　東京アライズ社会保険労務士事務所社会保険労務士（元行政書士）。東京都新宿区内のことぶき法律事務所で12年間法律事務員として勤務。同事務所在籍中に行政書士試験に合格。同事務所で6年間行政書士（専門分野：相続相談・相続調査業務，株式会社の定款作成業務，建設業・宅建業の許可申請業務等）として活動後，同事務所在籍中に社会保険労務士試験に合格。その後都内社労士事務所で実務経験を経て，平成31年3月東京アライズ法律事務所入所。令和元年9月登録（東京都社会保険労務士会），同事務所内で社会保険労務士事務所を独立開業。立教大学卒。

　主著として，『3訂終活にまつわる法律相談（遺言・相続・相続税）（共著）』『（第2版）消費者法実務ハンドブック（共著）』『（第2版）一人でできる定款作成から会社設立登記まで（共著）』（いずれも日本加除出版）

新制度まるわかり！家族法改正ガイドブック
共同親権・養育費の支払確保・親子交流・未成年養子縁組・財産分与

2024年10月21日　初版発行

著　者　　安　達　敏　男
　　　　　吉　川　樹　士

発行者　　和　田　　　裕

発行所　　日本加除出版株式会社
本　社　　〒171-8516
　　　　　東京都豊島区南長崎3丁目16番6号

組版　㈱郁文　　印刷　㈱精興社　　製本　牧製本印刷㈱

定価はカバー等に表示してあります。
落丁本・乱丁本は当社にてお取替えいたします。
お問合せの他、ご意見・感想等がございましたら、下記まで
お知らせください。

〒171-8516
東京都豊島区南長崎3丁目16番6号
日本加除出版株式会社　営業企画課
電話　03-3953-5642
FAX　03-3953-2061
e-mail　toiawase@kajo.co.jp
URL　www.kajo.co.jp

Ⓒ T. Adachi, T. Kikkawa 2024
Printed in Japan
ISBN978-4-8178-4979-3

〈出版者著作権管理機構　委託出版物〉

本書を無断で複写複製（電子化を含む）することは、著作権法上の例外を除き、禁じられています。複写される場合は、そのつど事前に出版者著作権管理機構（JCOPY）の許諾を得てください。
また本書を代行業者等の第三者に依頼してスキャンやデジタル化することは、たとえ個人や家庭内での利用であっても一切認められておりません。

〈JCOPY〉　HP：https://www.jcopy.or.jp，e-mail：info@jcopy.or.jp
　　　　　電話：03-5244-5088，FAX：03-5244-5089

民法改正で変わる！
親子法実務ガイドブック

安達敏男・吉川樹士・石橋千明 著
2023年4月刊 A5判 312頁 定価3,740円(本体3,400円) 978-4-8178-4894-9

- 懲戒権、嫡出推定、再婚禁止期間、嫡出否認制度、生殖補助医療、認知無効の訴え…等令和4年12月16日法律第102号による親子法改正の実務を詳解。巻末資料として、戸籍の記載例や改正前後の変更点が一目で分かる条文一覧を収録。改正の全体像をつかみやすくする図表も多数収録。

代襲相続・再転相続・数次相続の法律と実務

安達敏男・吉川樹士 著
2022年11月刊 A5判 260頁 定価3,080円(本体2,800円) 978-4-8178-4841-3

- 代襲・再代襲、再転・再々転など、複雑なケースにおける相続実務を解説。
- 数次相続における登記実務について、遺産分割協議書や登記申請書等の書式を多数収録。相次相続控除などの相続税法上の問題点にも言及。寄与分や特別受益が絡むケースや、死因贈与、負担付遺贈等のケースも詳解。

改正民法・不動産登記法
実務ガイドブック
登記・相続・財産管理・相隣関係規定・共有制度のチェックポイント

安達敏男・吉川樹士・須田啓介・安藤啓一郎 著
2021年9月刊 A5判 344頁 定価3,740円(本体3,400円) 978-4-8178-4751-5

- 「所有者不明土地の対策」を中心とした法改正をはじめ、民法の「相隣関係規定」「共有制度」「財産管理制度」「相続制度」等の改正の要点を、20のチェックポイントで分かりやすく解説。

3訂 終活にまつわる法律相談
遺言・相続・相続税

安達敏男・吉川樹士・吉川康代 著
2019年10月刊 A5判 408頁 定価3,960円(本体3,600円) 978-4-8178-4590-0

- 昨今相談が急増している、「高齢者の終活にまつわる法的問題」「円滑な相続につなげるための遺言書作成」「現代型の遺産分割問題」「相続税及び贈与税の税制改正に係る問題点」等を中心として取り上げたQ&A解説書。
- 改正相続法に対応。具体的な事例を用いた71問を収録。

日本加除出版
〒171-8516 東京都豊島区南長崎3丁目16番6号
営業部 TEL (03)3953-5642 FAX (03)3953-2061
www.kajo.co.jp